VILLE DE QUÉBEC

Stéph

Fran

ÉDITIONS
ULYSSE

Le plaisir... de mieux voyager

Direction de collection	*Correction*	*Direction artistique*
Claude Morneau	Pierre Daveluy	Patrick Farei
		Atoll Direction
Direction de projet	*Mise en pages*	
Pascale Couture	Stéphane G.-Marceau	*Photographies*
		Page couverture
Recherche et rédaction	*Cartographie et*	Yves Tessier
Stéphane G.-Marceau	*Infographie*	Reflexion
François Rémillard	André Duchesne	*En-têtes*
Isabel Gosselin	*Assistant*	Jennifer McMorran
Alain Rondeau	Patrick Thivierge	
		Illustrations
		Lorette Pierson

Remerciements : Anne-Louise Villeneuve, Christopher Wodward;
les Éditions Ulysse remercient la SODEC (Gouvernement du Québec) ainsi que
le ministère du Patrimoine (Gouvernement du Canada) pour leur soutien
financier.

Distribution

Canada : Distribution Ulysse, 4176, St-Denis, Montréal (Québec) H2W 2M5
☎(514) 843-9882, poste 2232 ☎800-748-9171, fax : (514) 843-9448
www.ulysse.ca; guiduly@ulysse.ca

États-Unis : Distribooks, 820 N. Ridgeway, Skokie, IL 60076-2911
☎(847) 676-1596, fax : (847) 676-1195

Belgique-Luxembourg : Vander, 321, avenue des Volontaires, B-1150 Bruxelles
☎(02) 762 98 04, fax : (02) 762 06 62

France : Vilo, 25, rue Ginoux, 75737 Paris, cedex 15, ☎01 45 77 08 05
fax : 01 45 79 97 15

Espagne : Altaïr, Balmes 69, E-08007 Barcelona, ☎(3) 323-3062
fax : (3) 451-2559

Italie : Centro cartografico Del Riccio, Via di Soffiano 164/A, 50143 Firenze
☎(055) 71 33 33, fax : (055) 71 63 50

Suisse : Diffusion Payot SA, p.a. OLF S.A., Case postale 1061, CH-1701
Fribourg, ☎ (26) 467 51 11, fax : (26) 467 54 66

Pour tout autre pays, contactez Distribution Ulysse (Montréal).

Données de catalogage avant publication (Canada) Voir p 7.

«*Dans la ville où je suis né,
le passé porte le présent
comme un enfant sur ses épaules...*»

Robert Lepage
Le Confessionnal

SOMMAIRE

TABLEAU DES SYMBOLES

≡	Air conditionné
🐕	Animaux domestiques admis
⊛	Baignoire à remous
☉	Centre de conditionnement physique
🚢	Coup de cœur, nos adresses préférées
C	Cuisinette
½p	Demi-pension (nuitée, dîner et petit déjeuner)
♿	Établissement équipé pour recevoir les personnes à capacité physique restreinte
ℑ	Foyer
pdj	Petit déjeuner inclus dans le prix de la chambre
≈	Piscine
ℝ	Réfrigérateur
✪	Relais-santé
ℜ	Restaurant
bc	Salle de bain commune
bp	Salle de bain privée (installations sanitaires complètes dans la chambre)
△	Sauna
S	Stationnement inclus dans le prix de la chambre
⊷	Télécopieur
☎	Téléphone
tlj	Tous les jours
⊗	Ventilateur

CLASSIFICATION DES ATTRAITS

★	Intéressant
★★	Vaut le détour
★★★	À ne pas manquer

CLASSIFICATION DES HÔTELS

Les tarifs mentionnés dans ce guide s'appliquent, sauf indication contraire, à une chambre standard pour deux personnes, en haute saison.

CLASSIFICATION DES RESTAURANTS

Les tarifs mentionnés dans ce guide s'appliquent, sauf indication contraire, à un dîner pour une personne, excluant le service, les taxes et les boissons.

$	moins de 10 $
$$	de 10 $ à 20 $
$$$	de 20 $ à 30 $
$$$$	plus de 30 $

LISTE DES CARTES

Données de catalogage avant publication (Canada).

Vedette principale au titre :
Ville de Québec
2e Édition
(Guide de voyage Ulysse)
Comprend un index.

ISBN 2-89464-094-3

1. Québec (Québec)- Guides. 2. Québec, Région de (Québec)-Guides.
I.Rémillard, François. II. Collection.

FC2946.18.R38 1998   917.1447044   C97-941457-1

F1054.5.Q3R38 1997

Merci de contribuer à l'amélioration des guides de voyage Ulysse!

Tous les moyens possibles ont été pris pour que les renseignements contenus dans ce guide soient exacts au moment de mettre sous presse. Toutefois, des erreurs peuvent toujours se glisser, des omissions sont toujours possibles, des adresses peuvent disparaître, etc.; la responsabilité de l'éditeur ou des auteurs ne pourrait s'engager en cas de perte ou de dommage qui serait causé par une erreur ou une omission.

Nous apprécions au plus haut point vos commentaires, précisions et suggestions, qui permettent l'amélioration constante de nos publications. Il nous fera plaisir d'offrir un de nos guides aux auteurs des meilleures contributions. Écrivez-nous à l'adresse qui suit, et indiquez le titre qu'il vous plairait de recevoir (voir la liste à la fin du présent ouvrage).

Éditions Ulysse
4176, rue Saint-Denis
Montréal (Québec)
H2W 2M5
http://www.ulysse.ca

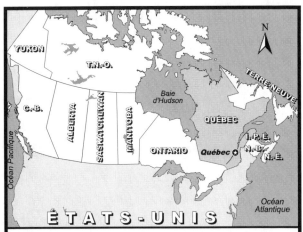

Situation géographique dans le monde

CANADA
Capitale : Ottawa
Population : 30 300 000 hab.
Monnaie : dollar canadien
Superficie : 9 970 610 km²

LE QUÉBEC
Capitale : Québec
Population : 7 407 000 hab.
Superficie : 1 550 000 km²

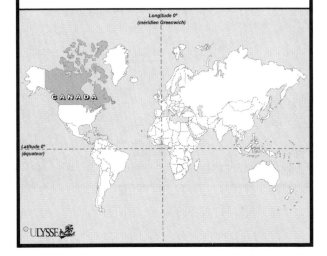

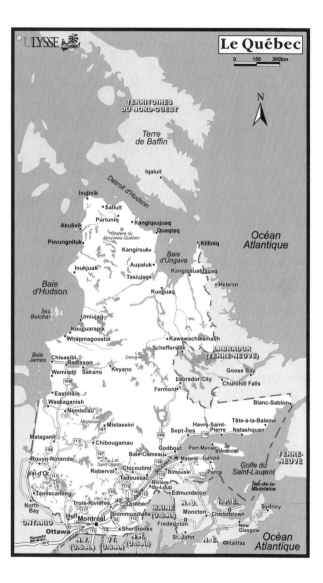

PORTRAIT

Q uébec est une ville exceptionnelle, aussi bien par la beauté de son site que par l'étonnante richesse de son patrimoine. Si on la compare avec d'autres villes du monde, Québec est une ville jeune, mais elle n'en demeure pas moins l'une des plus vieilles d'Amérique du Nord et la plus ancienne ville du Canada. Sa Haute-Ville occupe un promontoire haut de plus de 98 m, le cap Diamant, qui surplombe le fleuve Saint-Laurent. C'est Jacques Cartier qui donna le nom de «cap aux Diamants» à cette formation rocheuse, croyant avoir découvert des diamants sur les flancs du cap. Mais il fut vite déçu, car ce qu'il avait cru être des pierres précieuses n'était en fait que de la vulgaire pyrite de fer. Le cap Diamant devint néanmoins l'emplacement de la futur ville de Québec, lorsque Champlain y établit un comptoir de traite des fourrures et des bâtiments fortifiés, regroupés sous le nom d'«Abitation».

Le choix de cet emplacement joua un rôle stratégique important dans le système défensif de la Nouvelle-France. À cet endroit, le fleuve se rétrécit pour ne plus faire qu'un kilomètre de largeur. Ce resserrement est d'ailleurs à l'origine du nom de la ville, puisque que *Kebec* signifie, en algonquin, «là où la rivière se rétrécit». Juchée au sommet du cap Diamant, la ville se prête donc très tôt à des travaux de fortification importants qui valent aujourd'hui à Québec le surnom de «Gibraltar d'Amérique du Nord».

Mais même cette place forte n'est pas parvenue à repousser les forces anglaises, qui vont finalement s'emparer de la ville au cours de la bataille des plaines d'Abraham. Ce qu'il y a d'ironique, c'est que, même après avoir été conquise, la colonie française a réussi à protéger son identité culturelle. Bien à l'abri à l'intérieur de son enceinte, le cœur de Québec a continué à battre, faisant d'elle le centre de la francophonie en Amérique.

En 1985, afin de protéger et de mieux faire connaître les trésors culturels que renferme la ville de Québec, la seule ville fortifiée de toute l'Amérique du Nord, l'Organisation des Nations unies pour l'éducation, la science et la culture (Unesco) déclara l'arrondissement historique de Québec «joyau du patrimoine mondial», une première en Amérique du Nord.

La Vieille Capitale, ainsi qu'on surnomme souvent Québec, est l'âme même de l'Amérique française. Elle est visitée chaque année par des milliers de touristes qui s'émerveillent devant ses nombreux charmes, son petit cachet européen, l'hospitalité et la joie de vivre qui se dégagent de ses habitants. Cette ville a en effet beaucoup de caractère avec ses rues étroites, parfois pavées, et son architecture. Ville romantique, elle ne cesse de fasciner et d'émouvoir. Québec est une source d'inspiration inégalée pour les artistes depuis presque trois siècles. Elle est un lieu de délice, un régal pour les yeux et pour l'âme. Cette petite perle est une de ces villes irrésistibles qu'on ne peut se permettre de ne pas visiter. Que l'on s'y balade en été ou en hiver, en automne ou au printemps, on ne peut faire autrement que de tomber sous son charme.

UN PEU D'HISTOIRE

Les premiers Européens à mouiller près des côtes de l'Amérique du Nord sont les Vikings, qui auraient exploré cette région dès le Xe siècle. Depuis lors, ils auraient été suivis de nombreux pêcheurs de morue et baleiniers. Mais ce sont les trois voyages de Jacques Cartier vers l'Amérique à partir de 1534 qui marquent un point tournant dans l'histoire de cette partie de l'Amérique, car ils constituent le premier contact officiel entre la France et cette région du monde. Cartier avait pour objectifs de trouver un passage vers l'Asie, mais aussi de ramener au roi de France, François 1er, de l'or et d'autres richesses dont le pays avait tant besoin. À la suite de son échec, la France délaisse ces nouvelles terres qui ne présentent à l'époque aucun intérêt.

Quelques décennies plus tard, le commerce des fourrures et les importants bénéfices qu'on pouvait en retirer vont finalement intéresser les Français à la Nouvelle-France. Samuel de Champlain choisit donc, en 1608, l'emplacement de Québec pour installer le premier comptoir permanent de traite des fourrures. Champlain s'étonne un peu de ne pas voir les Autochtones qu'avait décrits Cartier lors de ses voyages. C'est qu'au moment où Champlain s'établit à Québec, les Iroquois, peuple sédentaire qui pratiquait l'agriculture et la chasse, s'étaient déplacés vers le sud et avaient été remplacés par les Algonquins, un peuple nomade qui vivait de chasse et de cueillette. Ces derniers deviendront donc les principaux alliés des Français. Les Algonquins n'ont pas, contrairement aux Iroquois, un sens très développé de la propriété. Ils n'offrent donc aucune résistance aux Français qui s'installent sur leur territoire et acceptent de se livrer avec eux au commerce des fourrures.

Pour bien saisir la place qu'occupe Québec dans l'histoire, il faut comprendre tous les avantages qu'offre l'emplacement de son site. Du haut du cap Diamant, la ville occupe une position stratégique importante sur la seule voie de pénétration maritime de toute l'Amérique du Nord. Lorsque Samuel de Champlain choisit l'emplacement de Québec pour y établir un comptoir permanent de traite des fourrures et y construire des fortifications autour des quelques bâtiments existants, c'est d'abord et avant tout pour les avantages stratégiques qu'offre le cap Diamant. À cet endroit, le fleuve se rétrécit considérablement, et il est facile, du haut du cap Diamant, de bloquer le passage aux navires. Champlain y fait donc construire une forteresse en bois qu'il nomme l'«Abitation». On y retrouve les comptoirs de traite et les résidences des différents marchands de fourrures. Le premier hiver passé à l'Abitation se révèle particulièrement difficile, alors qu'une vingtaine des hommes de Champlain périssent du scorbut et de sous-alimentation. Ce premier séjour prolongé en Nouvelle-France marque cependant le début d'une présence française permanente en Amérique du Nord.

Au cours des premières années, et jusqu'en 1618, il n'existe aucun désir de colonisation. L'industrie de la fourrure n'a pas besoin, pour prospérer, d'agriculteurs qui rasent les forêts de la Nouvelle-France pour cultiver le blé. L'exploitation de la pelleterie et la colonisation de la Nouvelle-France sont même contradictoires. Afin de développer les autres richesses de ces nouvelles terres, on crée alors la Compagnie des Cent-Associés, qui reçoit l'exclusivité de l'exploitation de la fourrure à condition de faire venir en Nouvelle-France 4 000 colons en 15 ans.

À partir de ce moment, Québec va commencer à se développer. Malgré la présence d'affluents importants à proximité, les seules voies de communication efficaces à cette époque, elle n'avait jamais pu profiter du commerce des fourrures autant que Montréal ou Trois-Rivières. Tout au long du XVIIe siècle, des marchands, des agriculteurs et des artisans vont venir s'installer à Québec et dans sa région. La ville va diversifier son économie grâce, entre autres, au développement de son port, un des plus actifs du monde, à son chantier de construction naval et au commerce du bois, principalement exporté vers la métropole. Mais la fourrure n'en demeurera pas moins le principal secteur d'activité économique jusqu'au début du XIXe siècle.

Au cours du XVIIe siècle, Québec devient l'un des centres d'activités commerciales les plus importants d'Amérique. Elle occupe le sommet du triangle économique formé par l'Acadie, la Nouvelle-France et la Louisiane, et va devenir le siège des prérogatives françaises en Amérique. Les institutions religieuses et le pouvoir politique recherchent d'ailleurs la protection des murs de la Haute-Ville, de sorte que Québec devient rapidement le centre politique, administratif et militaire de la Nouvelle-France.

De nombreux colons vont s'établir dans la ville. Rapidement, la Basse-Ville se développe et s'étend au point qu'il faut remblayer certaines parties du Saint-Laurent afin de gagner un peu de terrain. À cette époque, les risques d'incendie étaient très élevés, ce qui s'explique par la proximité des édifices de la Basse-Ville et l'utilisation du bois comme principal matériau de construction. En août 1682, la Basse-Ville de Québec est ainsi ravagée par les flammes, après quoi la reconstruction se fera selon de nouvelles normes imposant, entre autres, l'utilisation de la pierre à la place du bois comme matériau de base dans la construction des édifices. Plusieurs habitants de Québec n'ont malheureusement pas l'argent nécessaire pour se plier à ces nouvelles exigences; ils iront former les premiers faubourgs à l'extérieur de l'enceinte de la ville. La plupart des maisons de pierre qu'on peut voir aujourd'hui dans les rues du Vieux-Québec datent de cette époque.

L'importance économique et stratégique de la ville de Québec en faisait une cible de choix, et très tôt, la capitale de la Nouvelle-France a dû faire face à la convoitise de l'Angleterre. Qui plus est, les conflits opposant la France et l'Angleterre eurent des répercussions sur la colonie d'Amérique. Les déclarations de guerre et les traités de paix étaient en effet sous-tendues par une politique européenne qui ne correspondait pas du tout aux préoccupations de la colonie. Ainsi, dès 1629, la citadelle céda à l'assaut des forces britanniques des frères Kirke. Elle fut toutefois rapidement rendue à la France en 1632.

Au cours du XVIII⁰ siècle, la rivalité franco-anglaise s'accentue au fur et à mesure que se développent les colonies anglaises et françaises. Cette pression toujours croissante des forces britanniques sur la Nouvelle-France débouchera finalement, dans le cadre de la guerre de Sept Ans, sur la fameuse bataille des plaines d'Abraham. Les troupes du général Wolfe, qui étaient arrivées devant Québec en juillet 1759, prennent la ville le 13 septembre de la même année, avant qu'elle reçoive des renforts de la France. Les Anglais gravissent le cap Diamant à l'ouest de l'enceinte fortifiée, et au matin, à la grande surprise des Français, ils sont sur les plaines; la bataille s'engage et se termine quelques minutes plus tard par la défaite des troupes du marquis de Montcalm aux mains du général Wolfe et la mort des deux généraux.

Signé le 10 février 1763, le traité de Paris vient sceller la défaite française en cédant officiellement la Nouvelle-France aux Britanniques, marquant ainsi la fin de la colonie française au Canada. Sous le Régime anglais, le Québec se transforme. Pour les Canadiens français, la Conquête signifie qu'ils sont dorénavant sous le contrôle des Britanniques, et que les liens entre la colonie et la métropole française sont dorénavant coupés, faisant de Québec une orpheline. Des changements importants vont avoir lieu. Les Anglais vont prendre la situation en mains et remplacer les francophones dans les fonctions politiques et administratives de la ville de Québec. Beaucoup parmi les habitants les mieux nantis de la Nouvelle-France optent pour le retour vers la France que leur propose le gouver-

PORTRAIT

nement anglais. Cependant, la plupart des habitants et des petits commerçants ne peuvent se payer un tel voyage et n'ont d'autre choix que de se résigner à rester dans la colonie, désormais anglaise. Les Britanniques établiront eux aussi au sommet du cap Diamant leur gouvernement, qui aura pour tâche de diriger la portion non négligeable de l'Amérique du Nord qui leur revient.

La ville de Québec réussira, comme le reste de la colonie d'ailleurs, à résister aux tentatives d'assimilation anglaises, grâce à l'Église catholique et à l'immigration anglophone très limitée jusqu'à l'arrivée des loyalistes américains. Bien à l'abri derrière son enceinte, Québec restera pendant longtemps une ville presque essentiellement francophone. Cette situation va cependant vite changer vers la fin de la guerre d'Indépendance américaine, alors que les loyalistes, c'est-à-dire les gens qui demeurent fidèles à la Couronne britannique, quittent ce qui va devenir les États-Unis pour venir s'installer en terre britannique. Parmi ces derniers, beaucoup choisissent de s'établir à Québec et à Montréal, changeant ainsi radicalement le visage de la capitale, qui voit sa population anglophone augmenter considérablement.

À cette immigration loyaliste, s'ajoute la venue en Amérique de nombreux émigrants en provenance des îles Britanniques, qui s'installent dans la ville de Québec pour travailler comme débardeurs au port ou dans les usines. Parmi eux, un nombre important d'immigrants irlandais qui ont un important point en commun avec la population locale : la religion catholique. Les anglophones représentent alors environ 40 % de la population de la région de Québec, qui connaît à ce moment une importante croissance économique. Cette forte immigration anglophone est cependant compensée par l'arrivée massive de paysans francophones provenant de la campagne québécoise.

Cette période de prospérité est principalement causée par l'embargo maritime de Napoléon contre l'Angleterre, qui accuse alors un besoin criant de matières premières. Cette demande fait en sorte que le port de Québec devient un chaînon important dans le commerce entre la colonie, les Antilles et l'Angleterre. Le port de Québec et les différents chantiers navals mis en branle sous le Régime français vont ainsi continuer à se développer jusqu'à l'apparition des coques de fer et au creusage du chenal qui permettra aux navires de fort tonnage de se rendre à Montréal, éliminant du coup les derniers avantages dont pouvait bénéficier Québec. À partir de ce moment, l'importance de Québec va décliner en faveur de Montréal, qui est aussi dotée d'un excellent réseau ferroviaire favorisant son implantation en tant que puissance industrielle et économique au Québec et au Canada.

Même si Québec perd son importance économique au début du XXe siècle et devient limitée à l'industrie légère, comme celle de la chaussure par exemple, elle continue quand même de jouer un rôle important sur les plans politique et administratif en tant que capitale provinciale. Cet état de fait se poursuit jusqu'à la Révolution tranquille des années soixante. Cette «révolution» marque pour le Québec la fin d'une longue période passée sous le joug de la religion et de la tradition. Tout le Québec est en effervescence. Les mœurs et les institutions s'ouvrent, se modernisent. Les habitudes politiques changent. La province de Québec voit alors la taille de son gouvernement augmenter de façon remarquable, transformant par le fait même la ville de Québec, qui se retrouve désormais au centre de cette batterie de changements.

Dans un même temps, le mouvement nationaliste fait son apparition au Québec. Les francophones de toute la province expriment leur désir de mettre fin au contrôle qu'exerce la minorité anglophone sur le développement de la société québécoise. Au cours de cette période, la population anglophone de Québec diminue d'année en année, ne comptant plus que pour 1 % ou 2 % de la population totale de la région.

L'amaigrissement de l'État et la décentralisation des pouvoirs vers Montréal et les régions affectent par la suite la stabilité d'emplois dans la région. Bien que le taux de chômage à Québec soit assez faible, la ville se tourne alors vers son vaste potentiel industriel et technologique. Québec et sa région constituent en effet un marché de plus de 650 000 consommateurs. L'industrie du tourisme constitue en outre pour la région de Québec une source importante de revenus grâce à ses différentes installations touristiques, dont le Vieux-Québec, le mont Sainte-Anne, la chute Montmorency, assurant de 12 % à 13 % des emplois de la grande région de Québec. Mais une des avenues les plus prometteuses pour le développement économique de la région demeure le secteur de la haute

Rappel des principaux événements historiques

Il y a plus de 12 000 ans : des nomades provenant d'Asie septentrionale traversent le détroit de Béring et peuplent graduellement les deux Amériques. Certains s'établissent, après le retrait des glaces, sur la péninsule du Québec : ce sont les ancêtres des Amérindiens et des Inuit.

1534 : Jacques Cartier, marin de Saint-Malo, fait la première de ses trois explorations du golfe et du fleuve Saint-Laurent. Il s'agit des premiers contacts officiels de la France avec ce territoire.

1608 : Samuel de Champlain et ses hommes fondent Québec. C'est le début d'une présence française permanente en Amérique du Nord.

1663 : la Nouvelle-France devient officiellement une province française. La colonisation se poursuit.

1759 : Québec tombe aux mains des Britanniques. Quatre ans plus tard, le roi de France leur cédera officiellement la Nouvelle-France, où vivent environ 60 000 colons d'origine française.

1837-1838 : l'armée britannique écrase les insurrections des Patriotes.

1840 : faisant suite au rapport Durham, les dispositions de l'Acte d'Union visent à minoriser les Canadiens français et, éventuellement, à les assimiler.

1867 : naissance de la Confédération canadienne. Quatre provinces, dont le Québec, sont parties prenantes de ce pacte. Six autres provinces viendront par la suite s'y joindre.

1914-1918 : le Canada s'engage dans la Première Guerre mondiale. Anglophones et francophones ne s'entendent pas sur l'ampleur de la participation du pays. Le Canada en ressort très divisé.

1929-1939 : la crise économique touche de plein fouet le Québec. En 1933, 27 % de la population est au chômage.

1939-1945 : participation du Canada à la Seconde Guerre mondiale. Les anglophones et les francophones du pays s'opposent toujours en ce qui a trait à la conscription obligatoire.

1944-1959 : le premier ministre Maurice Duplessis dirige le Québec et impose un régime très conservateur. On qualifiera cette période de «grande noirceur».

1960 : élection du Parti libéral. Début de la Révolution tranquille.

Octobre 1970 : un groupuscule terroriste, le Front de Libération du Québec (FLQ), enlève un diplomate britannique et un ministre québécois, déclenchant une grave crise politique.

Novembre 1976 : un parti indépendantiste, le Parti québécois, remporte les élections provinciales.

Mai 1980 : les Québécois se prononcent majoritairement contre la tenue de négociations visant à donner au Québec l'indépendance.

1982 : rapatriement de la Constitution canadienne sans l'accord du Québec.

Juin 1990 : l'échec de l'entente du Lac Meech sur la Constitution canadienne est très mal reçu au Québec.

26 octobre 1992 : le gouvernement fédéral et les provinces organisent un référendum sur de nouvelles offres constitutionnelles. Jugées insuffisantes, elles sont rejetées par une majorité de Québécois et de Canadiens.

30 octobre 1995 : le gouvernement du Parti québécois tient un référendum sur la souveraineté du Québec : 49,4 % des Québécois votent «oui»; 50,6 % «non».

PORTRAIT

technologie, avec la biotechnologie, l'informatique, l'optique et les télécommunications.

PORTRAIT POLITIQUE

La vie politique du Québec est profondément marquée, et même monopolisée, par la dualité entre les deux niveaux de gouvernement : le gouvernement fédéral et le gouvernement provincial. Pour bien comprendre la situation politique au Québec, il faut tout d'abord se mettre dans le contexte historique. La ville de Québec est le berceau de la culture canadienne-française en Amérique. La Confédération de 1867 est un événement qui a eu des retombées importantes pour tous les francophones du Québec, dont une des plus significatives tient à la position minoritaire dans laquelle se retrouve la population canadienne-française, qui possède une culture différente de la majorité anglophone. Le type de gouvernement mis en place en 1867 est calqué sur le modèle britannique, accordant le pouvoir législatif à un Parlement élu par suffrage universel. La nouvelle constitution institue un régime fédéral à deux paliers : le gouvernement fédéral et les gouvernements provinciaux. À Québec, ce Parlement est désigné sous le nom d'Assemblée nationale, alors qu'à Ottawa le pouvoir appartient à la Chambre des communes. À l'intérieur de ce nouveau partage des pouvoirs, la position minoritaire des francophones au Canada est confirmée. Cependant, leur emprise sur le Québec est accentuée grâce à la création d'un État provincial qui sera le maître d'œuvre dans les domaines importants que les francophones ont toujours cherché à préserver, c'est-à-dire l'éducation, la culture et les lois civiles françaises.

Le Québec a toujours été en faveur de l'autonomie provinciale face à un gouvernement fédéral centralisateur. Dès les premières années de la constitution, certains, comme Honoré Mercier, optent pour une autonomie plus grande des provinces. Il soutient notamment que les droits des Canadiens français ne sont assurés efficacement qu'au Québec. Une fois premier ministre, il exalte le caractère français et catholique du Québec sans toutefois remettre en cause le fédéralisme. Selon l'influence des dirigeants politiques québécois et sous l'effet des tensions ethniques et linguistiques qui sévissent entre francophones et anglophones, le Québec va jouer un rôle de plus en plus actif dans la lutte pour l'autonomie provinciale tout au long du XXe siècle.

C'est au cours des 30 dernières années que les relations entre le fédéral et le provincial ont pris une tournure différente. La vie politique qui se dessine à partir de la Révolution tranquille est marquée par l'intensité et l'effervescence des relations fédérales-provinciales. Les années soixante voient même l'apparition d'un groupe extrémiste, le Front de libération du Québec (FLQ), qui revendique l'indépendance du Québec. Son action se soldera par la Crise d'octobre 1970, pendant laquelle le Québec a subi la Loi des mesures de guerre et l'intervention de l'Armée.

Depuis quelques années, les différents gouvernements qui se sont succédé à Québec se sont tous considérés comme les porte-parole d'une langue et d'une culture distinctes, et ont revendiqué un statut particulier ainsi que des pouvoirs accrus pour le Québec. Le gouvernement québécois croit mieux connaître les besoins des Québécois que le fédéral et revendique le droit à une plus grande autonomie, à des pouvoirs plus étendus et aux ressources correspondantes.

L'événement qui viendra changer radicalement les enjeux politiques est l'élection en 1976 du Parti québécois. Ce parti réussira très rapidement à réunir autour de lui les forces indépendantistes, et ce, surtout grâce à la personnalité et au charisme de son fondateur, René Lévesque. Cette formation politique, dont la raison d'être est l'accession du Québec à la souveraineté, proposera en 1980 un référendum sur la question nationale à la population québécoise, lui demandant la permission de négocier le projet de souveraineté-association avec le reste du Canada. Les Québécois votent à 60 % contre la souveraineté-association. Le même parti, avec à sa tête Jacques Parizeau, (dorénavant dirigé par Lucien Bouchard, chef du gouvernement depuis 1996), renverra les Québécois se prononcer sur la même question le 31 octobre 1995. Cette fois, les résultats sont beaucoup plus serrés et même surprenants. Ainsi 50,6 % de la population a voté contre le projet d'indépendance du gouvernement québécois, tandis que 49,4 % s'est déclaré en faveur de ce projet. La question, aux yeux de plusieurs, est donc reportée une fois de plus et reste présente dans la plupart des discours politiques.

L'attitude des dirigeants politiques québécois en ce qui a trait aux relations entre l'État et l'économie va changer radicalement à partir des années soixante avec l'arrivée au pouvoir du gouvernement libéral de Jean Lesage. Cette redéfinition du rôle de l'État dans l'économie vient bouleverser la vie sociale, politique et économique de toute la province, mais surtout celle de la ville de Québec. Le nombre d'emplois dans le secteur de l'administration publique est passé de 15 000 à 45 000 entre les années soixante et quatre-vingt. Cette nouvelle orientation, élaborée dès la Révolution tranquille, va maintenir son évolution de façon générale tout au long des années soixante, soixante-dix et même quatre-vingt. Les dirigeants politiques québécois se sont inspirés de leurs homologues libéraux et européens en adhérant aux principes du keynésianisme et de l'État providence, principe qui veut faire de l'État un intervenant majeur dans l'économie et un partenaire de l'entreprise privée. La présence d'une vaste administration publique assure à la région de la Vieille Capitale et à ses habitants des emplois à la fois très stables et bien rémunérés.

Le nouveau rôle économique que se donne le gouvernement a pour effet d'augmenter la présence et l'importance des franco-phones dans l'économie québécoise. Ce phénomène est notamment dû à la croissance des secteurs public et parapublic et à l'intervention de l'État québécois dans le secteur privé. Cette poussée francophone se fait sentir dans tous les secteurs de l'économie, mais surtout dans les domaines de la finance et de l'administration publique. Ce type d'État interventionniste, comme on le retrouve à Québec ou à Ottawa, comporte cependant des inconvénients. Depuis le début des années quatre-vingt, les gouvernements québécois et canadien, enserrés dans des contraintes budgétaires de plus en plus rigides, ont de plus en plus de difficulté à appliquer leurs politiques interventionnistes et encourent, chaque année, des déficits budgétaires élevés.

Pour remédier à la situation, des décisions radicales et doulou-reuses doivent être prises. Pour réduire le déficit, il faut décentraliser les pouvoirs et réduire la masse salariale de la fonction publique en coupant dans les postes et les augmenta-tions. Mais voilà le hic : la région de Québec possède une économie fortement orientée vers le secteur tertiaire, qui donne du travail à environ 85 % de la population. Cette baisse a cependant été compensée par la croissance d'autres secteurs comme celui de la finance, des assurances et des affaires immobilières. C'est d'ailleurs là une indication du dynamisme et de l'ingéniosité d'une région capable de s'ajuster rapidement et avec succès à une situation défavorable.

PORTRAIT ÉCONOMIQUE

On insiste tellement sur l'aspect historique et romantique de la ville de Québec qu'il est facile d'oublier que Québec est le deuxième centre économique en importance au Québec. Située le long des berges du Saint-Laurent, la grande région de Québec compte un peu plus de 600 000 habitants, dont 175 000 dans la ville de Québec seulement. La grande région de Québec possède une économie fortement orientée vers le secteur tertiaire, dont le principal moteur est de toute évidence le domaine des services et de l'administration publique, qui occupe environ 85 % de la population. On constate aussi une croissance significative du nombre d'emplois dans les secteurs du tourisme, de la finance et du commerce aux dépens des activités manufacturières.

Ce monstre que représente l'administration publique québécoise est issu de la Révolution tranquille. Les adhérents aux principes de l'État providence voulurent faire de l'État québécois un intervenant majeur dans l'économie et un partenaire de l'entreprise privée. Dans un deuxième temps, l'État providence a pour objectif la modernisation de l'économie québécoise et, en troisième lieu, l'amélioration de la place qui revient aux Canadiens français dans l'économie du Québec. Entre les années soixante et quatre-vingt, le nombre d'emplois dans ce secteur a triplé, et le contrôle des francophones sur l'économie du Québec est passé de 47 % à 60 %. Cette augmentation du secteur public a aussi eu des répercussions importantes sur l'économie de la région, car en moyenne, un emploi dans la fonction publique amène directement la création d'un autre emploi dans le secteur privé.

Depuis les années quatre-vingt, et plus particulièrement depuis les années quatre-vingt-dix, le gouvernement tente de renverser la vapeur. L'État providence et les nombreuses dépenses qu'il entraîne ont causé l'endettement du Canada, au point où il est maintenant l'un des pays industrialisés les plus endettés. La solution semble très simple : il faut couper, couper, et encore couper dans les dépenses. C'est-à-dire que la fonction publique doit limiter ses dépenses au maximum en sabrant dans les emplois et les subventions, puis en privatisant et en décentralisant l'administration.

Bien que Québec soit une des villes du Québec où le taux de chômage est le plus bas, les transformations que subit l'économie québécoise en général ont pour effet de faire perdre à la ville et à sa région la stabilité d'emplois sur laquelle elle a toujours pu compter. L'amaigrissement de l'État québécois et la décentralisation vers l'extérieur forcent Québec à se tourner vers d'autres avenues.

Pour faire face à la décentralisation au profit de Montréal et des régions, et pallier la perte d'emplois, Québec se doit de diversifier son économie. Pourvue de ressources énergétiques abondantes, d'un port de mer en eau profonde ouvert toute l'année, d'un réseau routier et ferroviaire bien en place, Québec est en mesure de relier les principaux centres économiques et agricoles de l'Amérique du Nord.

Au cours des dernières années, la région de Québec a déployé beaucoup d'efforts afin d'attirer de nouvelles industries, plusieurs s'établissant dans la grande région de Québec, particulièrement sur la rive sud du Saint-Laurent, par exemple la raffinerie d'Ultramar construite en 1979. On retrouve aussi dans la région de Québec des entreprises comme le chantier maritime du Groupe MIL-Davies, qui emploie de 500 à 2 000 travailleurs dans le secteur de la construction et de la réparation des navires et des plates-formes de forage, Alcan, producteur d'aluminium, ou encore Louis Garneau, manufacturier de vêtements et articles de plein air maintenant exportés aux États-Unis et en Europe. Québec mise aussi sur le potentiel économique des domaines de haute technologie. Malgré le nombre de nouveaux emplois qu'elles génèrent, les grandes entreprises ne soulèvent pas l'enthousiasme de la population de Québec. On craint surtout les problèmes de pollution souvent associés aux grosses industries. Plusieurs craignent aussi qu'une implantation industrielle mal planifiée ne défigure un jour Québec.

L'Université Laval joue aussi un rôle important dans le développement économique de la région en lui fournissant une main-d'œuvre qualifiée. Elle dispose aussi d'un bureau de valorisation de la recherche, qui a comme mission première de promouvoir et de gérer le transfert technologique de l'université vers les différentes entreprises de la région. La création en 1988 d'un parc technologique, grâce aux initiatives de l'Université Laval et du Groupe d'action pour l'avancement technologique et industriel de la région de Québec, est un exemple de l'influence que peut exercer cette institution sur la vitalité économique de la région.

Ce n'est donc pas une situation sans issue; la grande capitale a en mains tous les atouts nécessaires pour revitaliser son économie grâce à sa main-d'œuvre spécialisée, aux possibilités de recherche et de développement qu'offre l'industrie de pointe et à l'université. D'un autre côté, Québec est le siège du gouvernement provincial, qui malgré les cures d'amaigrissement imposées à la fonction publique, va continuer d'être un moteur important pour la région.

Le tourisme occupe lui aussi une place importante dans l'économie de la capitale et de sa région. L'industrie du tourisme génère en effet un nombre d'emplois comparable à celui de tout le secteur manufacturier. Les activités liées à l'hébergement et à la restauration représentent environ 24 000 emplois, auxquels s'ajoutent environ 9 000 emplois liés aux loisirs et aux services. Le tourisme est donc un secteur important de l'économie de la région, et c'est aussi un secteur en expansion. Les navires de croisière en provenance d'Europe et des États-Unis font de Québec une escale de plus en plus populaire. Avec la présence du mont Saint-Anne, de la chute Montmorency à quelques minutes du centre-ville, du Carnaval d'hiver et du Festival d'été, le tourisme est une activité en pleine effervescence, et ce, en toute saison.

PORTRAIT CULTUREL

La ville de Québec n'a cessé, depuis plus de 200 ans déjà, de présenter un héritage culturel imposant et très varié. Elle a influencé de nombreux artistes, comme Cornelius Krieghoff, Maurice Cullen, James Wilson Morrice, Clarence Gagnon, Adrien Hébert, Jean-Paul Lemieux, Jean-Guy Desrosiers, et d'autres qui, tour à tour, chacun dans le style qui lui est propre, ont contribué au cours des années à enrichir l'imagerie de Québec. Au cours du XIXe siècle, la ville de Québec sera aussi utilisée pour toile de fond dans de nombreux romans. À cette époque, la mode est au roman d'aventures de type européen, et la littérature québécoise, qui se confine généralement à l'exaltation du passé et à l'idéalisation de la culture paysanne, se trouve nettement en retard sur la littérature occidentale en général. Au tout début, on s'y reconnaît à peine, mais au fil des ans, l'utilisation de la ville de Québec pour toile de fond devient de plus en plus évidente. De la publication du roman *Les Anciens Canadiens* de Philippe Aubert de Gaspé aux romans de Roger Lemelin, dont les plus connus sont *Au pied de la pente douce* (1944) et *Les Plouffe* (1948), la ville de Québec passe d'un décor flou et mal défini à celui d'une ville grouillante, bruyante, vivante et bien canadienne-française. Car même si elle a été conquise par l'Angleterre, même si elle est dépassée par d'autres villes en importance commerciale, Québec demeure la capitale intellectuelle du Canada français et un symbole de résistance pour les Canadiens français.

Plusieurs artistes ont aussi choisi la ville de Québec ou sa région pour s'y établir. Parmi ces derniers, on retrouve Félix Leclerc (1944-1988), compositeur-interprète et poète, qui a été le premier chanteur québécois à faire une percée sur le marché européen, ouvrant ainsi la voie à d'autres artistes québécois. C'est sur l'île d'Orléans que Félix aimait passer la majeure partie de son temps libre, et c'est là qu'il avait laissé son cœur, comme en témoigne une grande partie de son œuvre.

Roger Lemelin (1919-1994), écrivain populaire grâce à ses descriptions pittoresques des quartiers pauvres de Québec dans les romans *Au pied de la Pente douce*, *Les Plouffe* et *Le Crime d'Ovide Plouffe* (1982), est né à Québec. Ces deux derniers romans firent l'objet d'une adaptation à la radio, à la télévision, puis au cinéma, et furent très populaires auprès du public québécois. Il fut aussi élu à l'Académie Goncourt à titre de membre étranger en 1974.

La ville de Québec est aussi la ville natale de Robert Lepage. Né dans la Haute-Ville le 12 décembre 1957, ce metteur en scène et réalisateur québécois a connu un succès international remarquable. Un peu comme pour Félix Leclerc, c'est par son énorme succès en Europe que le Québec s'est rendu compte de l'immense valeur de son protégé. On découvre son talent surtout grâce aux pièces *Les plaques tectoniques*, *La Trilogie des Dragons* et *Les Aiguilles et l'Opium*, ainsi qu'aux films *Le*

Confessionnal et *Le Polygraphe*. *Le Confessionnal* se déroule à Québec et trace un parallèle avec le film *I Confess* du réalisateur Alfred Hitchcock, tourné, lui aussi, à Québec dans les années cinquante. Le film de Lepage dévoile des images réellement magnifiques de la ville de Québec. Opéra, théâtre, cinéma, concert rock... Robert Lepage touche à tout. Par ailleurs, il a choisi la ville de Québec pour y établir son dernier grand projet : Ex Machina. Installé dans le Vieux-Port (voir p 108), Ex Machina permet aux créateurs d'explorer toutes les possibilités qu'offre leur art, qu'il soit cinématographique, théâtral ou autre.

L'ARCHITECTURE DE QUÉBEC

La ville de Québec, c'est avant tout la seule ville fortifiée du continent nord-américain. C'est tout d'abord pour des raisons de sécurité que la ville de Québec se fortifie, et elle peut compter sur sa position stratégique du haut du cap Diamant. C'est pourquoi Champlain fait construire, au tout début du XVIIe siècle, le fort Saint-Louis. À l'origine, ces fortifications servaient à repousser les attaques amérindiennes, et surtout, à faire face à la menace britannique. Québec vit donc très tôt d'importants travaux de fortification transformer la ville en une véritable place forte : construction de la Batterie royale en 1691, de la redoute de la Dauphine en 1712 et, en 1720, de murs qui correspondent approximativement aux remparts que nous connaissons aujourd'hui. Ce qui est contenu à l'intérieur des murs de Québec, et qui correspond au Vieux-Québec, donne à la ville un petit air d'ancien régime français.

La ville de Québec possède un des patrimoines architecturaux les plus riches en Amérique du Nord. Québec, c'est d'abord et avant tout le berceau de la Nouvelle-France. Elle évoque particulièrement l'Europe, tant par son atmosphère que par son architecture. Celle-ci en est une qui a dû s'adapter, entre autres, aux rigueurs de l'hiver québécois et à la pénurie de main-d'œuvre et de matériaux. C'est donc une architecture simple, sans extravagance mais efficace. La maison typique de cette époque est de forme rectangulaire et coiffée d'un toit à deux versants recouverts de bardeaux de cèdre. Pour mieux combattre l'hiver et le froid québécois, ce type d'habitation était doté de peu de fenêtres et d'une cheminée ou deux.

L'intérieur demeure lui aussi rustique, la préoccupation principale étant toujours le chauffage.

Ce type d'habitation se retrouve principalement dans la campagne environnante, mais on retrouve aussi le même type d'architecture dans la ville de Québec. En plus d'avoir à se préoccuper du froid, les habitants de la ville devaient aussi se prémunir contre les incendies. Ces derniers pouvaient se propager extrêmement rapidement en raison de la proximité des édifices et du bois utilisé dans leur construction. À la suite du grand incendie de 1682, qui rasa la Basse-Ville presque complètement, les intendants de la Nouvelle-France, en 1721 et en 1727, promulguent, afin de réduire les risques d'incendie à l'intérieur des murs de Québec, deux édits qui viennent réglementer la construction. Dorénavant, l'utilisation du bois et les toitures mansardées, dont la charpente dense et complexe présente un danger important d'incendie, seront interdites. Tous les édifices devront être construits de pierre et munis de murs coupe-feu. De plus, les planchers qui séparent les différents étages de la maison devront être recouverts de carreaux de terre cuite. Toutes ces nouveautés permirent en outre de redresser les rues de la Basse-Ville et de créer la place Royale.

On peut voir dans les quartiers comme celui du Petit-Champlain des maisons de pierre qui datent de cette époque, comme par exemple la maison Louis-Jolliet (16 rue du Petit-Champlain) ou la maison Demers (28 boulevard Champlain). Cette décision d'interdire le bois eut aussi comme conséquence la création des premiers faubourgs à l'extérieur de l'enceinte des murs de Québec. Les colons les plus pauvres, qui ne pouvaient pas satisfaire à ces nouvelles exigences beaucoup trop coûteuses, ont en effet dû s'éloigner de la ville.

À la suite de la victoire britannique sur les plaines d'Abraham, la Nouvelle-France fait dorénavant partie de l'Empire britannique, et le visage de la ville de Québec se transforme lentement à mesure que la population anglophone de la ville s'accroît. On voit donc apparaître sur la Grande Allée, qui n'était auparavant qu'une route de campagne bordée de propriétés agricoles, de véritables domaines au milieu desquels sont aménagées pour les Anglais des villas de style néo-classique et, un peu plus tard, de style victorien. Aujourd'hui, ces mêmes édifices ont été transformés en bars ou en restaurants, avec terrasses donnant sur la Grande Allée.

PORTRAIT

RENSEIGNEMENTS GÉNÉRAUX

Le présent chapitre a pour but de vous aider à planifier votre voyage avant votre départ et une fois rendu sur place. Il s'adresse surtout aux visiteurs venus de l'extérieur, mais les Québécois y trouverons aussi des renseignement utiles. Ainsi, pour les premiers, il renferme une foule de renseignements précieux quant aux procédures d'entrée au pays et aux autres formalités. Il contient aussi de l'information générale qui pourra être utile lors de vos déplacements dans la région de Québec. Nous vous souhaitons un excellent voyage à Québec!

L'**indicatif régional** de Québec et sa région est le **418**.

FORMALITÉS D'ENTRÉE

Pour la plupart des citoyens des pays de l'Europe de l'Ouest, un passeport valide suffit, et aucun visa n'est requis pour un séjour de moins de trois mois. Il est possible de demander une prolongation de trois mois. Un billet de retour ainsi qu'une preuve de fonds suffisants pour couvrir le séjour peuvent être demandés.

Précaution : certains pays n'ayant pas de convention avec le Canada en ce qui concerne l'assurance maladie-accident, il est conseillé de se munir d'une telle couverture. Pour plus de renseignements, voir la section «Assurances» (p 56).

Prolongation sur place

Il faut adresser sa demande **par écrit** et **avant** l'expiration du visa (date généralement inscrite sur le passeport) à l'un des centres d'Immigration Canada. Votre passeport valide, un billet de retour, une preuve de fonds suffisants pour couvrir le séjour ainsi que 65 $ pour les frais de dossier vous seront demandés. Attention, dans certains cas (études, travail), la demande doit obligatoirement être faite **avant** l'arrivée au Canada.

AMBASSADES ET CONSULATS

En Europe

France
Ambassade du Canada
35, av. Montaigne
75008 Paris
Métro Franklin-Roosevelt
☎01.44.43.29.00
≈01.44.43.29.98

Belgique
Ambassade du Canada
Av. de Tervueren, 2
1040 Bruxelles
Métro Mérode
☎741 06 40
≈741 06 09

Espagne
Ambassade du Canada
Edificio Goya
Calle Núñez de Balboa 35
28001 Madrid
☎431.43.00
✉431.23.67

Italie
Ambassade du Canada
Via G.B. de Rossi 27
00161 Rome
☎(06) 44.59.81
✉(06) 44.59.87

Suisse
Ambassade du Canada
Kirchenfeldstrasse 88
C.P. 234
3000 Berne 6
☎(031) 352 63 81
✉(031) 352 73 15

RENSEIGNEMENTS GÉNÉRAUX

À Montréal

Consulat général de France
1, Place Ville-Marie
Bureau 2601, 26ᵉ étage
Montréal, H3B 4S3
☎(514) 878-4381
✉(514) 878-3981

Consulat général de Belgique
999, boulevard de Maisonneuve Ouest
Bureau 1250
Montréal, H3A 3C8
☎(514) 849-7394
✉(514) 844-3170

Consulat général de Suisse
1572, av. Dr Penfield
Montréal, H3G 1C4
☎(514) 932-7181
(514) 932-9028

Consulat des États-Unis
Place Félix-Martin
1155, rue Saint-Alexandre
Montréal
☎(514) 398-9695

Consulat général de l'Italie
3489, rue Drummond
Montréal, H3G 1X6
☎(514) 849-8351
(514) 499-9471

Consulat général d'Espagne
1, Westmount Square
Montréal, H3Z 2P9
☎(514) 935-5235
(514) 935-4655

À Québec

Consulat général de France
Chancellerie et service culturel
25, rue Saint-Louis
Québec, G1R 3Y8
☎694-2294
692-4545

Consulat général des États-Unis d'Amérique
2, Place Terrasse-Dufferin
Québec, G1R 4T9
☎692-2095
692-4640

Délégation Wallonie/Bruxelles
Les Promenades du Vieux-Québec
43, rue de Buade, bureau 520
Québec, G1R 4A2
☎692-4148
⇋692-0575

RENSEIGNEMENTS TOURISTIQUES

Vous pouvez obtenir des renseignements touristiques auprès de Tourisme Québec, des délégations générales du Québec à l'étranger, des offices de tourisme de Québec ainsi qu'aux différents bureaux de l'Office du tourisme et des congrès de la Communauté urbaine de Québec. Il est à noter également que, dans le Vieux-Québec, un service d'information touristique à mobylette est offert durant l'été. On reconnaît ces mobylettes à leur couleur verte et au «?» qu'elles arborent.

Tourisme Québec
Case postale 979
Montréal, H3C 2W3
☎(514) 873-2015 ou 800-363-7777

De l'étranger

France

Tourisme Québec
Centre de distribution Woehl, BP 25
67161 Wissembourg Cedex
☎08.00.90.77.77
tous les jours de 15h à 23h
www.tourisme.gouv.qc.ca
Minitel : 3615 Québec

RENSEIGNEMENTS
GÉNÉRAUX

Ambassade du Canada
Service tourisme
35, av. Montaigne
75008 Paris
Métro Franklin-Roosevelt
lun-ven 10h à 17h
☎01.44.43.29.00
≕01.44.43.29.94
Au ☎01.44.43.25.07, un système automatisé permet d'obtenir
rapidement de l'information touristique 24 heures par jour.
Sur Minitel : 3615 Canada.

Délégation générale du Québec
66, rue Pergolèse
75116 Paris
☎01.40.67.85.00
Métro Porte Dauphine

La librairie du Québec
À Paris, on peut trouver un grand choix de livres sur le Québec
et le Canada, ainsi que toute l'édition du Québec et du Canada
francophone, dans tous les domaines, à la librairie du Québec,
30, rue Gay Lussac, 75005 Paris, ☎01.43.54.49.02,
≕01.43.54.39.15.

Belgique

Délégation générale du Québec
Av. des Arts, 46, 7e étage
1040 Bruxelles
☎512 00 36
Métro Art-Loi

Commission canadienne du tourisme
Rue Américaine, 27
1060 Bruxelles
☎538 57 92
≕539 24 33

Suisse

Welcome to Canada!
22, Freihofstrasse
8700 Küsnacht
☎910 90 01
⊶910 38 24

Sur place

Québec

Maison du tourisme de Québec
12, rue Sainte-Anne
(en face du Château Frontenac)
Québec, G1R 3X2
Le centre est ouvert de 8h30 à 19h30 tous les jours de l'été,
de la mi-juin jusqu'à la fête du Travail. Le reste de l'année, les
heures d'ouverture sont de 9h à 17h. Il diffuse de l'information
détaillée avec nombre de documents à l'appui (cartes routières,
dépliants, guides d'hébergement) sur toutes les régions
touristiques du Québec.

**Centre d'information de l'Office du tourisme et des congrès de
la Communauté urbaine de Québec**
Le centre d'information anciennement situé sur la rue d'Auteuil
loge maintenant près du manège militaire et des plaines
d'Abraham dans la maison de la Découverte.
835 avenue Wilfrid-Laurier, G1R 2L3
☎649-2608, ⊶522-0830
www.quebec-region.cuq.qc.ca
Il est ouvert tous les jours du début juin à la mi-octobre de
8h30 à 19h et le reste de l'année tous les jours de 9h à 17h.
Sauf pour une période d'ajustement jusqu'au mois de juin 1998
pendant laquelle l'horaire sera variable.

Sainte-Foy

Centre d'information de l'Office du tourisme et des congrès de la Communauté urbaine de Québec
3300 avenue des Hôtels, G1W 5A8
☎649-2608, ≈522-0830
www.quebec-region.cuq.qc.ca
Il est ouvert tous les jours du début juin à la mi-octobre de 8h30 à 19h et le reste de l'année tous les jours de 9h à 17h.

Wendake

71 rue Maurice-Bastien
☎840-0739
Ouvert tous les jours de 8h30 à 16h30.

Beauport

Bureau touristique du parc de la Chute-Montmorency
4300, boulevard Sainte-Anne (route 138)
☎692-2471
Ouvert de la mi-juin à la mi-octobre tous les jours de 9h à 17h45.

Sainte-Anne-de-Beaupré

30 rue Sainte-Marguerite
☎827-5256
Ouvert de la fin juin au début septembre et de Noël au début mars tous les jours de 9h à 21h, le reste de l'année tous les jours de 9h à 20h.

Île d'Orléans

Bureau touristique de l'île d'Orléans
490, côte du Pont
Saint-Pierre
☎828-9411
On vous accueille avec le sourire du mois de juin au mois d'août tous les jours de 8h30 à 19h et le reste de l'année du lundi au vendredi de 9h à 17h.

LES ASSOCIATIONS

En France

Office Franco-Québécois pour la Jeunesse
5, rue Logelbach
75017 Paris
☎01.47.66.04.76
Métro Monceau ou Malesherbes
Stages, voyages d'études, recherches.

France-Québec
24, rue Modigliani
75015 Paris
☎01.45.54.35.37
Métro Lourmel
Association d'amitié et d'échanges de jeunes.
Information pour séjours au pair.

En Belgique

Agence Québec/Wallonie-Bruxelles pour la Jeunesse
Boulevard Adolphe-Max, 13, Bte 2
1000 Bruxelles
☎219.05.55
Métro Rogier

À Québec

Association Québec/France
11, place Royale (maison Fornel)
Québec, G1K 4G3
☎643-1616 ou 692-5058 pour les programmes
⊟643-3053

VOIES D'ACCÈS

Si vous partez de Montréal, vous pouvez emprunter l'autoroute Jean-Lesage (20 Est) jusqu'au pont Pierre-Laporte; une fois rendu sur l'autre rive, prenez le boulevard Laurier, qui change de nom pour s'appeler successivement chemin Saint-Louis puis Grande Allée; cette voie vous mènera directement à la Haute-Ville. Vous pouvez aussi arriver par l'autoroute Félix-Leclerc (40 Est), que vous devez suivre jusqu'à Sainte-Foy; de là, les indications pour le boulevard Charest Est vous conduiront au centre de la Basse-Ville. Pour accéder à la Haute-Ville, il suffit de prendre la rue Dorchester puis la côte d'Abraham.

En arrivant d'Ottawa par l'autoroute 417, empruntez l'auto-route Félix-Leclerc (40 Est) jusqu'à Sainte-Foy, puis suivez les indications pour le boulevard Charest Est. Vous arriverez dans la Basse-Ville. De Toronto, vous prenez l'autoroute Jean-Lesage (20 Est) jusqu'aux indications pour le pont Pierre-Laporte. Ensuite, il suffit de suivre les indications pour le boulevard Laurier, qui devient, plus loin, la Grande Allée.

Des États-Unis, en suivant la route 55 puis l'autoroute 20, vous entrez à Québec par le pont Pierre-Laporte pour emprunter par la suite le boulevard Laurier.

L'arrivée à Québec en voiture se fait généralement par la Grande Allée. On traverse d'abord une banlieue nord-américaine typique pour ensuite aborder un secteur très *British* aux rues bordées de grands arbres, puis on longe les édifices gouvernementaux de la capitale du Québec, pour enfin pénétrer dans la vieille ville, fortifiée par de belles portes d'allure moyenâgeuse.

AÉROPORT

Aéroport international Jean-Lesage

Il existe un seul aéroport près de Québec, soit l'aéroport international Jean-Lesage. Malgré sa petite taille, on y trouve tout de même tous les services utiles aux voyageurs. L'aéroport est desservi par des vols internationaux (États-Unis, France...) et nationaux (Québec et autres provinces du Canada).

510, rue Principale
L'Ancienne-Lorette, G2E 5W1
☎640-2600
⇰640-2656

RENSEIGNEMENTS GÉNÉRAUX

Situation

Situé à L'Ancienne-Lorette, cet aéroport se trouve à environ 20 km au nord-ouest de Québec. Pour vous rendre au centre-ville, prenez la route de l'Aéroport en direction sud jusqu'à la jonction avec l'autoroute 40 Est. Suivez ensuite la direction du boulevard Charest Est. Il faut compter une vingtaine de minutes pour effectuer ce trajet.

Information

Pour tout renseignement concernant les services d'aéroport (arrivées, départs et autres), on peut composer le ☎640-2600, 24 heures par jour, pour le service de messagerie télématique. Avec ce même numéro, en choisissant l'option «0», un préposé pourra vous répondre du lundi au vendredi de 8h à 16h30. Il n'y a pas de ligne sans frais pour les renseignements généraux. Cependant, voici quelques numéros de compagnies aériennes avec qui vous pourriez être susceptible de communiquer :

Air Canada : ☎692-0770
ou 800-361-8620

Air Transat : ☎872-1011
ou 800-309-1011
Inter Canadien : ☎692-1031
ou 800-665-1177

Navette aéroportuaire

L'entreprise **La Québécoise** *(☎872-55525, ⌐872-0294)* relie
l'aéroport aux divers hôtels de la région. Le voyage coûte 8 $
pour Sainte-Foy et 9 $ pour Québec par adulte (à moitié prix
pour les enfants).

Location de voitures

On y trouve des comptoirs des agences de location de voitures
Hertz et Tilden (voir p 45).

Change

Un bureau de change Thomas Cook y est ouvert tous les jours
de 8h à 21h.

POUR S'Y RETROUVER SANS MAL

En voiture

Québec étant bien desservie par les transports publics et le
taxi, il n'est pas nécessaire d'utiliser une voiture pour la visiter,
aussi est-il préférable de visiter Québec à pied. D'autant plus
que la majorité des attraits touristiques sont relativement rap-
prochés les uns des autres et que toutes les promenades que
nous vous proposons se font à pied. Les circuits aux environs
de Québec doivent cependant être faits en voiture ou à vélo
(l'île d'Orléans par exemple), car les distances entre les attraits
sont parfois grandes.

Tableau des distances (km)
Par le chemin le plus court

© ULYSSE

Exemple : La distance entre Québec et Montréal est de 253 km.

1 mille = 1,6 kilomètre
1 kilomètre = 0,6 mille

		Chicoutimi (Qué.)		Chicoutimi (Qué.)
	Montréal (Qué.)		464	Montréal (Qué.)
	Ottawa (Ont.)	207	662	Ottawa (Ont.)
Québec (Qué.)	451	253	211	Québec (Qué.)
Tadoussac (Qué.)	225	685	485	217	Tadoussac (Qué.)

Il est facile de se déplacer en voiture à Québec. Dans le Vieux-Québec, les aires de stationnements, bien qu'assez chères, sont nombreuses. Il est possible de se garer dans la rue un peu partout, mais il faut être attentif aux panneaux limitant les périodes de stationnement ou ne pas oublier de mettre régulièrement de la monnaie dans le parcomètre. Le contrôle des véhicules dont les propriétaires sont mal garés est fréquent et sévère. Pour sortir de la ville, suivez les indications : elles sont claires.

RENSEIGNEMENTS GÉNÉRAUX

Quelques conseils

Permis de conduire : en règle générale, les permis de conduire européens sont valides pour six mois à compter du jour d'arrivée au Canada.

En hiver : bien que les routes soient en général très bien dégagées, il faut tout de même considérer les dangers que peuvent entraîner les conditions climatiques.

Le code de la route : attention, il n'y a pas de priorité à droite. Ce sont les panneaux de signalisation qui indiquent à chacune des intersections la priorité. Les panneaux marqués «Arrêt» sur fond rouge sont à respecter scrupuleusement. Il faut que vous marquiez l'arrêt complet, même s'il vous semble n'y avoir aucun danger apparent.

Les feux de signalisation sont le plus souvent situés de l'autre côté de l'intersection. Donc, attention où vous marquez l'arrêt.

Lorsqu'un autobus scolaire (de couleur jaune) est à l'arrêt (feux clignotants allumés), il est obligatoire de s'arrêter, quelle que soit sa direction. Tout manquement à cette règle est considéré comme une faute grave.

Le port de la ceinture de sécurité est obligatoire, même pour les passagers arrière.

Les Métrobus (voir p 46) bénéficient tout le long de leurs parcours, par exemple sur le boulevard René-Lévesque, de voies réservées aux heures de pointe, soit celles de droite, clairement identifiées par de larges losanges tracés sur la chaussée et par des panneaux de signalisation à affichage cathodique indiquant les heures pendant lesquelles vous ne pouvez y circuler.

Les autoroutes sont gratuites partout au Québec, et la vitesse y est limitée à 100 km/h. Sur les routes principales, la limite de vitesse est de 90 km/h, et de 50 km/h dans les zones urbaines.

Les postes d'essence : le Canada étant un pays producteur de pétrole, l'essence y est nettement moins chère qu'en Europe. À certains postes d'essence (surtout en ville), il se peut qu'après 23h on vous demande de payer d'avance par simple mesure de sécurité.

Accidents et pannes

En cas d'accident grave, incendie ou autre urgence, faites le ☏ **911**.

Lors d'un accident, n'oubliez jamais de remplir une déclaration d'accident (constat à l'amiable). En cas de désaccord, demandez l'aide de la police. Si vous conduisez un véhicule loué, il faudra avertir au plus vite votre agence de location.

Si votre séjour est de longue durée et que vous avez décidé d'acheter une voiture, il sera alors bien utile de vous affilier au C.A.A. (l'équivalent des «Touring Assistances» en Europe), qui vous dépannera à travers tout le Québec et le Canada. Si vous êtes membre dans votre pays de l'association équivalente (France : Association Française des Automobiles Club; Suisse : Automobile Club de Suisse; Belgique : Royal Automobile Touring Club de Belgique), vous avez droit gratuitement à certains services. Pour plus de renseignements, adressez-vous à votre association ou, à Québec, au **C.A.A.** *(☏624-0708)*.

Location de voitures

En général, un forfait incluant avion, hôtel et voiture, ou simplement hôtel et voiture, est moins cher que la location sur place. De nombreuses agences font affaire avec les firmes les plus connues (Avis, Budget, Hertz et autres) et offrent des promotions avantageuses, souvent accompagnées de primes (par exemple, des réductions pour spectacles). Nous vous conseillons dès lors d'envisager la solution «forfait». Sinon, voici les coordonnées des principales entreprises de location de véhicules :

Budget
Aéroport de Québec : ☎872-9885
Vieux-Québec : 29, côte du Palais, ☎692-3660
Sainte-Foy : 2481, chemin Sainte-Foy, ☎651-6518

Discount
Sainte-Foy (Centre Innovation) :
2360, chemin Sainte-Foy, ☎652-7289

Hertz
Aéroport de Québec : ☎871-1571
Québec : 580, Grande Allée, ☎647-4949
Vieux-Québec : 44, côte du Palais ☎694-1224, ⊶692-3713

Tilden
Aéroport de Québec : ☎871-1224
Québec : 295, rue Saint-Paul, ☎694-1727, ⊶694-2174

Via Route
2605, boulevard Hamel Ouest, ☎682-2660
ou 692-2660

Sur place, vérifiez si :

● le contrat comprend le kilométrage illimité ou non;

● l'assurance proposée vous couvre complètement (accident, dégâts matériels, frais d'hôpitaux, passagers, vols).

RENSEIGNEMENTS GÉNÉRAUX

Rappellez-vous :

- Il faut être âgé d'au moins 21 ans et posséder son permis depuis «au moins» un an pour louer une voiture. Toutefois, si vous avez entre 21 et 25 ans, certaines firmes vous imposeront une franchise collision de 500 $ et parfois un supplément journalier. À partir de 25 ans, ces conditions ne s'appliquent plus.

- Une carte de crédit est indispensable pour le dépôt de garantie si vous ne voulez pas bloquer des sommes importantes.

- Dans la majorité des cas, les voitures louées sont dotées d'une transmission automatique. Vous pouvez, si vous le préférez, en demander une à commande manuelle.

- Les sièges de sécurité pour enfants sont en supplément dans la location.

En transports en commun

Il est fort aisé de visiter Québec en ayant recours aux transports en commun de la Société de transport de la Communauté urbaine de Québec (STCUQ), car elle est pourvue d'un réseau d'autobus qui couvre bien l'ensemble du territoire. Il n'y a pas de métro à Québec. Cependant, depuis quelques années, on a implanté un réseau de Métrobus qui partent de Beauport ou de Charlesbourg et qui se rendent jusqu'à Sainte-Foy et vice-versa, en passant près du Vieux-Québec, de la rue Saint-Jean, de l'avenue Cartier, à travers le campus de l'université, en face des grands centres commerciaux de Sainte-Foy et près du terminus d'autocars de cette ville. Les Métrobus portent le n° 800 ou 801 et sont rapides puisqu'ils bénéficient de voies réservées (voir p 44), et ils s'arrêtent moins souvent que les autres autobus. De plus, les Métrobus passent à une fréquence d'environ 10 min.

Dans l'annuaire du téléphone, on trouve le guide des transports en commun. En plus d'un plan du réseau, celui-ci contient les principales indications pour qui faciliter vos déplacements.

Pour utiliser à souhait ce réseau de transports publics pendant un mois, on doit se procurer la carte d'accès au prix de 50 $ (en vente au début de chaque mois). Il est également possible d'acheter des tickets à 1,60 $ chacun ou d'opter pour payer 2 $ en monnaie exacte à chaque voyage. Les enfants, les étudiants et les aînés bénéficient de tarifs réduits. Le passage est gratuit pour les enfants âgés de moins de cinq ans. On peut acheter ces billets dans presque toutes les tabagies ou pharmacies. On peut également obtenir dans ces établissements les dépliants concernant différents trajets. **Notez que les chauffeurs d'autobus ne vendent pas de billets et ne font pas de monnaie.**

Lorsqu'un parcours nécessite un changement d'autobus, le passager doit demander une correspondance au chauffeur.

La plupart des trajets sont effectués de 6h à minuit et demi, sauf le dimanche, soit un peu plus tard en matinée. Les samedis et dimanches, on ajoute les autobus «couche-tard» nos 800, 801, 7, 11 et 25, qui partent de la place d'Youville à 3h.

Pour plus de renseignements sur le réseau de transports en commun, composez le ☎627-2511.

En taxi

Le coût d'une course en taxi de l'aéroport vers le centre-ville de Québec est d'environ 25 $.

Taxi Co-op : ☎525-5191
Taxi Québec : ☎525-8123
Taxi Co-op Sillery - Sainte-Foy : ☎653-7777

De la mi-novembre à la fin mars, des navettes-taxis proposent un trajet qui plaira aux amateurs de plein air désireux de loger dans la capitale. **L'Hiver Express** *(18 $ aller-retour; ☎525-5191)* prend, tous les matins devant les principaux hôtels de Québec et de Sainte-Foy, les voyageurs désireux de se rendre aux stations touristiques de la région, tel le Mont-Sainte-Anne, et les remmène en fin d'après-midi.

RENSEIGNEMENTS
GÉNÉRAUX

En autocar

Le terminus d'autocars de Québec est situé dans la Gare du Palais. Des liaisons entre Québec et Montréal sont proposées tous les jours aux heures, de 6h à 23h. Un service de navette aéroportuaire peut vous amener directement aux aéroports de Mirabel ou de Dorval à Montréal.

Terminus d'autocars de Québec
320, rue Abraham-Martin
☎525-3000

Du côté de Sainte-Foy, on retrouve également le même service, les autocars en provenance de Montréal faisant d'ailleurs un arrêt à Sainte-Foy avant de se rendre à la Gare du Palais.

Terminus d'autocars Sainte-Foy
925, de Rochebelle
☎650-0087

En train

Les trains en provenance de Montréal arrivent à la Gare du Palais, dans la Basse-Ville. Ceux qui viennent de l'est s'arrêtent à la gare de Lévis, de l'autre côté du fleuve, d'où part le traversier.

Gare du Palais
450, rue de la Gare-du-Palais
☎524-4161

Gare de Lévis
5995, rue Saint-Laurent
☎833-2408

Gare de Sainte-Foy
3255, chemin de la Gare
☎658-8792

En stop

Le «stop libre» est fréquent, en été surtout, et plus facile en dehors des grands centres. N'oubliez pas qu'il est interdit de «faire du pouce» sur les autoroutes.

Le «stop organisé» par l'intermédiaire de la compagnie Allo-Stop fonctionne très bien en toute saison. Cette entreprise efficace met en contact les personnes qui désirent partager leur voiture moyennant une petite rétribution (carte de membre obligatoire : passager 6 $ par an, chauffeur 7 $ par an). Le conducteur reçoit une partie (environ 60 %) des frais payés pour le transport. Les destinations couvrent tout le Québec, mais aussi le reste du Canada et les États-Unis. Par exemple, un aller simple entre Québec et Montréal coûte 15 $.

Attention : les enfants âgés de moins de cinq ans ne peuvent voyager avec Allo-Stop à cause d'une réglementation rendant obligatoires les sièges d'enfants. En outre, informez-vous afin de savoir si vous pourrez fumer ou non.

Pour inscription et information :

Allo-Stop Québec
467, rue Saint-Jean
Québec, G1R 1P3
☎522-3430

RENSEIGNEMENTS
GÉNÉRAUX

En traversier

Même si vous n'avez pas l'intention d'aller sur la rive sud du Saint-Laurent, du côté de Lévis, payez-vous au moins un aller-retour à bord du traversier pour la vue. Juste en face de la place Royale, vous n'aurez aucune difficulté à le repérer. Au retour de Lévis, vous serez impressionné par le magnifique panorama de Québec, la belle! Coût pour un aller simple : 1,75 $ pour un adulte et 3 $ par voiture. Les horaires variant d'une saison à l'autre, il est préférable de se renseigner directement.

Société des traversiers du Québec
10, rue des Traversiers
☎644-3704

En vélo

Le vélo demeure un des moyens les plus agréables pour se déplacer en été. Des pistes cyclables et des voies partagées ont été aménagées afin de permettre aux cyclistes de se promener dans certains quartiers de la ville. Pour faciliter ses déplacements, on peut se procurer un dépliant ainsi qu'une carte des voies cyclables et des voies partagées sillonnant la ville et ses environs. Les librairies de voyage vendent des guides et des cartes des voies cyclables à Québec et dans les environs.

Les automobilistes n'étant pas toujours attentifs, les cyclistes doivent être vigilants et sont d'ailleurs tenus de respecter la signalisation routière. En outre, bien que le casque de sécurité ne soit pas encore obligatoire au Québec, il est fortement conseillé d'en porter un.

Promo-Vélo peut vous donner de nombreux renseignements sur différents types de randonnées dans la région.

Promo-Vélo
C. P. 38002
Québec, G1S 4W8
☎522-0087
www3.sympatico.ca/promo.velo

Location de vélos

Quelques boutiques de vélos offrent un service de location. Nous vous en proposons quelques-unes (voir chapitre «Plein air», p 181). Pour d'autres adresses, consulter les *Pages Jaunes* sous la rubrique «Bicyclettes-Location». Il est conseillé de se munir d'une bonne assurance. Certains établissements incluent une assurance contre le vol dans le prix de location; il est préférable de se renseigner au moment de la location.

VISITES GUIDÉES

Plusieurs agences de tourisme organisent des balades dans Québec, offrant aux visiteurs de partir à la découverte de la ville d'une façon différente. Ainsi, les promenades à pied permettent de découvrir des quartiers bien précis de la ville, alors que les trajets en car en donnent une vue d'ensemble. Avec les croisières, on peut observer une facette nouvelle de la ville, soit son profil vu du fleuve. Bien que les options offertes soient multiples, il convient de mentionner quelques-unes d'entre elles qui valent particulièrement le déplacement :

À pied

Installé dans la Maison du tourisme de Québec, **CD Tour** *(12 $, 20 $ pour 2 pers.; 12 rue Sainte-Anne, ☎990-8687)* loue des «audio-guides» portatifs avec lesquels on peut effectuer des visites guidées de différents secteurs de la ville, tel le Vieux-Québec, la colline Parlementaire ou les plaines d'Abraham. Ces visites sont enregistrées sur disque compact, ce qui vous permet de faire la visite à votre rythme et de la manière qui vous convient. Il s'agit d'un enregistrement animé qui met en scène des personnages historiques racontant les événements importants qui façonnèrent Québec.

On peut aussi participer aux visites guidées «Québec, ville fortifiée» organisées par le **Centre d'initiation aux fortifications de Québec** *(7,50 $; durée 90 min; mi-avr à mi-mai mer-dim 10h à 17h, mi-mai à fin oct tlj 10h à 17h; ☎648-7016)* (voir p 78). Les départs de ces promenades se font du kiosque de la terrasse Dufferin.

La **Société historique de Québec** *(12 $; 72 côte de la Montagne, ☎692-0556, ≈692-0614)*, établie sur la côte de la Montagne, propose des visites guidées du Vieux-Québec sous différents thèmes comme «L'invasion américaine de 1775-1776» ou «Les lieux anciens du pouvoir». Ces visites qui se font à pied durent en général de deux à trois heures et vous font découvrir différents aspects de l'histoire de Québec.

RENSEIGNEMENTS GÉNÉRAUX

Les Tours Adlard *(12 $; durée : 2 heures; juin à oct tlj 9h30,
11h, 13h30, 15h; oct à juin tlj 10h, 14h;* ☎*692-2358,
≈692-0838)* proposent des promenades qui permettent de
revivre les faits historiques et les petites anecdotes qui ont
transformé la ville. On y organise aussi des visites en car ou en
trolleybus dans la ville et dans les environs.

En car

Les Tours Adlard (voir plus haut).

Les Tours du Vieux-Québec
☎ 653-0460 ou 800-267-TOUR
Tours guidés de la ville ou dans ses environs dans un confortable petit autocar climatisé. Les visites dans les environs de
Québec comprennent la Côte-de-Beaupré, Sainte-Anne-de-
Beaupré et l'île d'Orléans; celles de la ville durent à peu près
deux heures, coûtent 20,95 $ par personne et sont proposées
tout au long de l'année.

Visites touristiques Autocars Dupont
☎649-9226 ou 800-267-0616
Dans un autocar de luxe, un minibus climatisé ou un trolleybus,
on propose des tours de ville classiques ainsi que des excursions dans les environs de Québec. La visite de la ville est
d'une durée de deux heures; le prix par adulte est de 20,95 $,
par enfant de 6 à 14 ans, de 10,50 $, et c'est gratuit pour les
cinq ans et moins. Ces visites sont proposées tout au long de
l'année à raison de plusieurs départs par jour.

En calèche

Les promenades en calèche
☎683-9222
Il est possible de découvrir le Vieux-Québec en faisant une
promenade en calèche ou en diligence, et ce tout au long de
l'année. Cette façon originale de découvrir la ville ajoute au
charme. Les calèches se retrouvent un peu partout dans la
vieille ville. Le coût est de 60 $ pour environ 45 min de plaisir.

En bateau

Les **Croisières AML** *(124 rue Saint-Pierre,* ☎*692-1159 ou 800-543-5643,* ≈*692-0845)* et les **Croisières de la Famille Dufour** *(*☎*827-8836 ou 800-463-5250,* ≈*827-8206)* proposent toutes deux des croisières sur le fleuve Saint-Laurent qui vous feront découvrir Québec d'un autre œil (voir chapitre «Plein Air», p 184).

CHANGE ET BANQUES

Bureaux de change

Dans le Vieux-Québec, on trouve plusieurs banques ou caisses populaires offrant un service de change des devises étrangères. Dans la majorité des cas, ces institutions demandent des frais de change. Les bureaux de change, quant à eux, n'en exigent pas toujours, mais proposent parfois un taux moins compétitif; il faut se renseigner sur place. Mentionnons que la plupart des banques sont en mesure de changer les dollars américains.

Caisse populaire Desjardins du Vieux-Québec
19, rue Desjardins
☎694-1774

Échange de devises Montréal
12, rue Sainte-Anne
☎694-1014
46, rue du Petit-Champlain
☎694-0011

Transchange international
Promenades du Vieux-Québec
43, rue de Buade
☎694-6906

RENSEIGNEMENTS GÉNÉRAUX

Chèques de voyage

Les chèques de voyage sont généralement acceptés dans la plupart des grands magasins et dans les hôtels, mais il vous sera plus commode de les changer aux endroits indiqués ci-dessus. À Québec, on peut se procurer des chèques de voyage en devises canadiennes et américaines dans la plupart des banques.

Cartes de crédit

La carte de crédit est acceptée un peu partout, tant pour les achats de marchandise que pour la note d'hôtel ou l'addition au restaurant. Son avantage principal réside surtout dans l'absence de manipulation d'argent, mais également dans le fait qu'elle vous permettra (par exemple lors de la location d'une voiture) de constituer une garantie et d'éviter ainsi un dépôt important d'argent. De plus, le taux de change est généralement plus avantageux. Les plus utilisées sont Visa, MasterCard et American Express.

La carte de crédit représente aussi un bon moyen d'éviter les frais de change. Ainsi, les personnes pour lesquelles il est possible de faire un retrait directement de leur carte de crédit peuvent surpayer leur carte avant de faire ces retraits. Cette procédure vous évite de transporter de grandes quantités d'argent liquide ou des chèques de voyage. Les retraits peuvent se faire directement d'un guichet automatique si vous possédez un numéro d'identification personnel pour votre carte.

Banques

De nombreuses banques offrent aux touristes la plupart des services courants. Attention cependant aux commissions. Pour les visiteurs qui ont choisi un long séjour, notez qu'un non-résident ne peut ouvrir un compte bancaire courant. Dans ce cas, pour avoir de l'argent liquide, la meilleure solution demeure encore d'être en possession de chèques de voyage. Le retrait via un compte à l'étranger s'avère coûteux, car les frais de commission sont élevés. Les personnes qui ont obtenu le statut

TAUX DE CHANGE

1 $CAN	=	4,16 FF	1 FF	=	0,24 $CAN
1 $CAN	=	1,04 FS	1 FS	=	0,97 $CAN
1 $CAN	=	26,16 FB	10 FB	=	0,38 $CAN
1 $CAN	=	107,39 PTA	100 PTA	=	0,93 $CAN
1 $CAN	=	1247,05 LIT	1000 LIT	=	0,80 $CAN
1 $CAN	=	0,70 $US	1 $US	=	1,43 $CAN

de résident, permanent ou non (immigrants, étudiants), peuvent ouvrir un compte de banque. Il leur suffira, pour ce faire, d'apporter leur passeport ainsi qu'une preuve de leur statut de résident.

On peut retirer de l'argent dans n'importe quel guichet automatique grâce au réseau Interac et au réseau Cirrus. La plupart des guichets sont ouverts en tout temps. En outre, plusieurs guichets automatiques accepteront votre carte de banque européenne, et vous pourrez alors retirer de votre compte directement (vérifiez auparavant si vous y avez accès). Il est possible d'obtenir de l'argent à partir de la carte de crédit, mais il s'agit alors d'une avance de fonds, et le taux d'intérêt sur la somme ainsi prêtée est élevé. Une autre possibilité est d'acheter des mandats postaux, qui ont l'avantage de ne pas comporter de commission, mais ce service prend plus de temps à s'opérer.

Les banques sont ouvertes du lundi au vendredi de 10h à 15h. La plupart d'entre elles sont aussi ouvertes les jeudis et les vendredis jusqu'à 18h, voire 20h. Certaines ouvrent leurs portes le samedi matin.

Caisse populaire du Vieux-Québec
19, rue Desjardins
☎694-1774

Banque Royale
700, place d'Youville
☎648-6800

RENSEIGNEMENTS GÉNÉRAUX

Banque Nationale
1199, rue Saint-Jean
☎647-6273

LA MONNAIE

L'unité monétaire est le dollar ($), lui-même divisé en cents. Un dollar = 100 cents.

La Banque du Canada émet des billets de 5, 10, 20, 50 et 100 dollars, et des pièces de 1, 5, 10 et 25 cents ainsi que de 1 et 2 dollars.

ASSURANCES

L'assurance-annulation

L'assurance-annulation est normalement offerte par l'agent de voyages au moment de l'achat du billet d'avion ou du forfait. Elle permet le remboursement du billet ou du forfait dans le cas où le voyage devrait être annulé, en raison d'une maladie grave ou d'un décès. Les gens en santé n'ont pas réellement besoin d'une telle protection. Elle demeure par conséquent d'une utilité relative.

L'assurance contre le vol

La plupart des assurances-habitation au Canada protègent une partie des biens contre le vol, même si celui-ci a lieu à l'extérieur de la maison. Si une telle malchance survenait, n'oubliez toutefois pas d'obtenir un rapport de police, car sans lui vous ne pourrez pas réclamer votre dû. Les personnes disposant d'une telle protection n'ont donc pas besoin d'en prendre une supplémentaire, mais, avant de partir, assurez-vous d'en avoir bel et bien une.

L'assurance-vie

Pour nombre de personnes, il peut paraître important de prendre une assurance-vie avant de partir en voyage, si elles n'en possèdent pas déjà une. Avant d'en contracter une cependant, vérifiez que le prix du billet d'avion que vous achetez n'inclut pas une telle assurance.

L'assurance-maladie

L'assurance-maladie est sans nul doute la plus importante à se procurer avant de partir en voyage, et il est prudent de bien savoir la choisir, car la police d'assurance doit être la plus complète possible. Au moment de l'achat de la police d'assurance, il faudrait veiller à ce qu'elle couvre bien les frais médicaux de tout ordre comme l'hospitalisation, les services infirmiers et les honoraires des médecins (jusqu'à concurrence d'un montant assez élevé) ainsi qu'une clause de rapatriement, pour le cas où les soins requis ne peuvent être administrés sur place. En outre, il peut arriver que vous ayez à débourser le coût des soins en quittant la clinique; il faut donc vérifier ce que prévoit la police dans ce cas. S'il vous arrivait un accident durant votre séjour, vous devriez toujours garder sur vous la preuve que vous avez contracté une assurance-maladie, ce qui vous évitera bien des ennuis.

RENSEIGNEMENTS GÉNÉRAUX

DÉCALAGE HORAIRE

Au Québec, il est six heures plus tôt qu'en Europe et trois plus tard que sur la côte ouest de l'Amérique du Nord. Tout le Québec (sauf les Îles-de-la-Madeleine, qui ont une heure de plus) est à la même heure (dite «heure de l'Est»), mais n'oubliez pas qu'il existe plusieurs fuseaux horaires au Canada. De la première fin de semaine du mois d'avril à la dernière du mois d'octobre, le Québec se met à l'«heure avancée de l'Est» afin de gagner une heure d'ensoleillement par jour.

HORAIRES ET JOURS FÉRIÉS

Horaires

Les magasins

La loi sur les heures d'ouverture permet l'accès aux magasins :

- Du lundi au mercredi de 8h à 21h; cependant, la plupart ouvrent à 9h30 et ferment à 17h30.
- Le jeudi et le vendredi de 8h à 21h; la majorité ouvrent à 9h30.
- Le samedi de 8h à 17h; plusieurs d'entre eux ouvrent à 9h30.
- Le dimanche de 8h à 17h; la plupart ouvrent à midi.

Certains magasins sont ouverts plus tard et même parfois le dimanche (en général de 12h à 17h). Il se trouve également un peu partout à Québec des «dépanneurs» (magasins généraux d'alimentation de quartier) ouverts plus tard, et parfois 24 heures par jour.

Jours de fête et jours fériés

Les 1er et 2 janvier
Le lundi de Pâques
La fête de Dollard (le troisième lundi de mai)
Le 24 juin : la Saint-Jean (fête nationale des Québécois)
Le 1er juillet : la fête de la Confédération
La fête du Travail (le premier lundi de septembre)
L'Action de grâces (le deuxième lundi d'octobre)
Le jour du Souvenir (11 novembre; seuls les banques et les services gouvernementaux fédéraux sont fermés)
Les 25 et 26 décembre

CLIMAT ET HABILLEMENT

Une des caractéristiques du Québec par rapport à l'Europe est que les saisons y sont très marquées. Les températures peuvent monter au-delà de 30 °C en été et descendre en deçà de -25 °C en hiver. Si vous visitez le Québec durant chacune des deux saisons «principales» (été et hiver), il pourra vous sembler avoir visité deux pays totalement différents, les saisons influant non seulement sur les paysages, mais aussi sur le mode de vie des Québécois et leur comportement. En raison des excès du climat québécois, il convient de bien choisir ses vêtements en fonction de la saison.

L'hiver

Mon pays ce n'est pas un pays,
c'est l'hiver...

- Gilles Vigneault

De la mi-novembre à la fin mars, c'est la saison idéale pour les amateurs de ski, de motoneige, de patinage, de randonnée en raquettes et autres. En général, il faut compter cinq ou six tempêtes de neige par hiver. Le vent refroidit encore davantage les températures et provoque parfois ce que l'on nomme ici la «poudrerie» (neige très fine emportée par le vent). Cependant, une des caractéristiques propres à l'hiver québécois est son nombre d'heures d'ensoleillement, plus élevé ici qu'à Paris ou Bruxelles.

Tricot, gants, bonnet (appelé ici «tuque»), écharpe..., vous voilà prêt à affronter l'hiver, enfin presque! Souvenez-vous qu'on ne badine pas avec le froid. Petits conseils :

Apportez un manteau de préférence long et avec un capuchon. Dans le cas contraire, n'hésitez pas à vous acheter un bonnet ou des «oreilles» (mais oui!) pour protéger votre «système de réception des sons».

Si vous êtes amoureux de vos chaussures, achetez-vous une paire de «claques» (rassurez-vous, c'est inoffensif!). Il s'agit d'une sorte de couvre-chaussures en caoutchouc, bien prati-

RENSEIGNEMENTS
GÉNÉRAUX

ques pour éviter les effets corrosifs du sel utilisé pour faire fondre la glace. On les trouve facilement, et elles ne coûtent pas très cher.

En général, pour les Européens, les magasins, et les autres établissements publics semblent surchauffés. Aussi, un petit truc bien utile est d'enlever immédiatement votre écharpe et d'ouvrir votre veste dès que vous entrez dans un de ces endroits.

Si après avoir fait du lèche-vitrine pour un bon moment à l'extérieur, vous avez subitement un «petit coup de froid», n'hésitez pas à entrer dans les magasins pour vous réchauffer. Cela vous évitera un bon rhume.

Si vous allez faire du ski, n'oubliez pas vos lunettes de soleil.

Le printemps

Le printemps est bref, de la fin mars à la fin mai, et annonce la période de la «slush» (mélange de neige fondue et de boue) et de la débâcle sur le fleuve Saint-Laurent. La fonte des neiges laisse apercevoir une herbe jaunie par le gel et la boue, puis le réveil de la nature se fait spectaculaire. Un des signes annonciateurs du printemps est le retour des oies blanches, qui volent en longues formations disposées en *V*. Leurs cris se mêlent à ceux des Québécois s'exclamant «C'est le printemps»!

Pour les saisons d'entre-deux, sont à la fois conseillés chandail, tricot et écharpe, sans oublier le parapluie ou l'imperméable.

L'été

De la fin mai à la fin août s'épanouit une saison qui s'avère à bien des égards surprenante pour les Européens habitués à voir le Québec comme un pays de neige. Les chaleurs peuvent en effet être accablantes et souvent accompagnées d'humidité. La végétation prend des allures luxuriantes, et il ne faut pas s'étonner de voir des poivrons rouges ou verts pousser dans un pot sur le châssis d'une fenêtre. Les principales artères de la ville sont ornées de fleurs, et les terrasses ne désemplissent pas.

Munissez-vous de t-shirts, de chemises et pantalons légers, de shorts et de lunettes de soleil; un tricot est souvent nécessaire en soirée.

L'automne

De septembre à novembre, c'est la saison des couleurs. Les érables dessinent ce qui est probablement la plus belle peinture vivante du continent nord-américain. La nature semble exploser en une multitude de couleurs allant du vert vif au rouge écarlate en passant par le jaune ocre. S'il peut encore y avoir des retours de chaleur, comme l'été des Indiens, les jours refroidissent très vite, et les soirées peuvent déjà être froides.

Pour les saisons d'entre-deux, sont à la fois conseillés chandail, tricot et écharpe, sans oublier le parapluie ou l'imperméable.

RENSEIGNEMENTS GÉNÉRAUX

L'été des Indiens

Cette période relativement courte (quelques jours) pendant l'automne donne l'impression d'un retour en force de l'été. Ce sont en fait des courants chauds venus du golfe du Mexique qui réchauffent les températures déjà fraîches. Cette période de l'année porte le nom de l'été des Indiens, car il s'agissait de la dernière chasse avant l'hiver. Les Autochtones profitaient de ce réchauffement pour faire le plein de nourriture pour la saison froide.

LA SANTÉ

Pour les personnes en provenance de l'Europe et des États-Unis, aucun vaccin n'est nécessaire. En ce qui concerne l'assurance-maladie, il est vivement recommandé (surtout pour les séjours de moyenne ou longue durée) de contracter une assurance maladie-accident. Divers types d'assurances sont disponibles, et nous vous conseillons de les comparer. Apportez vos médicaments, surtout ceux qui exigent une ordonnance. Sauf indication contraire, l'eau est potable partout au Québec.

Secours d'urgence : faites le ☎ 911.

SÉCURITÉ

Le Québec n'est pas une société violente. La ville de Québec offre une qualité de vie assez remarquable où l'on se sent en sécurité.

En prenant les précautions courantes, il n'y a pas lieu d'être inquiet pour sa sécurité. Si toutefois une malchance survenait, n'oubliez pas que le numéro en cas d'urgence est le ☎ **911**.

TÉLÉCOMMUNICATIONS

L'**indicatif régional** de la région de Québec est le **418**. Vous n'avez pas besoin de composer cet indicatif s'il s'agit d'un appel local. Pour les appels interurbains, faites le 1, suivi de l'indicatif de la région où vous appelez, puis le numéro de l'abonné que vous désirez joindre. Les numéros de téléphone précédés de 800 ou 888 vous permettent de communiquer avec l'abonné sans encourir de frais si vous appelez depuis le Canada et souvent même depuis les États-Unis. Si vous désirez joindre un téléphoniste, faites le 0.

Beaucoup moins chers à utiliser qu'en Europe, les appareils téléphoniques se trouvent à peu près partout. Il est facile de s'en servir, et certains fonctionnent même avec une carte de crédit. Pour les appels locaux, la communication coûte 0,25 $ pour une durée illimitée. Pour les interurbains, munissez-vous de pièces de 25 cents, ou bien procurez-vous une carte à puce d'une valeur de 10 $, 15 $ ou 20 $ en vente dans les kiosques à journaux. À titre d'exemple, un appel à Québec, à partir de Montréal, coûtera 2,50 $ pour les trois premières minutes et 0,38 $ par minute additionnelle. Si vous téléphonez d'une résidence privée, cela vous coûtera moins cher. Il est maintenant possible de payer par carte de crédit, ou en utilisant la carte «Allô» pré-payée, mais sachez que, dans ces cas, le coût des communications est beaucoup plus élevé.

Pour appeler en Belgique, faites le 011-32 puis l'indicatif régional (Anvers 3, Bruxelles 2, Gand 91, Liège 41) et le numéro du correspondant.

Pour appeler en France, faites le 011-33, puis le numéro à 10 chiffres du correspondant en omettant le premier zéro. **France Direct** *(☎800-872-7835)* est un service qui vous permet de communiquer avec un téléphoniste de France et de faire porter les frais à votre compte de téléphone en France.

Pour appeler en Suisse, faites le 011-41, puis l'indicatif régional (Berne 31, Genève 22, Lausanne 21, Zurich 1) et le numéro du correspondant.

BUREAUX DE POSTE

Les grands bureaux de poste sont ouverts de 8h à 17h45. De nombreux petits bureaux de poste sont répartis un peu partout à Québec, soit dans les centres commerciaux, soit chez certains «dépanneurs» ou même dans quelques pharmacies, par exemple à la Tabagie Saint-Jean-Baptiste *(620 rue St-Jean)* et à la Pharmacie Jean-Coutu *(angle av. Cartier et boul. René-Lévesque)*; ces bureaux sont ouverts plus tard que les autres.

Bureau de poste principal
300, rue Saint-Paul
☎694-6176

Station B
59 rue Dalhousie
☎694-6190

Succursale Haute-Ville
3, rue de Buade
☎694-6102

RENSEIGNEMENTS
GÉNÉRAUX

TAXES ET POURBOIRES

Taxes

Contrairement à l'Europe, les prix affichés le sont **hors taxes** dans la majorité des cas. Il y a deux taxes : la TPS (taxe fédérale sur les produits et services) de 7 % et la TVQ (taxe de vente du Québec) de 7,5 % sur les biens et sur les services. Elles sont cumulatives, et il faut donc ajouter 14,5 % de taxes sur les prix affichés pour la majorité des produits ainsi qu'au restaurant. Notez qu'il existe une taxe spécifique à l'hébergement de 2 $ par nuitée, applicable dans tous les lieux d'hébergement.

Il y a quelques exceptions à ce régime de taxation, comme les livres, qui ne sont taxés qu'à 7 %, et l'alimentation (sauf le prêt-à-manger), qui n'est pas taxée.

Droit de remboursement de la taxe pour les non-résidents

Les non-résidents peuvent récupérer les taxes payées sur leurs achats. Pour cela, il est important de garder ses factures. Le remboursement de ces taxes se fait en remplissant pour chaque type de taxe (fédérale et du Québec) un formulaire. Attention, les conditions de remboursement de la taxe sont différentes selon qu'il s'agit de la TPS ou de la TVQ. Pour information, composez le ☎800-668-4748 (pour la TPS) et le ☎(514) 873-4692 (pour la TVQ).

Pourboires

Ils s'appliquent à tous les services rendus à table, c'est-à-dire dans les restaurants et les autres endroits où l'on vous sert à table (la restauration rapide n'entre donc pas dans cette catégorie). Ils sont aussi de rigueur dans les bars, les boîtes de nuit et les taxis.

Selon la qualité du service rendu, il faut compter environ 15 % de pourboire sur le montant avant les taxes. Il n'est pas, comme en Europe, inclus dans l'addition, et le client doit le calculer lui-même et le remettre à la serveuse ou au serveur. Service et pourboire sont une même et seule chose en Amérique du Nord, vous ne pouvez donc pas omettre de le donner.

LA CUISINE QUÉBÉCOISE

Bien que les plats servis dans les restaurants s'apparentent beaucoup aux mets que l'on retrouve en France ou aux États-Unis, quelques-uns sont typiquement québécois et doivent être goûtés :

- La soupe aux pois
- La tourtière
- Le pâté chinois
- Les cretons
- Le jambon au sirop d'érable
- Les fèves au lard
- Le ragoût de pattes de cochon
- Le cipaille
- La tarte aux pacanes
- La tarte au sucre
- La tarte aux bleuets
- Le sucre à la crème

Vous aurez également la possibilité de goûter des spécialités régionales souvent étonnantes, par exemple l'orignal, le lièvre, le castor, le saumon de l'Atlantique, l'omble de l'Arctique et le caviar de l'Abitibi.

La Corporation de la cuisine régionale au Québec fait, depuis sa formation en 1993, la promotion de la cuisine régionale au Québec. À l'automne 1997, elle a publié, en collaboration avec les Éditions Ulysse, *Le Québec Gourmand*, un guide des restaurants, producteurs et transformateurs qui soutiennent aussi le développement de cette cuisine dans toutes les régions du Québec.

RENSEIGNEMENTS
GÉNÉRAUX

VINS, BIÈRES ET ALCOOLS

Au Québec, les alcools sont régis par une société d'État, soit la Société des Alcools du Québec (S.A.Q.). Si vous désirez acheter un vin, une bière importée ou un alcool, c'est dans une succursale de la S.A.Q. qu'il faut vous rendre. Certaines, appellées «Sélection», proposent une sélection plus variée et spécialisée de vins et spiritueux. On trouve des succursales de la S.A.Q. à peu près partout, mais leurs heures d'ouverture sont assez restreintes, sauf peut-être en ce qui concerne les succursales dites «Express», ouvertes plus tard, mais offrant un choix plus limité. En règle générale, elles sont ouvertes aux mêmes heures que les magasins. Les épiciers ont l'autorisation de vendre de la bière canadienne et quelques vins, mais le choix y est mince et la qualité des vins médiocre.

Il faut avoir au moins **18 ans** pour pouvoir acheter des boissons alcoolisées.

Quelques adresses de la S.A.Q.

1059, avenue Cartier, ☎643-4334
888, rue Saint-Jean, presque à l'angle de l'avenue Dufferin, ☎643-4337
S.A.Q. Sélection, Mail centre-ville, 400, boul. Jean-Lesage, près de la Gare du Palais, ☎643-4339

Les bières

Deux grandes brasseries au Québec se partagent la plus grande part du marché : Labatt et Molson-O'Keefe. Chacune d'elles produit différents types de bières, surtout des blondes, avec divers degrés d'alcool. Dans les bars, restaurants et discothèques, la bière pression (appelée parfois «draft») est moins chère qu'en bouteille.

À côté de ces «macrobrasseries», se développent depuis quelques années des microbrasseries qui, à bien des égards, s'avèrent très intéressantes. La variété et le goût de leurs bières font que ces dernières connaissent un énorme succès auprès du public québécois. Nommons, à titre d'exemples, Unibroue (Maudite, Fin du Monde, Blanche de Chambly), McAuslan (Griffon, St-Ambroise), le Cheval Blanc (Cap Tourmente, Berlue) les Brasseurs du Nord (Boréale) et GMT (Belle Gueule).

AVIS AUX FUMEURS

La cigarette est considérée comme un «grand mal» à éliminer. Il est interdit de fumer :

- Dans la plupart des centres commerciaux;
- Dans les autobus;
- Dans les bureaux des administrations publiques.

La majorité des lieux publics (restaurants, salons de thé) ont des sections «fumeurs» et «non-fumeurs». Si toutefois vous n'êtes pas trop découragé par ces règlements, sachez que les cigarettes se vendent dans bien des endroits (bars, marchands de journaux). Il faut être âgé d'au moins 18 ans pour acheter des cigarettes.

RENSEIGNEMENTS GÉNÉRAUX

PERSONNES DU TROISIÈME ÂGE

Pour les personnes du troisième âge qui désirent rencontrer des Québécois du même âge, il existe une fédération qui regroupe la plupart des associations de personnes âgées de 55 ans et plus.

Pour de plus amples renseignements, il faut communiquer à Montréal avec la :

Fédération de l'âge d'or du Québec
4545, avenue Pierre-de-Coubertin
C. P. 1000, Succursale M
Montréal, H1V 3R2
☎(514) 252-3017

Des réductions très avantageuses sont souvent offertes aux personnes du troisième âge. N'hésitez pas à les demander.

VIE GAY

Québec offre certains services à la communauté gay, lesquels sont surtout concentrés dans le faubourg Saint-Jean-Baptiste.

Il existe un service téléphonique appelé **Gai écoute** *(☎888-505-1010)*. De plus, plusieurs groupes d'entraide ont été mis sur pied pour répondre à divers besoins de la communauté. Pour avoir de l'information sur ces groupes, on peut appeler au CLSC Haute-Ville *(☎641-0784)*.

Deux revues mensuelles gratuites sont disponibles dans les bars de la ville : *Magazine* et *Fugues*. Elles vous renseigneront, entre autres choses, sur les sorties préférées de la communauté gay.

PERSONNES HANDICAPÉES

L'association Keroul de Montréal publie le répertoire *Accès Tourisme*, qui donne la liste des endroits accessibles aux personnes handicapées à travers toute la province. Ces endroits sont classés par région touristique. La brochure est disponible au prix de 10 $ (15 $ par mandat postal pour envoi à l'étranger). De plus, dans la plupart des régions (le Québec 4en compte 10), des associations organisent des activités de loisirs ou de sport. Vous pouvez obtenir l'adresse de ces associations en communiquant avec l'Association québécoise de loisir pour personnes handicapées.

Pour renseignements :

KEROUL
(tourisme pour personnes handicapées)
Montréal
☎(514) 252-3104

**Association régionale de loisir
pour personnes handicapées/Québec–Chaudière-Appalches**
525, boulevard Hamel Est, bureau A-15
Québec, G1M 2S8
☎529-6134

ENFANTS

Au Québec, les enfants sont rois. Aussi, où que vous vous rendiez, des facilités vous seront offertes, que ce soit pour les transports ou les loisirs. Dans les transports, en général, les enfants de cinq ans et moins ne payent pas; il existe aussi des réductions pour les 12 ans et moins. Pour les activités ou les spectacles, la même règle s'applique parfois; renseignez-vous avant d'acheter vos billets. Dans la plupart des restaurants, des chaises pour enfant sont disponibles, et certains proposent même des menus pour enfant. Quelques grands magasins offrent aussi un service de garderie.

ANIMAUX DOMESTIQUES

Il est à noter qu'en règle générale les animaux sont interdits dans presque tous les endroits publics. Si vous avez décidé de voyager avec votre chien, il vous sera difficile de prendre l'autobus avec lui. Impossible aussi d'aller magasiner dans la majorité des établissements (même les centres commerciaux), y compris certains marchés couverts. Quelques hôtels les acceptent cependant; nous les avons indiqués en ajoutant le symbole ✘ dans leur description. Sachez cependant que les animaux ne sont pas admis dans les magasins d'alimentation, les restaurants et les autocars.

POIDS ET MESURES

Bien qu'au Canada les poids et mesures relèvent du système métrique depuis plus de 10 ans, il est encore courant d'entendre les gens parler en système impérial. Voici quelques équivalences :

      1 livre (lb) = 454 grammes
      1 pied (pi) = 30 centimètres
      1 mille (mi) = 1,6 kilomètre
      1 pouce (po) = 2,54 centimètres
      1 gallon (gal) = 4,54 litres

DIVERS

Cinémas : il n'y a pas d'ouvreuses; donc, pas de pourboire à donner.

Coiffeurs : tout comme au restaurant, en plus de la taxe, il est d'usage de donner un pourboire de 10 % à 15 % avant taxes.

Cultes : pratiquement tous les cultes sont représentés. Contrairement au Canada anglais, le culte majoritaire est la religion catholique.

Drogues : absolument interdites (même les drogues dites «douces»). Aussi bien les consommateurs que les distributeurs risquent de très gros ennuis s'ils sont trouvés en possession de drogues.

Économusées : cette nouvelle forme de musées vivants et éducatifs se retrouve maintenant un peu partout au Québec. Les économusées visent à faire connaître les métiers et les arts traditionnels du Québec. Ils logent donc dans des forges, des moulins à farine, des ateliers de sculpture et d'autres lieux où il est souvent possible d'observer les artisans à l'œuvre.

Électricité : partout au Canada, la tension est de 110 volts. Les fiches d'électricité sont plates, et il existe des fiches adaptables en vente dans les librairies de voyage.

Laveries : on les retrouve à peu près partout. Dans la majorité des cas, le savon est vendu sur place. Aussi, bien qu'il s'y trouve parfois des changeurs de monnaie, il est préférable d'en apporter une quantité suffisante avec soi.

Météo : pour l'état des routes, composez le ☎643-6830; pour les prévisions météorologiques, le ☎648-7766.

Musées : dans la majorité des cas, ils sont payants. Cependant, certaines journées de la semaine, l'admission peut être gratuite dans certains établissements. De plus, des tarifs spéciaux sont accordés aux 60 ans et plus ainsi qu'aux enfants. Renseignez-vous!

Pharmacies : outre les pharmacies «classiques», il se trouve de grosses chaînes (sorte de supermarchés des médicaments et des produits de beauté). Ne soyez pas étonné d'y trouver des chocolats ou des poudres à lessiver en promotion à côté des boîtes de bonbons pour la toux ou des médicaments pour les maux de tête. Rappelez-vous la chanson de Trenet *Les Pharmacies du Canada!*

Presse : à Québec, vous trouverez sans problème la presse internationale. Les grands journaux de la ville sont *Le Soleil* et *Le Journal de Québec*. À Montréal sont publiés *Le Devoir* et *La Presse*, en français, ainsi que *The Gazette*, en anglais.

Toilettes publiques : la plupart des centres commerciaux en sont munis. Cependant, n'hésitez pas, si vous n'en trouvez pas, à entrer dans un bar, un casse-croûte ou un restaurant.

RENSEIGNEMENTS
GÉNÉRAUX

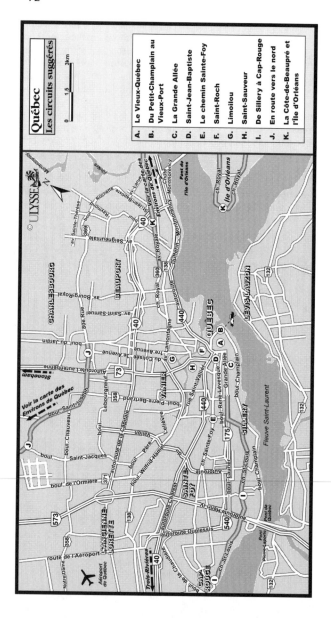

Québec
Les circuits suggérés

0   1,5   3km

A. Le Vieux-Québec
B. Du Petit-Champlain au Vieux-Port
C. La Grande Allée
D. Saint-Jean-Baptiste
E. Le chemin Sainte-Foy
F. Saint-Roch
G. Limoilou
H. Saint-Sauveur
I. De Sillery à Cap-Rouge
J. En route vers le nord
K. La Côte-de-Beaupré et l'île d'Orléans

ATTRAITS TOURISTIQUES

La Communauté urbaine de Québec regroupe au total 13 municipalités dont la population globale est d'environ un demi-million d'habitants majoritairement francophone. La ville de Québec compte à elle seule environ 175 000 personnes. Il est difficile de parler de centre-ville à Québec, surtout depuis que certains centres de la proche banlieue attirent de plus en plus la population. En fait, deux ou trois centres de la ville, comme le Vieux-Québec ou la Grande Allée, pourraient revendiquer ce titre. D'un autre côté, il est facile de situer la Haute-Ville et la Basse-Ville, plus souvent mentionnées par les Québécois. Vous n'aurez aucun mal, sur place, à distinguer la première, plus bourgeoise, juchée en haut du cap, de la seconde, qui s'étend à ses pieds du côté nord.

Les huit premiers circuits de ce chapitre vous entraînent à la découverte de Québec et de sa proche banlieue. Les trois derniers circuits vous proposent, quant à eux, des excursions à l'extérieur de la ville pour découvrir, entre autres, la basilique Sainte-Anne-de-Beaupré et la belle île d'Orléans. Les circuits dans la ville on été conçus pour être effectués à pied et en transports en commun. Cette façon de parcourir la ville permet de vraiment sentir la vie qui coule le long de ses artères. Mais il est aussi possible d'effectuer ces visites en voiture. Pour boucler les derniers circuits, vous aurez toutefois besoin d'un véhicule.

À l'intérieur de chacun de ces circuits, sont mentionnés les principaux attraits touristiques, avec un aperçu historique et culturel. Les attraits sont classés selon un système d'étoiles pour vous permettre de faire un choix si le temps vous y oblige.

★   Intéressant
★★   Vaut le détour
★★★   À ne pas manquer

Le nom de chaque attrait est suivi d'une parenthèse qui vous donne ses coordonnées. Le prix qu'on y retrouve est le prix d'entrée pour un adulte. Informez-vous car plusieurs endroits offrent des réductions pour les enfants, les étudiants, les aînés et les familles. Plusieurs de ces attraits sont accessibles seulement pendant la saison touristique, tel qu'indiqué dans cette même parenthèse. Cependant, même hors saison, certains de ces endroits vous accueillent sur demande, surtout si vous êtes en groupe.

Alors suivez le guide et laissez-vous charmer par une des plus belles cités du monde!

 CIRCUIT A : LE VIEUX-QUÉBEC ★★★
(2 à 3 jours)

Le Vieux-Québec est divisé, par le cap Diamant, en deux parties. La partie qui s'étend entre le fleuve et la falaise fait l'objet du prochain circuit (voir p 99). La section qui occupe le plateau du cap est celle que l'on appelle familièrement le Vieux-Québec. Cité administrative et institutionnelle, elle se pare de couvents, de chapelles et de bâtiments publics dont la construction remonte parfois au XVIIe siècle. Elle est enserrée dans ses murailles, dominées par la Citadelle, qui lui confèrent le statut de place forte et qui, pendant longtemps, ont contenu son développement, favorisant une densité élevée de l'habitat bourgeois et aristocratique. Enfin, l'urbanisme pittoresque du XIXe siècle a contribué à lui donner son image actuelle par la construction d'édifices, comme le Château Frontenac, ou par l'aménagement d'espaces publics, telle la terrasse Dufferin, de style Belle Époque.

Le circuit du Vieux-Québec débute à la porte Saint-Louis, non loin de l'Hôtel du Parlement.

La porte Saint-Louis

La **porte Saint-Louis** *(à l'entrée de la rue du même nom)*. Entre 1870 et 1875, les marchands de Québec multiplient les pressions afin que le gouvernement procède à la démolition des fortifications entourant la ville. Lord Dufferin, alors gouverneur général du Canada, s'oppose à l'idée et soumet plutôt un projet d'embellissement, préparé par l'Irlandais William H. Lynn, qui mettra en valeur les murs de la ville tout en facilitant la circulation. Conçu dans l'esprit romantique de l'ère victorienne, il comprend l'érection de nouvelles portes, plus larges, évocatrices de châteaux forts et de chevaliers. La porte Saint-Louis, construite en 1878, constitue, avec sa tourelle en poivrière, une merveilleuse introduction à la visite du Vieux-Québec.

À droite, une fois franchie la porte Saint-Louis, on aperçoit le chemin qui mène à la Citadelle ainsi que le **Club de la Garnison** *(97 rue Saint-Louis)*, réservé aux officiers de l'Armée canadienne. Comme la visite de la Citadelle peut prendre deux ou trois heures à elle seule, il est recommandé de lui réserver un avant-midi et de l'effectuer à part (voir p 98).

ATTRAITS TOURISTIQUES

ATTRAITS

1. Centre d'initiation aux Fortifications et Poudrière de l'Esplanade
2. L'église Unie Chalmers Wesley
3. Le sanctuaire Notre-Dame-du-Sacré-Cœur
4. Cavalier du Moulin
5. La maison Cirice-Têtu
6. La Maison du tourisme
7. Musée du Fort
8. Musée de cire de Québec
9. Ancien Palais de justice
10. La maison Maillou
11. La maison Kent
12. La maison Jacquet
13. Le monastère des Ursulines
14. Musée des Ursulines
15. La cathédrale anglicane Holy Trinity
16. L'Hôtel Clarendon
17. L'édifice Price
18. La place de l'Hôtel-de-Ville
19. L'hôtel de ville et le Centre d'interprétation de la vie urbaine de la ville de Québec
20. La Cathédrale catholique Notre-Dame-de-Québec
21. Le Séminaire de Québec
22. Musée de l'Amérique française
23. Québec Expérience
24. Bureau de poste et salle d'exposition de Parcs Canada
25. Le Palais archiépiscopal
26. L'Université Laval
27. La maison Montcalm
28. Le musée Bon-Pasteur
39. Chapelle et Musée de l'Hôtel-Dieu
30. Le Conservatoire d'art dramatique
31. Le Lieu historique national du Parc-de-l'Artillerie
32. L'église des Jésuites

HÉBERGEMENT

1. Au Jardin du gouverneur
2. Auberge de la Paix
3. Auberge du Trésor
4. Auberge Saint-Louis
5. Cap-Diamant
6. Centre international de séjour
7. Château Bellevue
8. Château de Léry
9. Château de Pierre
10. Château Frontenac
11. Clarendon
12. Hôtel du Vieux-Québec
13. Maison Acadienne
14. Maison du Fort
15. Maison Sainte-Ursule
16. Manoir LaSalle
17. Manoir Victoria
18. Marquise de Bassano

RESTAURANTS

1. À la Bastille Chez Bahüaud
2. Apsara
3. Au Parmesan
4. Au Petit Coin Breton
5. Auberge du Trésor
6. Aux Anciens Canadiens
7. Brûlerie Tatum
8. Café Buade
9. Café d'Europe
10. Café de la Paix
11. Café de la Terrasse
12. Café Suisse
13. Casse-Crêpe Breton
14. Chantauteuil
15. Charles Baillairgé
16. Chez Livernois
17. Chez Temporel
18. Élysée-Mandarin
19. Entrecôte Saint-Jean
20. Falstaff
21. Fleur de Lotus
22. Frères de la Côte
23. Guido Le Gourmet
24. L'Omelette
25. La Caravelle
26. La Crémaillère
27. La Grande Table
28. La Petite Italie
29. La Ripaille
30. Le Champlain
31. Le Continental
32. Le Gambrinus
33. Le Patriarche
34. Le Tastevin
35. Lunchonnette
36. Paris Gourmet
37. Petit Coin Latin
38. Portofino
39. Saint-Amour
40. Saint-James
41. Titanic

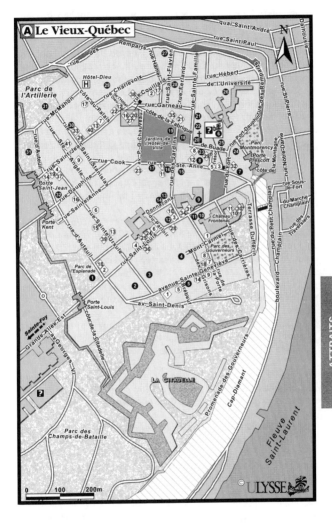

Le **lieu historique national des Fortifications de Québec** ★. Une première enceinte faite de terre et de pieux, suffisante pour repousser les attaques des Iroquois, est érigée sur la face ouest de Québec en 1693, d'après les plans de l'ingénieur Dubois Berthelot de Beaucours. Ce mur primitif est remplacé par une enceinte de pierres au moment où s'annoncent de nouveaux conflits entre la France et l'Angleterre. Les plans de l'ingénieur Chaussegros de Léry sont mis à exécution en 1745, mais les travaux ne sont toujours pas terminés au moment de la prise de Québec en 1759. Ce sont les Britanniques qui achèveront l'ouvrage à la fin du XVIIIe siècle. Quant à la Citadelle, entreprise timidement en 1693, on peut dire qu'elle a véritablement été érigée entre 1820 et 1832. L'ensemble adopte cependant les principes mis de l'avant par le Français Vauban au XVIIe siècle, principes qui conviennent parfaitement au site de Québec.

Au **Centre d'initiation aux fortifications** et à la **Poudrière de l'Esplanade** *(2,50 $; mi-mai à fin oct tlj 10h à 17h, mi-avr à mi-mai mer-dim 10h à 17h; 100 rue Saint-Louis, ☎648-7016)*, on peut voir des maquettes et des cartes révélatrices qui retracent l'évolution du système défensif de Québec. On peut même s'y procurer un guide permettant d'effectuer une visite complète des murs de la ville ou participer à une visite guidée *(7,50 $; durée : 90 min)*. Il est en effet possible de se balader sur le haut des murs, où sont disposés des panneaux d'interprétation relatant l'histoire des fortifications. On y accède par les escaliers attenants aux portes de la ville.

Poursuivez sur la rue Saint-Louis, puis tournez à droite sur l'avenue Saint-Denis, à gauche sur l'avenue Sainte-Geneviève et encore à gauche sur la rue Sainte-Ursule.

L'**église Unie Chalmers-Wesley** *(78 rue Sainte-Ursule)*. Jusqu'à la fin du XIXe siècle, on retrouvait à Québec une petite mais influente communauté écossaise presbytérienne, composée surtout d'armateurs et de commerçants de bois. Sa belle église néo-gothique, aujourd'hui fréquentée par divers groupes, témoigne de sa vitalité passée. Elle a été construite en 1852 selon les plans de John Wells, à qui l'on doit de célèbres bâtiments comme le siège social de la Banque de Montréal. L'église arbore une flèche néo-gothique élancée qui renforce l'image pittoresque de Québec. Son orgue a été restauré en 1985. Des concerts y sont présentés tous les dimanches après-midi, du début juillet à la mi-août. Les dons sont appréciés.

Le **sanctuaire Notre-Dame-du-Sacré-Cœur** *(entrée libre; tlj 7h à 20h; 71 rue Sainte-Ursule, ☎692-3787)*. Faisant face à l'ancienne église presbytérienne, le sanctuaire des missionnaires du Sacré-Cœur est un lieu de prière ouvert à tous. Il a été érigé en 1910 selon les plans de François-Xavier Berlinguet, qui lui a donné une façade néo-gothique à deux clochers quelque peu étriquée, inadéquate pour un site aussi exigu. L'intérieur, avec ses verrières et ses peintures murales, est plus invitant.

Revenez sur l'avenue Sainte-Geneviève, puis tournez à gauche.

Un court détour à gauche, dans la rue des Grisons, permet de se rendre à l'extrémité de la rue Mont-Carmel (à gauche) pour voir un des vestiges des premières défenses de Québec, bien dissimulé à l'arrière des maisons. Il s'agit du **cavalier du Moulin**, construit en 1693 selon les plans de l'ingénieur Dubois Berthelot de Beaucours. Un cavalier est un ouvrage situé derrière une fortification principale, permettant au besoin de détruire cette dernière si jamais l'ennemi s'en emparait. Ce cavalier était autrefois coiffé d'un moulin à vent, d'où son nom.

La **maison Cirice-Têtu** ★ *(25 av. Sainte-Geneviève)*. Ce qui fait le charme du Vieux-Québec, ce sont non seulement ses grands monuments, mais aussi chacune de ses maisons, auxquelles se rattache une histoire particulière et pour lesquelles tant d'efforts et de raffinement ont été déployés. Il est agréable de se promener dans les rues étroites, le nez en l'air, pour observer les nombreux détails d'une architecture dense et compacte, et de s'imprégner de cette urbanité étrangère à la plupart des Nord-Américains. La maison Cirice-Têtu a été érigée en 1852 selon les plans de Charles Baillairgé, membre de la célèbre dynastie d'architectes qui, depuis le XVIIIᵉ siècle, a marqué l'architecture de Québec et sa région. Sa façade de style néo-grec, véritable chef-d'œuvre du genre, est ornée de palmettes en acrotère et de couronnes de laurier, disposées avec goût et une certaine retenue. L'étage noble comporte de larges baies vitrées qui s'ouvrent sur un seul grand salon à la londonienne. La maison a été dotée dès sa construction de toutes les commodités : multiples salles de bain, chauffage central à air chaud, eau courante froide et chaude.

Le **jardin des Gouverneurs** ★ était, à l'origine, le jardin privé du gouverneur de la Nouvelle-France. Aménagé pour Charles Huault de Montmagny en 1647, il s'étendait à l'ouest du château

Saint-Louis, résidence officielle des gouverneurs. Un obélisque inusité, rendant hommage à la fois au vainqueur et au vaincu de la Conquête, les généraux Wolfe et Montcalm, fut érigé dans la portion sud du square lors de son réaménagement en 1827.

Habitués que l'on est de marcher sur des surfaces asphaltées, il est amusant de sentir sous ses pas les planches de bois de la **terrasse Dufferin ★★★**. Cette large promenade fut créée en 1879 à l'instigation du gouverneur général du Canada, Lord Dufferin. Charles Baillairgé en a dessiné les kiosques et les lampadaires de fonte en s'inspirant du mobilier urbain installé à Paris sous Napoléon III. La terrasse est une des principales attractions de la ville et le lieu des rendez-vous galants de la jeunesse québécoise. Elle offre un panorama superbe du fleuve, de la rive sud et de l'île d'Orléans. En hiver, une longue glissoire, réservée aux amateurs de toboggan, est aménagée dans sa portion ouest.

La terrasse occupe l'emplacement du château Saint-Louis, fabuleuse résidence des gouverneurs de la Nouvelle-France. Situé au bord de l'escarpement, le bâtiment présentait, du côté du fleuve, une façade de trois étages précédée d'une longue terrasse privée en pierre, alors que sa façade fortifiée, donnant sur la place d'Armes, arborait des pavillons coiffés de toitures à l'impériale. Le château, construit au XVIIe siècle par l'architecte François de la Joüe, fut agrandi par l'ingénieur Chaussegros de Léry en 1719. Ses pièces en enfilade étaient le lieu de brillantes réceptions données pour la noblesse française et aussi le quartier général d'où l'on a planifié le développement de tout un continent. Gravement endommagé par les bombardements lors de la Conquête, il sera remodelé dans le goût anglais avant de disparaître dans les flammes en 1834.

À l'extrémité est de la terrasse Dufferin se dressent deux monuments. Le premier fut élevé en 1898 à la mémoire de Samuel de Champlain, fondateur de Québec et père de la Nouvelle-France. Il est l'œuvre du sculpteur parisien Paul Chevré. Le second rappelle que le Vieux-Québec a été classé «Joyau du patrimoine mondial» par l'Unesco en 1985. Notons qu'il s'agit de la première ville nord-américaine à paraître sur cette prestigieuse liste. Un escalier, du côté gauche, conduit au quartier de la place Royale (circuit B).

Le Château Frontenac

Le **Château Frontenac** ★★★ *(1 rue des Carrières)*. La vocation touristique de Québec s'affirme dès la première moitié du XIXᵉ siècle. Ville romantique par excellence, elle attire très tôt de nombreux visiteurs américains désireux d'y retrouver un peu de l'Europe. En 1890, la compagnie ferroviaire du Canadien Pacifique, dirigée par William Cornelius Van Horne, décide d'implanter un réseau d'hôtels prestigieux à travers le Canada. Le premier de ces établissements voit le jour à Québec. On le nomme château Frontenac en l'honneur de l'un des plus célèbres gouverneurs de la Nouvelle-France, Louis de Buade, comte de Frontenac (1622-1698).

Ce magnifique hôtel est l'ambassadeur du Québec le plus connu à l'étranger et le symbole de sa capitale. Ironiquement, il a été conçu par un architecte américain, Bruce Price (1845-1903), célèbre pour ses gratte-ciel new-yorkais. Plus étonnant encore, il est devenu le modèle du style «national» du Canada, baptisé style Château. Il s'agit d'un croisement à grande échelle entre les manoirs écossais et les châteaux de la Loire. Bruce Price, à qui l'on doit la gare Windsor de Montréal, fut inspiré dans son projet par le site pittoresque et par le mélange des cultures française et britannique au Canada.

Le Château Frontenac a été construit par étapes. À l'aile initiale de Price, donnant sur la terrasse Dufferin, et que l'on a inaugurée en 1893, trois autres sections furent ajoutées, la plus importante étant la tour centrale des architectes Edward et William Sutherland Maxwell, édifiée en 1923. Pour mieux apprécier le Château, il faut y pénétrer et parcourir l'allée centrale, décorée dans le goût des hôtels particuliers parisiens du XVIIIe siècle, jusqu'au bar maritime, situé dans la grosse tour ronde qui donne sur le fleuve Saint-Laurent. Au fil des ans, le Château Frontenac fut le théâtre de nombreux événements prestigieux, dont la Conférence de Québec de 1944, où le président américain Roosevelt, le premier ministre britannique Sir Winston Churchill et son homologue canadien Mackenzie King définirent la configuration de l'Europe de l'après-guerre. On remarquera au sortir de la cour intérieure une pierre gravée de l'ordre de Malte datée de 1647, seul morceau rescapé du vieux château Saint-Louis. Des **visites** *(6 $; mai à mi-oct tlj 10h à 18h, mi-oct à fin avr sam-dim 13h à 17h;* ☎*691-2166)* du Château Frontenac sont animées par des guides en beaux habits d'époque.

Terrain d'exercice pour les militaires jusqu'à la construction de la Citadelle, la **place d'Armes ★** devient un square d'agrément en 1832. En 1916, on y élève le monument de la Foi pour commémorer le tricentenaire de l'arrivée des récollets à Québec. David Ouellet est l'auteur de la base néo-gothique soutenant la statue dessinée par l'abbé Adolphe Garneau.

À l'autre extrémité de la place se trouvent la Maison du tourisme de Québec ainsi que deux musées. Vous pouvez également apercevoir l'arrière de la cathédrale anglicane Holy Trinity (voir p 86).

La **Maison du tourisme de Québec** *(12 rue Sainte-Anne)* occupe l'édifice blanc au toit de cuivre qui abritait autrefois l'hôtel Union. Celui-ci fut construit en 1803, selon les plans de l'architecte britannique Edward Cannon, pour un groupe de notables qui désiraient doter la ville d'un établissement hôtelier de grande classe.

De part et d'autre de la Maison du tourisme se trouvent deux institutions touristiques traditionnelles : le Musée du Fort et le Musée de cire de Québec. Le **Musée du Fort** *(6,25 $; juil à mi-sept tlj 10h à 20h; mi-sept à fin oct et avr à fin juin tlj 10h à 17h; fév et mars jeu-dim 12h à 16h; 10 rue Sainte-Anne, ☎692-2175 ou 692-1759)* recrée, par des effets de son et de lumière autour d'une maquette représentant la ville vers 1750, les six sièges de Québec, de la prise de la ville par les frères Kirke, en 1629, à l'invasion américaine de 1775.

Le **Musée de cire de Québec** *(5 $; été tlj 9h à 22h, reste de l'année tlj 10h à 17h; 22 rue Sainte-Anne, ☎692-2289)* présente, quant à lui, 75 personnages sur 15 tableaux qui racontent l'histoire du Québec ou l'actualité récente. Ainsi, Lara Fabian et Roch Voisine côtoient Churchill, Champlain et Wolfe.

Remontez vers la rue Saint-Louis.

L'**ancien Palais de justice ★** *(12 rue Saint-Louis)* a été érigé en 1883 selon les plans d'Eugène-Étienne Taché, auteur de l'Hôtel du Parlement, avec lequel le Palais a plusieurs ressemblances. Son style néo-Renaissance française précède le style château comme architecture «officielle» des grands édifices de la ville. L'intérieur, réaménagé entre 1922 et 1930, est constitué de plusieurs salles dotées de belles boiseries. L'ancien Palais loge le ministère des Finances depuis 1987.

La **maison Maillou** *(17 rue Saint-Louis)*. Le siège de la Chambre de commerce de Québec est situé dans cette belle maison du Régime français, bâtie par l'architecte Jean Maillou en 1736. Elle a été épargnée de la démolition par la crise de 1929, qui a fait avorter un projet d'agrandissement du Château Frontenac sur le site.

La **maison Kent** *(25 rue Saint-Louis)*. L'histoire se fait nébuleuse autour de cette maison où aurait séjourné le duc de Kent, père de la reine Victoria. On ne connaît pas sa date de construction exacte, fixée au XVIIe siècle selon certains ou au siècle suivant selon d'autres. Elle a certainement été considérablement modifiée au XIXe siècle, comme en témoignent ses fenêtres à guillotine de type anglais et sa toiture dont la pente est peu prononcée. Quoi qu'il en soit, c'est sur ce site qu'a été signée la capitulation de Québec aux mains des Britanniques en 1759. Ironiquement, la maison loge aujourd'hui le consulat général de France.

La **maison Jacquet** ★ *(34 rue Saint-Louis)*. Ce petit bâtiment au toit rouge, revêtue de crépi blanc, est la plus ancienne maison de la Haute-Ville et la seule du Vieux-Québec qui a conservé son apparence du XVIIe siècle. Elle se différencie des habitations du siècle suivant par son haut toit pentu, recouvrant une petite surface habitable sous des plafonds très bas. Construite par l'architecte François de la Joüe pour son propre usage, elle date de 1690. Son nom lui vient de ce qu'elle a été érigée sur un terrain ayant auparavant appartenu à François Jacquet. En 1815, elle est acquise par Philippe Aubert de Gaspé, auteur du célèbre roman *Les Anciens Canadiens*, nom qui inspira les propriétaires du restaurant qu'elle abrite actuellement (voir p 226).

Tournez à droite sur la petite rue du Parloir, puis encore à droite sur la rue Donnacona.

Le **monastère des Ursulines** ★★★ *(18 rue Donnacona)*. En 1535, sainte Angèle Merici fonde à Brescia, en Italie, la communauté des ursulines. Après son installation en France, celle-ci devient un ordre cloîtré, voué à l'enseignement (1620). Grâce à une bienfaitrice, Madame de la Peltrie, les ursulines débarquent à Québec en 1639 et fondent dès 1641 leur monastère et leur couvent, où des générations de jeunes filles recevront une éducation exemplaire. Le couvent des Ursulines est aujourd'hui la plus ancienne maison d'enseignement pour filles en Amérique du Nord toujours en activité. On ne peut voir qu'une partie des vastes installations où vivent encore quelques dizaines de religieuses. Ainsi, seuls le musée et la chapelle sont accessibles au public en temps normal.

La chapelle Sainte-Ursule a été reconstruite en 1901 sur le site de celle de 1722. On a cependant conservé le décor intérieur du XVIIIe siècle, le plus ancien qui subsiste au Québec. L'œuvre magistrale de Pierre-Noël Levasseur, sculptée entre 1726 et 1736, comprend notamment une chaire surmontée d'un ange à trompette et un beau retable en arc de triomphe de style Louis XIV. Le tabernacle du maître-autel, entièrement doré par les ursulines, est un chef-d'œuvre de dextérité. Quant au tabernacle du Sacré-Cœur, il est attribué à Jacques Leblond dit Latour (vers 1710). Aux murs de la chapelle sont accrochés quelques tableaux provenant de la collection de l'abbé Desjardins, ancien chapelain des ursulines. En 1820, ce dernier achète chez un marchand d'art parisien plusieurs dizaines de tableaux religieux autrefois suspendus dans les églises de Paris, puis dispersés à la Révolution française. De nos jours, on retrouve ces œuvres dans plusieurs églises à travers le Québec. On remarquera, au-dessus de l'entrée, *Jésus chez Simon le Pharisien* de Philippe de Champaigne et, du côté droit de la nef, *La parabole des dix vierges* de Pierre de Cortone.

La chapelle est le lieu de sépulture du marquis de Montcalm, commandant des troupes françaises lors de la décisive bataille des plaines d'Abraham. Il fut, comme son rival le général Wolfe, blessé mortellement lors de l'affrontement. Dans une chapelle attenante se trouve la tombe de la bienheureuse mère Marie de l'Incarnation, fondatrice du monastère des ursulines en terre canadienne. Une ouverture permet de contempler le chœur des religieuses, reconstruit en 1902 par David Ouellet, qui l'a doté de puits de lumière en forme de coupole. Un intéressant tableau anonyme, intitulé *La France apportant la Foi aux Indiens de la Nouvelle-France*, y est accroché.

Baillargé ou Baillairgé?

De récentes études historiques nous ont amené à adopter le patronyme Baillairgé pour désigner cette célèbre famille d'architectes québécois. Cependant, si l'on se réfère aux sources premières, c'est-à-dire aux documents signés de leur main, ils utilisaient aussi bien Baillargé que Baillairgé. Donc, si vous lisez l'un ou l'autre, ne soyez pas surpris, c'est la même famille.

L'entrée du **musée des Ursulines** *(3 $; mai à août mar-sam 10h à 12h et 13h à 17h, dim 12h30 à 17h, sept à avr mar-dim 13h à 16h30; 12 rue Donnacona, ☎694-0694)* fait face à celle de la chapelle. On y présente près de quatre siècles d'histoire de ces moniales à travers des meubles Louis XIII, des toiles, d'admirables travaux de broderie au fil d'or, des parements d'autel et des vêtements d'église des XVIIe et XVIIIe siècles. On peut même y voir le crâne de Montcalm!

La **cathédrale anglicane Holy Trinity** ★★ *(31 rue des Jardins)*. À la suite de la Conquête, un petit groupe d'administrateurs et de militaires britanniques s'installe à Québec. Les conquérants désirent marquer leur présence par la construction de bâtiments prestigieux à l'image de l'Angleterre, mais leur nombre insuffisant retardera la réalisation de projets majeurs jusqu'au début du XIXe siècle, alors que l'on entreprend l'édification de la cathédrale anglicane selon les plans des majors Robe et Hall, deux ingénieurs militaires. L'édifice palladien, achevé en 1804, modifiera la silhouette de la ville, dont l'image française était jusque-là demeurée intacte. Il s'agit de la première cathédrale anglicane érigée hors des îles Britanniques et d'un bel exemple d'architecture coloniale anglaise, à la fois gracieuse et simple. La pente du toit fut exhaussée en 1815 afin de permettre un meilleur écoulement de la neige.

L'intérieur, plus sobre que celui des églises catholiques, fut gratifié de nombreux trésors par le roi Georges III. Celui-ci a notamment fait don de plusieurs pièces d'orfèvrerie ainsi que de bois de chêne provenant de la forêt de Windsor pour la fabrication des bancs. Quant au trône épiscopal, il est, selon la légende, fait de l'orme sous lequel aimait s'asseoir Samuel de Champlain. Des vitraux et des plaques commémoratives sont venus s'ajouter à l'ensemble au fil des ans.

*Poursuivez sur la rue des Jardins, d'où vous pourrez admirer la portion piétonne de la **rue Sainte-Anne**, à droite, et l'hôtel Clarendon puis l'édifice Price, à gauche.*

L'**Hôtel Clarendon** *(57 rue Sainte-Anne)* est le plus vieil hôtel de Québec encore en activité (voir p 198). Il a ouvert ses portes en 1870 dans l'ancienne imprimerie Desbarats (1858). Le restaurant Charles Baillairgé, au rez-de-chaussée, est le plus ancien restaurant au Canada (voir p 224). Avec ses boiseries sombres au charme victorien, il constitue un lieu évocateur de la Belle Époque. L'hôtel a été augmenté en 1929 par l'aménagement d'une tour en brique brune avec un gracieux hall de style Art déco réalisé par l'architecte Raoul Chênevert.

L'édifice Price ★ *(65 rue Sainte-Anne)*. Tout en s'inscrivant avec sensibilité dans le cadre du Vieux-Québec, l'édifice Price tient de la tradition du gratte-ciel nord-américain. Les architectes Ross et Macdonald de Montréal, qui l'ont conçu en 1929, ont modelé une silhouette discrète et élancée, surmontée d'un toit de cuivre rappelant le style château. Le hall intérieur, autre belle réalisation de style Art déco, est recouvert de travertin poli et de bas-reliefs en bronze illustrant les différentes activités de la compagnie Price, spécialisée dans la fabrication du papier.

Revenez sur la rue des Jardins.

Au numéro 17 se dresse la coquette **maison Antoine-Vanfelson**, construite en 1780. L'orfèvre Laurent Amiot y a eu son atelier au début du XIXᵉ siècle. Les pièces de l'étage sont revêtues de remarquables boiseries d'époque Louis XV.

La **place de l'Hôtel-de-Ville** ★ occupe depuis 1900 l'emplacement du marché Notre-Dame, créé au XVIIIᵉ siècle. Un monument en l'honneur du cardinal Taschereau, œuvre du Français André Vermare (1923), en agrémente le flanc ouest.

La composition de l'**hôtel de ville** *(2 rue des Jardins)*, influencée par le courant néo-roman américain, surprend dans une ville où les traditions françaises et britanniques ont toujours prévalu dans la construction d'édifices publics. George-Émile Tanguay en a réalisé les plans en 1895, à la suite d'un difficile concours où aucun des projets primés ne reçut un appui majoritaire des conseillers et du maire. On ne peut que regretter la disparition du collège des jésuites de 1666, qui occupait auparavant le même emplacement. Les agréables jardins qui entourent l'hôtel de ville recouvrent un stationnement souterrain et sont le lieu de maints événements populaires pendant la saison estivale.

Au sous-sol de l'hôtel de ville se trouve le **Centre d'interprétation de la vie urbaine de la Ville de Québec** *(entrée libre; fin juin à la fête du Travail tlj 10h à 17h, reste de l'année mar-dim 10h à 17h; 43 côte de la Fabrique, ☎691-4606)*, qui traite des questions de développement et d'aménagement urbain à Québec. Une intéressante maquette de la ville permet de se faire une bonne idée de la configuration des lieux.

ATTRAITS TOURISTIQUES

La cathédrale catholique **Notre-Dame-de-Québec** ★★★ *(à l'autre extrémité de la place de l'Hôtel-de-Ville)* est un livre ouvert sur les difficultés que rencontrèrent les bâtisseurs de la Nouvelle-France et sur la détermination des Québécois à travers les pires épreuves. On pourrait presque parler d'architecture organique, tant la forme définitive du bâtiment est le résultat de multiples campagnes de construction et de tragédies, qui laissèrent l'édifice en ruine à deux reprises. La première église à occuper ce site fut érigée en 1632 à l'instigation de Samuel de Champlain, lui-même inhumé à proximité quatre ans plus tard. Ce temple de bois est remplacé en 1647 par l'église Notre-Dame-de-la-Paix, bâtiment de pierre en forme de croix latine, qui servira de modèle pour les paroisses rurales des alentours. Puis en 1674, Québec accueille l'évêché de la Nouvelle-France. Mgr François-Xavier de Montmorency-Laval de Montigny (1623-1708), premier évêque, choisit la petite église comme siège épiscopal, tout en souhaitant une reconstruction digne du vaste territoire couvert par son ministère. L'architecte Claude Baillif élabore un projet grandiose qui devra cependant être ramené à des proportions plus modestes, même avec la contribution financière personnelle de Louis XIV. Seule la base de la tour ouest subsiste de cette époque. En 1742, l'évêché fait reconstruire le temple selon les dessins de l'ingénieur Gaspard Chaussegros de Léry, lui donnant son plan actuel composé d'une longue nef éclairée par le haut et encadrée de bas-côtés à arcades. La cathédrale de Québec se rapproche alors des églises urbaines érigées à travers la France à la même époque.

Lors du siège de Québec, en septembre 1759, la cathédrale est bombardée sans ménagement. Réduite à l'état de ruines, elle ne sera réparée que lorsque le statut des catholiques sera régularisé par la Couronne britannique. Les membres de la plus ancienne paroisse catholique au nord de México entreprennent finalement de relever leur église en 1770 selon les plans de 1742. Jean Baillargé (1726-1805), à l'origine de la célèbre dynastie d'architectes, inaugure une longue histoire d'amour entre sa famille et la cathédrale en acceptant de se charger des travaux. En 1786, la décoration de l'intérieur est confiée à son fils François (1759-1830), de retour d'un séjour de trois ans à Paris, où il s'est consacré à l'étude de l'architecture à l'Académie royale. Quatre ans plus tard, il livre le superbe baldaquin doré à cariatides ailées du chœur. Le maître-autel, premier au Québec à être conçu comme une façade de basilique, est installé en 1797. Suivent le banc d'œuvre baroque et la voûte en plâtre, offrant un intéressant contraste de sobriété. L'intérieur ainsi parachevé est éclatant et exprime une tradition typiquement québécoise qui privilégie la dorure, le bois et le plâtre.

En 1843, Thomas Baillargé (1791-1859), fils de François, installe l'actuelle façade néo-classique, puis tente de faire élever un clocher à l'est, mais les travaux doivent être interrompus à mi-hauteur, les fondations du XVIIe siècle ne reposant pas sur un sol ayant une capacité portante suffisante. Enfin, Charles Baillargé (1826-1906), cousin de Thomas, dessine l'enclos de fonte du parvis en 1858. Entre 1920 et 1922, l'église est restaurée avec soin, mais quelques semaines seulement après la fin des travaux, un incendie éclate, endommageant gravement l'édifice. Raoul Chênevert et Maxime Roisin, de Paris, déjà occupés à la reconstruction de la basilique Sainte-Anne-de-Beaupré, se chargent de restaurer une nouvelle fois l'édifice et de reconstituer les parties détruites. En 1959, une crypte est aménagée au sous-sol pour recevoir les sépultures des évêques et des gouverneurs (Frontenac, Vaudreuil, de Callière). Il y a quelques années, plusieurs toiles de maîtres suspendues dans la cathédrale furent subtilisées, laissant les murs nus et forçant la mise en sûreté des chefs-d'œuvre restants, tel le beau *Saint Jérôme* de Jacques-Louis David (1780).

D'autre part, à l'intérieur de la cathédrale, un spectacle son et lumière, **Feux sacrés** *(7 $; début mai à mi-oct tlj, représentations à 15h30, 17h, 18h30 et 20h, mi-oct à fin avr jeu-sam représentations à 18h30 et 20h; 20 rue de Buade, ☎692-5860)*, retrace une page de l'histoire québécoise à l'aide d'effets spectaculaires projetés en trois dimensions sur trois écrans, le tout présenté de façon simultanée en français et en anglais.

Le **Séminaire de Québec** ★★★ *(fin juin à fin août, communiquez avec le musée pour l'horaire des visites guidées; 1 côte de la Fabrique, ☎692-2843)*. Avant de pénétrer dans le centre d'accueil du Séminaire, il est recommandé d'accéder à la cour intérieure par la porte cochère (décorée aux armes de l'institution), qui fait face à la grille d'entrée, afin de mieux percevoir ce complexe religieux qui constituait au XVIIe siècle un havre de civilisation au milieu d'une contrée rude et hostile. Le

Séminaire fut fondé en 1663 par Mgr François de Laval à l'instigation du Séminaire des Missions étrangères de Paris, auquel il a été affilié jusqu'en 1763. On en fit le centre nerveux du clergé dans toute la colonie, puisqu'en plus d'y former les futurs prêtres, on y administrait les fonds des paroisses et y répartissait les cures. Colbert, ministre de Louis XIV, obligea en outre la direction du Séminaire à fonder un petit séminaire voué à l'évangélisation et à l'éducation des Amérindiens. Après la Conquête, le Séminaire devient aussi collège classique, à la suite de l'interdiction qui frappe les jésuites, et loge pendant un certain temps l'évêque dépourvu de son palais, détruit par les bombardements. En 1852, le Séminaire met sur pied l'Université Laval, aujourd'hui établie à Sainte-Foy, en faisant la première université de langue française en Amérique. Le vaste ensemble de bâtiments comprend actuellement la résidence des prêtres du côté du fleuve, un collège privé pour garçons et filles, de même que la Faculté d'architecture de l'Université Laval, de retour dans les vieux murs du Séminaire depuis 1987.

Affligé par les incendies et les bombardements, le Séminaire que l'on peut contempler de nos jours est le résultat de multiples chantiers. En face de la porte cochère, on aperçoit l'aile de la Procure, avec son cadran solaire, dont les caves voûtées ont servi de refuge à la population de Québec lors de l'attaque de l'amiral Phipps en 1690. On y trouve également la chapelle personnelle de Mgr Briand (1785), que Pierre Émond a décorée de branches d'olivier sculptées. La belle aile des Parloirs de 1696 fait équerre avec la précédente, à droite. L'emploi de la fenêtre à arc segmentaire autour de cette cour carrée, extrêmement rare sous le Régime français, traduit une architecture directement empruntée aux modèles français, avant que survienne une nécessaire adaptation au contexte québécois.

Retournez vers le centre d'accueil, au 2, côte de la Fabrique, d'où partent les visites guidées permettant de voir les appartements du Séminaire, les voûtes, la chapelle de Mgr Briand ainsi que la chapelle extérieure de 1890. Cette dernière remplace la chapelle de 1752, incendiée en 1888. Pour éviter un nouveau sinistre, l'intérieur, semblable à celui de l'église de la Trinité, à Paris, fut recouvert de zinc et de fer blanc, peints en trompe-l'œil, selon un plan de Paul Alexandre de Cardonnel et de Joseph-Ferdinand Peachy. On y trouve la plus importante collection de reliques en Amérique du Nord, au sein de laquelle figurent des reliques de saint Anselme et de saint Augustin, des martyrs du Tonkin, de saint Charles Borromée et de saint Ignace de Loyola. Certaines sont authentiques et d'une taille appréciable, d'autres sont incertaines et minuscules. Une chapelle funéraire, au milieu de laquelle prend place un gisant contenant les restes de Mgr de Laval, premier évêque de l'Amérique du Nord, donne sur le bas-côté gauche.

Le **Musée de l'Amérique française** ★★ *(3 $; fin juin à fin août tlj 10h à 17h30, début sept à fin juin mar-dim 10h à 17h; 2 côte de la Fabrique, ☎692-2843, www.mcq.org)*, réservé à l'histoire de l'Amérique française, réunit une collection riche de 450 000 pièces, constituée au cours des trois derniers siècles par les prêtres du Séminaire à des fins éducatives. Dans l'ancien pensionnat de l'Université Laval, ses salles d'exposition sont réparties sur cinq étages, où sont présentés des trésors d'orfèvrerie, de peinture, d'art oriental, de numismatique, de même que des instruments scientifiques. On peut y voir la première momie égyptienne transportée en Amérique ainsi que plusieurs objets ayant appartenu à Mgr de Laval. Cette prestigieuse collection fait d'ailleurs partie des archives du musée.

De retour sur la place de l'Hôtel-de-Ville, tournez à gauche sur la rue de Buade.

Faisant face à la cathédrale, s'élève l'ancien **magasin Holt-Renfrew** *(43 rue de Buade)*, ouvert dès 1837. D'abord spécialisé dans la vente des fourrures, dont il est le fournisseur attitré auprès de Sa Majesté britannique, le magasin détiendra pendant longtemps l'exclusivité de la distribution canadienne des créations de Dior et de Saint-Laurent. Il est maintenant fermé et fait place aux boutiques **Les Promenades du Vieux-Québec**.

Un peu plus loin se trouve l'entrée de la pittoresque **rue du Trésor**, qui débouche aussi sur la place d'Armes et sur la rue Sainte-Anne. Des artistes y vendent peintures, dessins et sérigraphies, dont plusieurs représentent des vues de Québec.

Québec Expérience *(6,75 $; mi-mai à mi-oct tlj 10h à 22h, mi-oct à mi-mai dim-jeu 10h à 17h, ven-sam 10h à 22h; 8 rue du Trésor, 2e étage, ☎694-4000)* est un spectacle à grand déploiement sur l'histoire de la ville de Québec. Projeté en trois dimensions, ce spectacle multimédia animé vous entraînera à travers le temps pour vous faire revivre les grands moments qui ont marqué la ville en compagnie des personnages qui l'ont sillonnée. Une belle façon d'en apprendre plus, particulièrement appréciée des jeunes. Les spectacles, en français ou en anglais, sont d'une durée de 30 min.

Le **bureau de poste** ★ *(3 rue de Buade)*. Le premier bureau de poste canadien fut ouvert à Québec en 1837. Il occupa longtemps l'ancien Hôtel du Chien d'Or, une solide demeure construite vers 1753 pour un riche marchand de Bordeaux qui fit placer un bas-relief à l'effigie d'un chien rongeant son os au-dessus de l'entrée. L'inscription suivante apparaît sous le bas-relief, réinstallé au fronton du bureau de poste actuel en 1872 : «Je suis un chien qui ronge l'os; en le rongeant, je prends mon repos. Un temps viendra qui n'est pas venu, où je mordrai qui m'aura mordu». On raconte que le message était destiné à l'intendant Bigot, filou s'il en fut un, qui, outré, fit assassiner. Le bureau de poste reçut son dôme et sa façade sur le fleuve lors d'un agrandissement au début du XXe siècle. Rebaptisé **édifice Louis-Saint-Laurent** en l'honneur du premier ministre canadien, il comprend, en plus du traditionnel bureau de la poste et d'un comptoir philatélique, une **salle d'exposition de Parcs Canada** *(entrée libre; lun-ven 8h à 16h30, sam-dim 10h à 17h; 3 rue de Buade, ☎648-4177)*, où l'on fait état de la mise en valeur du patrimoine canadien tant historique que naturel.

Le **palais archiépiscopal** *(2 rue Port-Dauphin)*. En face du bureau de poste se dresse le monument en l'honneur de Mgr François de Montmorency de Laval (1623-1708), premier évêque de Québec, dont le diocèse couvrait les deux tiers du continent nord-américain. L'œuvre de Philippe Hébert, mise en place en 1908, comprend un bel escalier donnant accès à la côte de la Montagne, qui descend jusqu'au fleuve.

Le monument fait face au palais archiépiscopal, reconstruit par Thomas Baillargé en 1844. Le premier palais épiscopal était situé dans l'actuel parc Montmorency. Érigé entre 1692 et 1700 selon les plans de Claude Baillif, il était, selon les commentateurs de l'époque, l'un des plus beaux du royaume français. Les dessins nous montrent en effet un bâtiment impressionnant comportant une chapelle à niches, dont l'intérieur rappelait celui du Val-de-Grâce, à Paris. Les bombardements de 1759 entraînèrent la perte de la chapelle. Le reste de l'édifice fut rétabli et logea l'Assemblée législative du Bas-Canada de 1792 à 1840. Il fut démoli en 1848 pour faire place au nouveau parlement, rasé par les flammes quatre ans plus tard.

Le **parc Montmorency** ★. Lors du rabaissement des murs de la ville, le long de la rue des Remparts, le gouverneur général du Canada, Lord Dufferin, découvrit les superbes vues dont on bénéficie depuis ce promontoire et décida, en 1875, d'y aménager un parc. Par la suite, deux monuments y furent érigés, le premier en l'honneur de George-Étienne Cartier, premier ministre du Canada-Uni et l'un des pères de la Confédération canadienne, le second à la mémoire de Louis Hébert, de Guillaume Couillard et de Marie Rollet, premiers agriculteurs de la Nouvelle-France, arrivés en 1617, et à qui le fief du Sault-au-Matelot, situé à l'emplacement du Séminaire, fut concédé dès 1623. Le sculpteur montréalais Alfred Laliberté est l'auteur des belles statues de bronze.

Poursuivez par la rue des Remparts.

L'**Université Laval** ★. Une ouverture dans la muraille de la rue des Remparts laisse voir les anciens pavillons de l'Université Laval, élevés en 1856 dans les jardins du Séminaire et complétés en 1875 par l'ajout d'une formidable toiture mansardée, coiffée de trois lanternes argentées. Le soir, sous l'éclairage des projecteurs, elles font penser à un décor de fête royale. Notez que l'Université Laval occupe maintenant un grand campus situé à Sainte-Foy (voir p 135).

Suivez la **rue des Remparts**, d'où vous pourrez contempler la ville au bas du cap. Les belles demeures patriciennes qui bordent cette rue font écran au vieux quartier latin qui s'étend derrière. Ses rues étroites, bordées de maisons du XVIIIe siècle, valent bien un petit détour.

La **maison Montcalm** *(45 à 51 rue des Remparts)*. Cet ensemble de trois maisons formait à l'origine une seule grande habitation, construite en 1727. Elle fut habitée par le marquis de Montcalm, commandant des troupes françaises lors de la célèbre bataille des plaines d'Abraham. Le bâtiment a ensuite abrité des officiers de l'Armée britannique avant d'être divisé en trois logements distincts en vue d'un usage privé. De nombreuses maisons de Québec étaient autrefois recouvertes de planches imitant la pierre de taille, à l'instar de la maison Montcalm. Cette tradition, répandue dans la première moitié du XIXe siècle,

ATTRAITS TOURISTIQUES

avait pour but de protéger la maçonnerie et de donner aux maisons une apparence plus riche et plus soignée.

À l'angle des rues Saint-Flavien et Couillard se trouve le petit musée des sœurs du Bon-Pasteur.

Le **musée Bon-Pasteur ★** *(entrée libre; juil et août mar-dim 13h à 17h, sept à juin dim et jeu 13h à 17h; 14 rue Couillard, ☎694-0243)*, inauguré en 1993, raconte l'histoire de la communauté des religieuses du Bon-Pasteur, au service des démunis de Québec depuis 1850. Il est installé dans la maison Béthanie, un édifice éclectique en brique érigé vers 1878 pour héberger les filles-mères et leur progéniture. Le musée occupe les trois étages d'un annexe de 1887. Le visiteur y verra des pièces de mobilier et des objets d'art sacré, amassés ou fabriqués par les religieuses.

Tournez à droite sur la rue Hamel, puis à gauche sur la rue Charlevoix.

Chapelle et musée de l'Hôtel-Dieu ★★ *(32 rue Charlevoix)*. Les Augustines, sœurs hospitalières, s'installent d'abord à Sillery, où elles fondent un premier couvent. Inquiétées par les Iroquois, elles s'établissent à Québec en 1642 et entament la construction de l'institution actuelle, comprenant couvent, hôpital et chapelle. Les bâtiments, refaits à plusieurs reprises, datent pour la plupart du XXe siècle. Subsiste le couvent de 1756, avec ses caves voûtées remontant à 1695, dissimulé derrière la chapelle de 1800, construite avec des matériaux provenant de divers édifices du Régime français ruinés par la guerre. Sa pierre proviendrait du palais de l'Intendant, alors que ses premiers ornements avaient été récupérés de l'église des Jésuites (XVIIe siècle). Seule la balustrade en fer forgé du clocher en témoigne de nos jours. Thomas Baillargé conçoit l'actuelle façade néo-classique en 1839, après avoir achevé le nouveau décor intérieur en 1835. Le chœur des religieuses est visible à droite. La chapelle a été utilisée comme salle des ventes en 1817, puis en 1821 par l'abbé Louis-Joseph Desjardins, qui venait d'acheter une collection de tableaux d'un banquier français en faillite. Celle-ci était constituée d'œuvres confisquées aux églises de Paris pendant la Révolution française. *La Vision de sainte Thérèse d'Avila*, œuvre de François-Guillaume Ménageot placée au-dessus d'un des autels latéraux, provient du Carmel de Saint-Denis, près de Paris.

Le **musée des Augustines de l'Hôtel-Dieu** *(entrée libre; mar-sam 9h30 à 12h et 13h30 à 17h, dim 13h30 à 17h, lun fermé; 32 rue Charlevoix, ☎692-2492)* retrace l'histoire de cette communauté en Nouvelle-France à travers des pièces de mobilier, des toiles et des instruments médicaux. On peut y voir le coffre qui contenait les maigres bagages des fondatrices (avant 1639), ainsi que des pièces provenant du château Saint-Louis, demeure des gouverneurs sous le Régime français (portraits de Louis XIV et du cardinal de Richelieu). La visite du musée permet d'accéder sur demande à la chapelle et aux caves voûtées. La dépouille de la bienheureuse Marie-Catherine de Saint-Augustin, fondatrice de la communauté en Nouvelle-France, repose dans une chapelle attenante où se trouve également un beau reliquaire doré de style Louis XIV, sculpté en 1717 par Noël Levasseur.

Empruntez la petite rue de l'Hôtel-Dieu, qui fait face à la chapelle. À l'angle de la rue Saint-Jean, vous jouirez d'une belle vue sur la **côte de la Fabrique***, donnant sur l'hôtel de ville, à droite, et sur la cathédrale Notre-Dame, au fond de la perspective. Tournez à droite sur la* **rue Saint-Jean***, agréable artère commerciale du Vieux-Québec.*

Un détour à gauche, sur la rue Saint-Stanislas, permet de voir l'ancienne église méthodiste, belle réalisation néo-gothique de 1850. Elle loge de nos jours l'**Institut canadien** *(42 rue Saint-Stanislas)*, centre des arts et des lettres qui eut bien des démêlés avec le clergé avant la Révolution tranquille des années soixante, à cause de ses choix littéraires jugés trop audacieux. On y trouve une salle de spectacle ainsi qu'une succursale de la Bibliothèque municipale.

L'édifice voisin, au numéro 44, est l'**ancienne prison de Québec**, érigée en 1808 d'après les plans de François Baillargé. En 1868, il est réaménagé pour accueillir le Morrin College, affilié à l'Université McGill de Montréal. Cette vénérable institution de la communauté anglophone de Québec abrite aussi la précieuse bibliothèque de la **Quebec Literary and Historical Society**, société savante fondée en 1824. L'édifice coiffé d'un clocher palladien, à l'angle de la rue Cook et de la rue Dauphine, est l'**église presbytérienne St. Andrew**, terminée en 1811.

ATTRAITS TOURISTIQUES

Revenez vers la rue Saint-Jean, que vous traverserez en direction du Conservatoire d'art dramatique.

Le **Conservatoire d'art dramatique** *(9 rue Saint-Stanislas)* est aménagé dans l'ancienne chapelle Holy Trinity, édifiée en 1824 selon les plans de Georges Blaiklock. Sa belle architecture néo-classique, très dépouillée, sert de cadre au Conservatoire d'art dramatique depuis 1970.

Tournez à gauche sur la rue McMahon, puis rendez-vous au centre d'accueil et d'interprétation du Parc-de-l'Artillerie.

Le **lieu historique national du Parc-de-l'Artillerie** ★★ *(3 $; l'horaire varie selon les saisons; 2 rue d'Auteuil, ☎648-4205)*. Le parc de l'Artillerie occupe une partie d'un vaste site à vocation militaire situé en bordure des murs de la ville. Le centre d'accueil et d'interprétation occupe l'ancienne fonderie où l'on a fabriqué des munitions jusqu'en 1964. On peut y voir une fascinante maquette de Québec exécutée de 1795 à 1810 par l'ingénieur militaire Jean-Baptiste Duberger aux fins de planification tactique. Expédiée en Angleterre en 1813, elle n'est de retour à Québec que depuis quelques années. La maquette est une source d'information sans pareille sur l'état de la ville dans les années qui ont suivi la Conquête.

La visite se poursuit à la redoute Dauphine, un beau bâtiment fortifié revêtu d'un crépi blanc et situé à proximité de la rue McMahon. En 1712, l'ingénieur militaire Dubois Berthelot de Beaucours trace les plans de la redoute, qui sera achevée par Chaussegros de Léry en 1747. Une redoute est un ouvrage de fortification autonome qui sert en cas de repli des troupes. Jamais véritablement utilisée à cette fin, elle sera plutôt à l'origine de la vocation de casernement du secteur. En effet, on retrouve derrière la redoute un ensemble de casernes érigées par l'Armée britannique au XIXe siècle, auquel s'ajoute une car-toucherie aujourd'hui fermée. La visite du logis des officiers (1820), reconverti en un centre d'initiation au patrimoine pour les enfants, termine le parcours.

Remontez la rue d'Auteuil.

La plus récente des portes de Québec, la **porte Saint-Jean**, a pourtant les origines les plus anciennes. Dès 1693, on trouve à cet endroit l'une des trois seules entrées de la ville. Elle sera renforcée par Chaussegros de Léry en 1757, puis reconstruite par les Anglais. En 1867, on aménage une porte «moderne» à deux tunnels carrossables, jouxtés de passages piétonniers pour faire taire les marchands qui réclament la démolition pure et simple des fortifications. Cette porte, non conforme au projet romantique de Lord Dufferin, est supprimée en 1898. Elle ne sera remplacée par la porte actuelle qu'en 1936.

À gauche, au numéro 29, un **ancien orphelinat anglican**, construit pour la Society for Promoting Christian Knowledge en 1824, est le premier édifice néo-gothique de Québec. Son architecture est lourde de symbolisme, puisqu'elle introduit le courant romantique dans une ville dont ce sera par la suite le véritable leitmotiv.

L'**église des Jésuites** ★ *(rue d'Auteuil, à l'angle de la rue Dauphine)*. Le dernier des jésuites de Québec meurt en 1800, sa communauté ayant été frappée d'interdit, d'abord par le gouvernement britannique, à qui sa puissance politique fait peur, ensuite par le pape lui-même (1774). Mais elle ressuscite en 1814, et elle est de retour en force à Québec en 1840. Son collège et son église de la place de l'Hôtel-de-Ville n'étant plus disponibles, la communauté trouve un havre accueillant chez les congréganistes. Ces paroissiens, membres d'une confrérie fondée par le jésuite Ponert en 1657 et regroupant de jeunes laïques désireux de propager la dévotion mariale, ont pu ériger un temple sur la rue d'Auteuil.

François Baillargé trace les plans de l'église, qui sera terminée en 1818. En 1930, la façade est complètement refaite à l'image de la cathédrale. L'ornementation de l'intérieur débute en 1841 par la construction de la fausse voûte. L'autel de Pierre-Noël Levasseur (1770) en constitue la pièce maîtresse.

La **porte Kent**, tout comme la porte Saint-Louis, est le fruit des efforts déployés par Lord Dufferin pour donner à Québec une allure romantique. Les plans de la plus jolie des portes du Vieux-Québec ont été élaborés en 1878 par Charles Baillargé, d'après les propositions de l'Irlandais William H. Lynn.

Gravissez l'escalier qui conduit au sommet de la porte Kent, puis marchez sur le mur d'enceinte en direction de la porte Saint-Louis.

ATTRAITS TOURISTIQUES

Hors les murs, on aperçoit l'Hôtel du Parlement ainsi que plusieurs maisons patriciennes le long de la rue d'Auteuil. Au numéro 69, la **maison McGreevy** *(on ne visite pas)* se démarque par sa monumentalité. Œuvre de Thomas Fuller, auteur des plans du capitole de l'État de New York, elle s'apparente à un édifice commercial. L'entrepreneur en construction Thomas McGreevy, qui l'a fait bâtir en 1868, est responsable de la construction du premier parlement canadien d'Ottawa, dont Fuller a dressé les plans. Derrière la façade de grès jaune de Nepean se déploie un décor victorien somptueux et absolument intact.

Redescendez du mur à la porte Saint-Louis. La côte de la Citadelle se trouve de l'autre côté de la rue Saint-Louis.

La **Citadelle** ★★★ *(à l'extrémité de la côte de la Citadelle)*. Toujours en pleine activité, la Citadelle représente trois siècles d'histoire militaire en Amérique du Nord. Depuis 1920, elle est le siège du Royal 22e Régiment de l'Armée canadienne, qui s'est distingué par sa bravoure au cours de la Seconde Guerre mondiale. On y trouve quelque 25 bâtiments distribués sur le pourtour de l'enceinte, dont le mess des officiers, l'hôpital, la prison et la résidence officielle du gouverneur général du Canada, sans oublier le premier observatoire astronomique du pays. L'histoire de la Citadelle débute en 1693, alors que l'ingénieur Dubois Berthelot de Beaucours fait ériger la redoute du cap Diamant au point culminant du système défensif de Québec, à quelque 100 m au-dessus du niveau du fleuve. Cet ouvrage solide se trouve de nos jours contenu à l'intérieur du bastion du Roi.

Tout au long du XVIIIe siècle, les ingénieurs français, puis britanniques, élaboreront des projets de citadelle qui demeureront sans suite. L'aménagement d'une poudrière par Chaussegros de Léry en 1750, bâtiment qui abrite maintenant le musée du Royal 22e Régiment, et le terrassement temporaire à l'ouest (1783) sont les seuls travaux d'envergure effectués pendant cette période. La citadelle, telle qu'elle apparaît au visiteur, est une œuvre du colonel Elias Walker Durnford et fut édifiée entre 1820 et 1832. Surnommé «le Gibraltar de l'Amérique», l'ouvrage, conçu selon les principes élaborés par Vauban au XVIIe siècle, n'a jamais eu à essuyer le tir d'un seul canon, mais fut pendant longtemps un élément dissuasif important.

Le **musée du Royal 22e Régiment** *(5 $; avr à mi-mai tlj 10h à 16h, mi-mai à mi-juin tlj 9h à 17h, mi-juin à la fête du Travail tlj 9h à 18h, sept tlj 9h à 18h, oct tlj 10h à 15h)* présente une intéressante collection d'armes, d'uniformes, de décorations et de documents officiels du XVIIe siècle à nos jours. Il est aussi possible de se joindre à une visite commentée de l'ensemble des installations, d'assister à la relève de la garde, à la retraite et aux tirs de canon. La relève de la garde, d'une durée de 35 min, s'effectue tous les jours à 10h, de la mi-juin au début septembre, sauf en cas de pluie. La retraite, d'une durée de 30 min, se fait à 19h les mardis, jeudis, samedis et dimanches de juillet et d'août, sauf en cas de pluie. Les tirs de canon ont lieu tous les jours à midi et à 21h30 depuis le bastion du Prince-de-Galles.

CIRCUIT B : DU PETIT-CHAMPLAIN AU VIEUX-PORT ★★★ (2 jours)

La partie basse du Vieux-Québec, commerçante et portuaire, est une étroite bande de terre en forme de *U*, coincée entre les eaux du fleuve Saint-Laurent et l'escarpement du cap Diamant. Elle constitue le berceau de la Nouvelle-France puisque c'est sur le site de la place Royale que Samuel de Champlain (1567-1635) choisit en 1608 d'ériger son «Abitation», à l'origine de la ville de Québec. À l'été de 1759, elle est aux trois quarts détruite par les bombardements anglais. Il faudra 20 ans pour réparer et reconstruire les maisons. Au XIXe siècle, de multiples remblais élargissent la Basse-Ville, permettant de relier par des rues les secteurs de la place Royale et du palais de l'Intendant. Le déclin des activités portuaires, au début du XXe siècle, a provoqué l'abandon graduel de la place Royale, que l'on a entrepris de restaurer en 1959. Le quartier du Petit-Champlain, avec sa rue du même nom, a quant à lui été récupéré par des artisans qui y ouvrir leurs ateliers. Aujourd'hui à vocation plus touristique, le quartier abrite encore nombre de ces ateliers dans lesquels les artisans fabriquent et vendent leurs ouvrages.

Ce circuit débute à la porte Prescott, qui enjambe la côte de la Montagne. Les personnes qui ont de la difficulté à marcher devraient plutôt emprunter le funiculaire, dont l'accès se situe sur la terrasse Dufferin, afin de débuter le circuit au pied de la rue du Petit-Champlain.

ATTRAITS TOURISTIQUES

Le **funiculaire** *(☎692-1132)* fut mis en marche dès novembre 1879 par l'entrepreneur W.A. Griffith afin de faciliter les déplacements entre la Haute-Ville et la Basse-Ville. Aussi appelé «ascenseur» ou «élévateur», il nous évite d'emprunter l'escalier et de faire le détour par la côte de la Montagne. Un accident est malheureusement survenu à l'été 1996. Après une rénovation complète de ses mécanismes et installations, le funiculaire a repris son service en avril 1998. Les commerçants du Petit-Champlain ont aussi mis sur pied un service de navette entre leur quartier et la Haute-Ville.

La **porte Prescott** *(côte de la Montagne)* est directement accessible de puis le parc Montmorency ou à partit de la terrasse Dufferin par un charmant escalier situé à la gauche du pavillon d'entrée du funiculaire. La structure discrètement postmoderne a été réalisée en 1983 selon les plans des architectes Gauthier, Guité, Roy, en souvenir de la première porte érigée à cet endroit en 1797 par Gother Mann. Les piétons peuvent passer directement de la terrasse Dufferin au parc Montmorency, et vice-versa, grâce à la passerelle juchée sur son linteau.

Descendez la côte de la Montagne jusqu'à l'escalier Casse-Cou, à droite.

L'**escalier Casse-Cou** *(côte de la Montagne)*. Il existe un escalier à cet endroit depuis 1682. Jusqu'au début du XXᵉ siècle, il était fait de planches de bois qu'il fallait constamment réparer ou remplacer. Il relie à différents niveaux les commerces qui le bordent.

Parmi ceux-ci, on trouve un petit économusée qui nous dévoile les secrets des souffleurs de verre. À l'**Atelier Verrerie La Mailloche** *(entrée libre; début juin à fin sept mer-dim 10h à 16h30, oct à mai lun-ven 10h à 16h30; 58 rue Sous-le-Fort, G1K 3G8, ☎694-0445, ⇒694-1571)*, observez le spectacle fascinant des artisans qui travaillent, devant vous, le verre chauffé suivant des techniques ancestrales de soufflage du verre. À l'étage, une boutique propose les objets créés par ces artistes.

Au pied de l'escalier s'allonge la **rue du Petit-Champlain**, étroite voie piétonne bordée de jolies boutiques d'artisans et d'agréables cafés, installés dans des maisons des XVIIᵉ et XVIIIᵉ

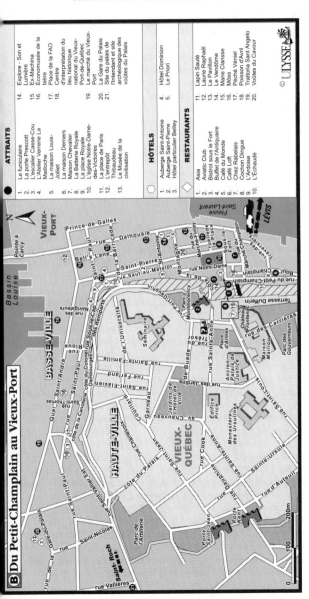

B Du Petit-Champlain au Vieux-Port

ATTRAITS

1. Le funiculaire
2. La porte Prescott
3. L'escalier Casse-Cou
4. L'Atelier Verrerie La Mailloche
5. La maison Louis-Jolliet
6. La maison Demers
7. Maison Chevalier
8. La Batterie Royale
9. La place Royale
10. L'église Notre-Dame-des-Victoires
11. La place de Paris
12. L'entrepôt Thibaudeau
13. Le Musée de la civilisation

14. Explore - Son et Lumière
15. Ex-Machina
16. Économusée de la bière
17. Place de la FAO
18. Centre d'interprétation du lieu historique national du Vieux-Port-de-Québec
19. Le marché du Vieux-Port
20. La Gare du Palais
21. Site du palais de l'intendant et site archéologique des voûtes du Palais

HÔTELS

1. Auberge Saint-Antoine
2. Auberge Saint-Pierre
3. Hôtel particulier Belley
4. Hôtel Dominion
5. Le Priori

RESTAURANTS

1. Asia
2. Aviatic Club
3. Bistrot sous le Fort
4. Buffet de l'Antiquaire
5. Café du Monde
6. Café Loft
7. Chez Rabelais
8. Cochon Dingue
9. L'Ardoise
10. L'Échaudé

11. Lapin Sauté
12. Laurie Raphaël
13. Le Pavillon
14. Le Vendôme
15. Marie Clarisse
16. Moss
17. Pêche Véniel
18. Poisson d'Avril
19. Trattoria Sant Angelo
20. Voûtes du Cavour

© ULYSSE

ATTRAITS
TOURISTIQUES

siècles. Certains bâtiments, au pied du cap, ont été détruits par des éboulis, avant que la falaise soit stabilisée au XIXᵉ siècle.

La **maison Louis-Jolliet** ★ *(16 rue du Petit-Champlain)* est une des plus anciennes demeures de Québec (1683) et l'une des rares œuvres de Claude Baillif encore debout. Elle fut construite après le grand incendie de 1682 qui détruisit la Basse-Ville. La tragédie incita les autorités à imposer la pierre comme matériau pour bâtir et permit, dans un effort d'urbanisme, de redresser les rues et de créer la place Royale. La maison fut habitée par Louis Jolliet (1645-1700), qui, avec le père Marquette, découvrit le Mississippi et explora la baie d'Hudson. Pendant les dernières années de sa vie, il enseigna l'hydrographie au Séminaire de Québec. L'intérieur du bâtiment a été complètement chambardé, puisque l'on y retrouve maintenant l'entrée inférieure du funiculaire.

Suivez la rue du Petit-Champlain jusqu'à l'escalier à gauche, qui permet d'accéder au boulevard Champlain. Au bas de l'escalier, retournez-vous, et remarquez l'exceptionnelle vue en contre-plongée sur le Château Frontenac.

La **maison Demers** ★ *(28 boul. Champlain)*. Cette imposante maison de marchand, érigée en 1689 par le maçon Jean Lerouge, est typique des habitations bourgeoises de la Basse-Ville. Elle présente une façade résidentielle à deux étages sur la rue du Petit-Champlain, dont seul le rez-de-chaussée n'est pas d'origine, alors que l'arrière, haut de quatre étages, permettait d'emmagasiner les biens dans les voûtes des niveaux inférieurs, qui donnaient directement sur l'anse du Cul-de-Sac. Ce havre naturel est aujourd'hui remblayé et construit. Cependant, il est encore possible d'en percevoir le pourtour en observant le tissu urbain ancien.

L'anse du Cul-de-Sac, aussi appelée «anse aux Barques», fut le premier port de Québec. En 1745, l'intendant Gilles Hocquart fait aménager dans sa partie ouest un important chantier naval, où seront construits plusieurs vaisseaux de guerre français avec du bois canadien. Au XIXᵉ siècle, on érige, sur les remblais, le terminus ferroviaire du Grand Tronc (1854) et le marché Champlain (1858), détruit par le feu en 1899. Le site comprend actuellement des bâtiments administratifs et le **terminus du traversier Québec-Lévis** (voir p 49). Il est recommandé d'effectuer le bref aller-retour sur le traversier afin de jouir d'un des meilleurs points de vue sur Québec. En hiver, la traversée est une rare occasion de se confronter aux glaces du Saint-Laurent.

Suivez le boulevard Champlain jusqu'à la rue du Marché-Champlain, à l'est. L'accès au traversier se situe à l'extrémité sud de cette large artère.

L'Hôtel Jean-Baptiste-Chevalier ★★ *(60 rue du Marché-Champlain).* Premier des bâtiments du quartier de la place Royale à retenir l'attention des restaurateurs, cet ancien hôtel particulier comprend en réalité trois maisons érigées à des époques différentes : la **maison de l'armateur Chevalier,** en forme d'équerre (1752), la **maison Frérot,** au toit mansardé (1683), et la **maison Dolbec** (1713). Tous ces bâtiments seront réparés ou en partie reconstruits après la Conquête. L'ensemble a été tiré de l'oubli en 1955 par Gérard Morisset, directeur de l'Inventaire des œuvres d'art, qui suggère alors son rachat et sa restauration par le gouvernement du Québec. Cette démarche aura un effet d'entraînement bénéfique et évitera que la place Royale soit rasée.

La **maison Chevalier** *(entrée libre; fin juin à début sept tlj 10h à 18h; mai à fin juin et début sept à fin oct mar-dim 10h à 18h; nov à fin avr sam-dim 10h à 17h; 60 rue du Marché-Champlain, ☎643-2158)* abrite une annexe du Musée de la civilisation où est présentée une intéressante exposition, «Habiter au passé», portant sur la vie quotidienne des familles de marchands en Nouvelle-France. Elle renferme des meubles ainsi que des objets d'usage courant. Les boiseries originales de l'Hôtel Chevalier, belle réalisation d'ébénisterie de style Louis XV (vers 1764), sont également visibles.

Empruntez la rue Notre-Dame, puis tournez à droite sur la rue Sous-le-Fort.

La **Batterie Royale ★** *(à l'extrémité de la rue Sous-le-Fort).* La Basse-Ville n'étant pas emmurée, il fallut trouver d'autres solutions pour la protéger des tirs provenant des navires. Au lendemain de l'attaque de William Phipps en 1690, on décida d'aménager la Batterie Royale selon un plan de Claude Baillif. Son emplacement stratégique permettait en outre de mener une offensive sur la flotte ennemie, si jamais elle s'aventurait dans l'étranglement du fleuve Saint-Laurent, en face de Québec. En 1974, les vestiges de la Batterie, longtemps camouflés sous

ATTRAITS TOURISTIQUES

des entrepôts, sont mis au jour. On doit alors reconstituer les créneaux supprimés au XIXᵉ siècle ainsi que le portail de bois, visible sur un dessin de 1699.

Les deux maisons crépies de la rue Saint-Pierre, qui avoisinent la Batterie Royale, ont été érigées pour Charles Guillemin au début du XVIIIᵉ siècle. La forme étriquée de celle de gauche démontre à quel point l'espace était précieux dans la Basse-Ville sous le Régime français, chaque parcelle, même irrégulière, devant être construite. Un peu plus loin, au numéro 25 de la rue Saint-Pierre, se trouve la maison Louis-Fornel, aménagée au XVIIᵉ siècle à même les ruines du château fort de Champlain. Il est à noter que ses voûtes s'étendent jusque sous la place elle-même.

Longez la rue Saint-Pierre, puis grimpez à gauche la petite ruelle de la Place, menant à la place Royale.

Le secteur de la **place Royale ★ ★ ★**, le plus européen de tous les quartiers d'Amérique du Nord, rappelle un village du nord-ouest de la France. Le lieu est lourd de symboles puisque c'est sur cet emplacement même que Québec a été fondée en 1608. Après de multiples tentatives infructueuses, ce fut le véritable point de départ de l'aventure française en Amérique. Sous le Régime français, la place Royale représentait le seul secteur densément peuplé d'une colonie vaste et sauvage, et c'est aujourd'hui la plus importante concentration de bâtiments des XVIIᵉ et XVIIIᵉ siècles en Amérique au nord du Mexique.

La place elle-même est inaugurée en 1673 par le gouverneur Frontenac, qui en fait une place de marché. Celle-ci occupe l'emplacement du jardin de l'«Abitation» de Champlain, sorte de château fort incendié en 1682, au même moment que toute la Basse-Ville. En 1686, l'intendant Jean Bochart de Champigny fait ériger, au centre de la place, un **buste en bronze de Louis XIV**, conférant de la sorte au lieu le titre de place Royale. Le buste disparaît sans laisser de traces après 1700. En 1928, François Bokanowski, ministre français du Commerce et des Communications, offre au Québécois Athanase David une réplique en bronze du buste en marbre de Louis XIV se trouvant dans la Galerie de Diane, à Versailles, afin de remplacer la statue disparue. L'œuvre du fondeur Alexis Rudier ne fut installée qu'en 1931, car on craignait par ce geste d'insulter l'Angleterre!

Sous le Régime français, la place Royale attire de nombreux marchands et armateurs qui s'y font construire de belles demeures. La haute maison formant l'angle sud-ouest de la place Royale et de la ruelle de la Place fut érigée en 1754 pour la redoutable femme d'affaires Anne-Marie Barbel, veuve de Louis Fornel. Elle était, à l'époque, propriétaire d'une manufacture de poteries sur la rivière Saint-Charles et détenait le bail du lucratif poste de traite de Tadoussac. Quant à la **maison Dumont** *(1 place Royale)*, elle fut construite en 1689 selon les plans de l'indispensable Claude Baillif pour le marchand de vins Eustache Lambert Dumont, en incorporant les vestiges du magasin de la Compagnie des Habitants (1647). Elle comporte de vastes caves voûtées, accessibles aux visiteurs, où sont conservées maintenant, comme à l'origine, les barriques et les bouteilles de vin. Transformée en auberge au XIXe siècle, la maison était l'étape choisie par le président américain Howard Taft (1857-1930) lors de son passage annuel à Québec, en route pour La Malbaie, où il passait ses vacances estivales.

Au numéro 3-A se trouve la **maison Bruneau-Rageot-Drapeau**, reconstruite en 1763 sur les fondations de la demeure de Nicolas Jérémie, interprète en langue montagnaise, puis commis aux postes de traite de la baie d'Hudson.

La maison Paradis, sur la rue Notre-Dame, abrite l'**Atelier du patrimoine vivant** *(entrée libre; mai à sept tlj 10h à 17h; 42 rue Notre-Dame, ☎647-1598)*. Ces ateliers présentent plusieurs artisans travaillant selon les méthodes traditionnelles.

L'**église Notre-Dame-des-Victoires** ★★ *(entrée libre; début mai à mi-oct lun-sam 9h à 16h30, fermé sam lors de mariages et de baptêmes, dim 9h30 à 16h30, mi-oct à début mai mar-sam 9h à 12h, dim 9h à 13h; place Royale)*. Cette petite église sans prétention est la plus ancienne qui subsiste au Canada. Sa construction a été entreprise en 1688 selon les plans de Claude Baillif sur l'emplacement de l'«Abitation» de Champlain, dont elle a intégré une partie des murs. D'abord placée sous le vocable de l'Enfant-Jésus, elle est rebaptisée Notre-Dame-de-la-Victoire à la suite de l'attaque infructueuse de l'amiral Phipps en face de Québec (1690), puis Notre-Dame-des-Victoires en rappel de la déconfiture de l'amiral Walker, dont la flotte fit naufrage à l'île aux Œufs lors d'une tempête en 1711. Les bombardements de la Conquête ne laisseront debout que les murs, ruinant du coup le beau décor intérieur des Levasseur.

ATTRAITS TOURISTIQUES

L'église est rétablie en 1766, mais ne sera achevée qu'avec la pose du clocher actuel en 1861.

Raphaël Giroux exécute la majeure partie du décor intérieur entre 1854 et 1857, mais l'étrange tabernacle «forteresse» du maître-autel est une œuvre plus tardive de David Ouellet (1878). Enfin, en 1888, Jean Tardivel peint les scènes historiques sur la voûte et sur le mur du chœur. Mais ce sont les pièces autonomes qui retiennent davantage l'attention : on remarque d'abord l'ex-voto suspendu au centre de la voûte et représentant le *Brézé*, un navire venu au Canada en 1664 avec, à son bord, les soldats du régiment de Carignan-Salières, puis le beau tabernacle déposé dans la chapelle Sainte-Geneviève, attribué à Pierre-Noël Levasseur (vers 1730). Parmi les tableaux accrochés aux murs, il faut signaler la présence d'œuvres de Boyermans et de Van Loo provenant de la collection de l'abbé Desjardins.

Redescendez la ruelle de la Place, qui débouche sur la place de Paris.

La **place de Paris** ★ *(en bordure de la rue du Marché-Finlay)*. Cette place raffinée, belle réussite d'intégration de l'art contemporain à un contexte ancien, a été aménagée en 1987 par l'architecte québécois Jean Jobin. Au centre trône une œuvre de l'artiste français Jean-Pierre Raynault, offerte par la Ville de Paris à l'occasion du passage à Québec de son maire. Le monolithe de marbre blanc et de granit noir, baptisé *Dialogue avec l'histoire*, évoque l'émergence de la première forme humaine en ces lieux et fait pendant au buste de Louis XIV, visible dans la perspective. Les Québécois l'ont surnommé le «Colosse de Québec» en raison de sa masse imposante. De la place, autrefois occupée par un marché public, on jouit d'une vue magnifique sur la Batterie Royale, le Château Frontenac et le fleuve Saint-Laurent.

L'**entrepôt Thibaudeau** *(215 rue du Marché-Finlay)* se présente comme un vaste immeuble dont la façade principale en pierre donne sur la rue Dalhousie. Il représente la dernière étape de développement du secteur, avant qu'il sombre dans l'oubli à la fin du XIXᵉ siècle. L'entrepôt de style Second Empire (version nord-américaine du style Napoléon III), caractérisé par un toit mansardé et par des ouvertures à arcs segmentaires, a été érigé en 1880, selon les plans de Joseph-Ferdinand Peachy, pour

Isidore Thibaudeau, président fondateur de la Banque Nationale. L'édifice a été recyclé pour accueillir le **centre d'information de Place-Royale** *(entrée libre; mai à fin sept tlj 10h à 18h; ☎643-6631)*, où l'on expose divers objets trouvés lors des fouilles archéologiques autour de la place, ainsi que **Place Royale, 400 ans d'histoire**, où l'on présente une exposition retraçant les étapes marquantes du développement urbain de la Basse-Ville et de la place Royale. On y donne également des renseignements aux visiteurs sur les multiples activités qui ont lieu sur la place Royale. C'est aussi le point de départ des visites commentées du quartier ainsi que des visites autonomes avec «audio-guide».

Remontez vers la rue Saint-Pierre, que vous emprunterez à droite.

Plus loin, au numéro 92, se dresse une autre imposante demeure de marchand, la **maison Estèbe** de 1752, aujourd'hui intégrée au Musée de la civilisation, dont on aperçoit les murs de pierre lisse en bordure de la rue Saint-Pierre. Guillaume Estèbe était directeur des forges du Saint-Maurice, aux Trois-Rivières, et négociant. Ayant conduit plusieurs affaires louches avec l'intendant Bigot pendant la guerre de Sept Ans, il fut emprisonné quelques mois à la Bastille pour malversation. Sa maison, où il vécut cinq ans avec sa femme et ses 14 enfants, est érigée sur un remblai qui donnait autrefois sur un large quai privé, correspondant à la cour du musée. Cette cour est accessible par la porte cochère, à gauche. L'intérieur, épargné par les bombardements de 1759, comprend 21 pièces, dont certaines revêtues de belles boiseries de style Louis XV. À l'angle de la rue de la Barricade se trouvent l'ancien édifice de la **Banque de Québec** (Edward Staveley, architecte, 1861) et, en face, l'ancienne **Banque Molson**, installée dans une maison du XVIIIe siècle.

Tournez à droite sur la rue de la Barricade. L'entrée du Musée de la civilisation se trouve sur la rue Dalhousie, à droite.

Le **Musée de la Civilisation** ★★ *(7 $, mar, sauf en été, entrée libre; fin juin à début sept tlj 10h à 19h; début sept à fin juin mar-dim 10h à 17h; 85 rue Dalhousie, ☎643-2158)*, inauguré en 1988, se veut une interprétation de l'architecture tradition-nelle de Québec, à travers ses toitures et lucarnes stylisées et son campanile rappelant les clochers des environs. L'architecte

Moshe Safdie, à qui l'on doit également le révolutionnaire Habitat 67 de Montréal et le musée des Beaux-Arts du Canada, à Ottawa, a créé là un édifice sculptural, au milieu duquel prend place un escalier extérieur, véritable monument en soi. Le hall central dégage une vue charmante sur la maison Estèbe et son quai, tout en conservant une apparence contemporaine, renforcée par la sculpture d'Astri Reuch, intitulée *La Débâcle*.

Ce musée de «société» présente dans 10 salles un ensemble d'objets reliés à la culture et à la vie quotidienne dans le Québec d'autrefois comme dans celui d'aujourd'hui. Les présentoirs hétéroclites et la quantité d'objets exposés pêle-mêle peuvent devenir rapidement étourdissants. Aussi est-il recommandé de sélectionner deux ou trois salles, dont l'intérêt paraît plus grand au visiteur, plutôt que d'essayer de tout voir d'un coup. Parmi les objets les plus intéressants, on notera la présence de vestiges amérindiens, d'une grande barque du Régime français dégagée lors des fouilles sur le chantier du musée, de corbillards à chevaux très ornés datant du XIXe siècle et d'objets d'art et d'ébénisterie chinois provenant de la collection des jésuites, incluant un beau lit impérial.

Un peu plus loin, **Explore - Son et Lumière** *(6,25 $; juin à fin sept tlj 11h à 17h; 63 rue Dalhousie, ☎692-1759)* raconte, avec l'aide des technologies multimédias, les périples des grands explorateurs tels que Cartier et Champlain à l'époque où les Européens s'aventurent vers les Amériques.

Dirigez-vous vers le nord-est, en direction du Vieux-Port, par la rue Dalhousie.

Juste à côté du Musée de la civilisation, on aperçoit un imposant édifice de style Beaux-Arts datant de 1912. Il s'agit d'une ancienne caserne de pompiers qui a récemment été rénovée pour accueillir **Ex Machina** *(103 rue Dalhousie)*, le centre de production artistique multidisciplinaire parrainé par Robert Lepage. Remarquez la haute tour coiffée d'un dôme en cuivre qui se dresse à l'angle sud-est, tel un clocher d'église, et qui s'inspire de la tour du parlement. Les pompiers s'en servaient pour suspendre leurs longs boyaux d'arrosage, faits de tissu à cette époque, pour qu'ils sèchent sans risquer de s'abîmer. L'édifice a été agrandi, et, afin de préserver son caractère, on a érigé devant la nouvelle partie un faux mur rappelant le mur de pierres d'origine, mais composé de... matière plastique.

Souvent critiqué pour son caractère trop nord-américain dans une ville à sensibilité tout européenne, le **Vieux-Port ★** *(160 rue Dalhousie)* a été réaménagé par le gouvernement du Canada à l'occasion de l'événement maritime «Québec 1534-1984». On y retrouve diverses structures métalliques destinées à agrémenter la promenade, devant laquelle se dresse le bel **édifice de la Douane** (1856), œuvre de l'architecte William Thomas de Toronto. Toute la portion du Vieux-Port comprise entre la place Royale et l'entrée du **bassin Louise** porte le nom de **Pointe-à-Carcy**.

Dans un bar installé depuis plusieurs années dans le Vieux-Port de Québec, on a aménagé un **Économusée de la bière** *(entrée libre; tlj 12h à 3h; visites guidées sur réservation; 37 quai Saint-André, ☎692-2877)*. Vous pouvez donc, en parcourant les panneaux d'interprétation affichés sur les murs, en apprendre plus sur l'histoire de ce breuvage qui n'est pas né d'hier! Vous découvrirez aussi tous les secrets de sa fabrication en prenant part à une visite guidée. L'Inox étant une microbrasserie, le maître brasseur peut, sur demande, vous entraîner dans son antre, d'ailleurs visible depuis le bar grâce à un mur vitré, tout en vous abreuvant d'explications et en vous faisant déguster le fruit de son travail.

Au rond-point formé par les rues Saint-Pierre, Saint-Paul et Sault-au-Matelot, on aborde la **place de la FAO**. Cette place rend hommage à l'Organisation des Nations unies pour l'agriculture et l'alimentation (FAO), dont la première assemblée eut lieu en 1945 au Château Frontenac. Au centre de la place se dresse une sculpture représentant la proue d'un navire semblant émerger des flots. Sa figure de proue féminine, *La Vivrière*, tient à bras le corps des fruits, des légumes et des céréales de toutes sortes.

Devant la place, à l'angle de la rue Saint-Pierre, l'ancien édifice de la **Banque canadienne de commerce** en impose par son large portique arrondi. Le bâtiment abrite aujourd'hui la galerie d'art Le Portal.

Empruntez la rue Sault-au-Matelot jusqu'à la rue de la Barricade, ainsi nommée en l'honneur de la barricade qui repoussa

ATTRAITS TOURISTIQUES

l'invasion des révolutionnaires venus de ce qui allait devenir les États-Unis pour tenter de prendre Québec le 31 décembre 1775.

La rue de la Barricade, à droite, mène à la **rue piétonnière Sous-le-Cap**. Cet étroit passage, qui était autrefois coincé entre les eaux du Saint-Laurent et l'escarpement du cap Diamant, fut pendant longtemps le seul chemin pour rejoindre le quartier du palais de l'Intendant. À la fin du XIXe siècle, cette rue abritait des familles ouvrières d'origine irlandaise. Les habitants d'aujourd'hui, disposant de trop peu d'espace, ont aménagé des cabanons du côté de la falaise, qui rejoignent les maisons par des passerelles qui enjambent la rue à la hauteur des cordes à linge. On emprunte la rue Sous-le-Cap presque sur la pointe des pieds, tant on a l'impression qu'elle fait partie d'un petit monde à part! Au bout de la rue, vous déboucherez dans la côte du Colonel-Dambourgès puis sur la rue Saint-Paul.

La **rue Saint-Paul** est aussi des plus agréables. S'y alignent plusieurs boutiques d'antiquaires, qui exhibent jusque dans la rue de belles pièces du patrimoine québécois.

Pour atteindre le Centre d'interprétation du Vieux-Port-de-Québec, rejoignez la rue quai Saint-André par la rue Rioux ou par la rue des Navigateurs.

Le **Centre d'interprétation du lieu historique national Vieux-Port-de-Québec** *(2,75 $; début mai à début sept tlj 10h à 17h, sept à fin oct tlj 12h à 16h; 100 quai Saint-André, ☎648-3300)*. À l'époque des bateaux à voiles, Québec était une des principales portes d'entrée de l'Amérique, plusieurs navires ne pouvant affronter les courants contraires du fleuve, plus à l'ouest. Son port, très fréquenté, était entouré de chantiers navals importants, dont l'existence était justifiée par l'abondance et la qualité du bois canadien. Les premiers chantiers royaux apparaissent sous le Régime français à l'anse du Cul-de-Sac. Le blocus napoléonien de 1806 force les Britanniques à se tourner vers leur colonie du Canada pour l'approvisionnement en bois et pour la construction de vaisseaux de guerre, donnant le coup d'envoi à de multiples chantiers qui feront la fortune de leurs propriétaires. Ce centre d'interprétation traite plus particulièrement de cette période florissante de la navigation à Québec.

Le **marché du Vieux-Port** ★ *(à l'angle des rues Saint-Thomas et Saint-André)*. La plupart des marchés publics du Québec ont fermé leurs portes au début des années soixante, car ils étaient perçus comme des services obsolètes à l'âge des supermarchés climatisés et des aliments surgelés. Mais l'attrait des produits frais de la ferme et celui du contact avec le producteur sont demeurés, de même que la volonté de vivre en société dans des lieux publics non aseptisés. Aussi les marchés publics ont-ils réapparu timidement au début des années quatre-vingt. Le marché du Vieux-Port, érigé en 1987, succède à deux marchés de la Basse-Ville, aujourd'hui disparus (marchés Finlay et Champlain). Il est agréable d'y flâner en été et de jouir des vues sur la marina du bassin Louise, accolée au marché.

Revenez vers la rue Saint-Paul, que vous suivrez jusqu'à l'angle de la rue Saint-Nicolas, au cœur du quartier du Palais, ainsi nommé parce qu'il s'étend de part et d'autre du site du palais de l'Intendant.

La **Gare du Palais** ★ *(rue de la Gare-du-Palais)*. Pendant plus de 50 ans, les citoyens de Québec ont réclamé qu'une gare prestigieuse soit construite pour desservir leur ville. Leur souhait sera finalement exaucé par le Canadien Pacifique en 1915. Érigée selon les plans de l'architecte new-yorkais Harry Edward Prindle dans le même style que le Château Frontenac, la gare donne au passager qui arrive à Québec un avant-goût de la ville romantique et pittoresque qui l'attend. Le hall, haut de 18 m, qui s'étire derrière la grande verrière de la façade, est baigné de lumière grâce aux puits en verre plombé de sa toiture. Ses murs sont recouverts de carreaux de faïence et de briques multicolores, donnant un aspect éclatant à l'ensemble. La gare fut fermée pendant près de 10 ans (de 1976 à 1985), à une époque où les compagnies ferroviaires tentaient d'imiter les compagnies aériennes, en déplaçant leurs infrastructures dans la lointaine banlieue. Elle fut heureusement rouverte en grande pompe et tient lieu aujourd'hui de gare ferroviaire et de terminus d'autocars. L'édifice voisin, à droite, est l'ancien bureau de poste construit en 1938 selon les plans de Raoul Chênevert. Il illustre la persistance du style château comme emblème de la ville.

L'**îlot Saint-Nicolas** *(rue Saint-Paul, à l'angle de la rue Saint-Nicolas)*. Les architectes De Blois, Côté, Leahy ont restauré avec brio, au milieu des années quatre-vingt, l'ensemble de ce quadrilatère, connu sous le nom d'îlot Saint-Nicolas et délimité par la ruelle de l'Ancien-Chantier, la rue Saint-Vallier Est, la rue Saint-Paul et la rue Saint-Nicolas. Le beau bâtiment d'angle en pierre, de même que les deux autres situés derrière sur la rue Saint-Nicolas, ont abrité de 1938 à 1978 le célèbre **Cabaret Chez Gérard**, où se produisaient régulièrement Charles Trenet et Rina Ketty ainsi que plusieurs autres vedettes de la chanson française, et où Charles Aznavour a fait ses débuts. Il y a chanté tous les soirs pendant deux ans contre un maigre cachet dans les années cinquante. C'était ça, la bohème!

Le grand bâtiment revêtu de brique d'Écosse, coiffé d'un clocheton et appelé les **«maisons Lecourt»**, a été érigé en face de l'îlot Saint-Nicolas, à même les vestiges du magasin du Roi de l'intendant Bigot (1750). Surnommé «La Friponne» en raison de la surenchère des prix pratiquée par Bigot et ses acolytes au détriment de la population affamée, le site était, avec l'anse du Cul-de-Sac, un des deux seuls points d'accostage à Québec sous le Régime français. Dès le XVIIe siècle, on érige dans l'estuaire de la rivière Saint-Charles des entrepôts, des quais ainsi qu'un chantier naval avec cale sèche, qui a donné son nom à la rue de l'Ancien-Chantier.

Remontez la rue Saint-Nicolas. Tournez à droite sur la rue Saint-Vallier Est. Empruntez la voie piétonne à droite.

Le **site du palais de l'Intendant** ★ ainsi que le **Centre d'interprétation archéologique** font partie de l'**îlot des Palais** *(entrée libre; mai à fin oct mar-dim 10h à 17h, fin juin à début sept tlj 10h à 17h; 8 rue Vallières,* ☎*691-6092)* et du **site archéologique des voûtes du Palais**. L'intendant voyait aux affaires courantes de la colonie. C'est pourquoi on retrouvait, à proximité de son palais, les magasins royaux, les quelques industries d'État de même que la prison. L'intendant ayant maintes occasions de s'enrichir, il était normal que sa demeure soit la plus luxueuse des résidences construites en Nouvelle-France. Devant apparaissent les vestiges d'une aile du palais, constituée du mur de fondation de la structure en brique brune qui s'élève maintenant au-dessus. Le site fut d'abord occupé par la brasserie créée en 1671 par Jean Talon (1625-1694), premier intendant. Talon fit de grands efforts pour peupler et stimuler le développement économique de la colonie. À son retour en France, il fut nommé secrétaire du cabinet du roi. Sa brasserie sera remplacée par le palais, conçu selon les dessins de l'ingénieur La Guer Morville en 1716. Le bel édifice comportait notamment un portail classique en pierre de taille s'ouvrant sur un escalier en fer à cheval. Une vingtaine de pièces d'apparat, disposées en enfilade, accueillaient réceptions et réunions officielles du Conseil supérieur.

Épargné par les bombardements de la Conquête, le palais sera malheureusement incendié lors de l'invasion américaine de 1775-1776. Ses voûtes serviront de fondation à la brasserie Boswell, érigée en 1872. L'endroit effectue ainsi un retour aux sources inattendu. Les visiteurs ont accès aux voûtes, où se trouve un centre d'interprétation archéologique présentant les vestiges et les ruines découvertes sur le site.

Pour retourner vers la Haute-Ville, grimpez la côte du Palais, dans le prolongement de la rue Saint-Nicolas.

 CIRCUIT C : LA GRANDE ALLÉE ★★
(une journée)

La Grande Allée apparaît déjà sur les cartes du XVIIe siècle, mais son urbanisation survient dans la première moitié du XIXe siècle, alors que Québec s'étend en dehors de ses murs. D'abord route de campagne reliant Québec au chemin du Roy, qui conduit vers Montréal, la voie était à l'origine bordée de grandes propriétés agricoles appartenant à la noblesse et aux communautés religieuses du Régime français. À la suite de la Conquête, de nombreux terrains sont aménagés en domaines champêtres, au milieu desquels sont érigées des villas pour les marchands anglophones. Puis la ville néo-classique s'approprie le territoire, avant que la ville victorienne lui donne son cachet particulier. La Grande Allée est de nos jours la plus agréable des voies d'accès à Québec. Elle relie les différents ministères de la capitale, ce qui ne l'empêche pas d'avoir la mine joyeuse, car plusieurs des demeures bourgeoises qui la bordent ont été reconverties en restaurants ou en discothèques.

Le circuit débute à la porte Saint-Louis et s'éloigne graduellement de la ville fortifiée.

À droite s'élève le **monument à l'historien François-Xavier Garneau** du sculpteur Paul Chevré. À gauche, on aperçoit la **croix du Sacrifice**, en face de laquelle se tient tous les ans la

ATTRAITS TOURISTIQUES

cérémonie du Souvenir, qui a lieu le jour de l'Armistice (11 novembre).

L'**Hôtel du Parlement** ★★★ *(entrée libre; visites guidées fin juin à début sept tlj entre 9h et 16h30, début sept à juin lun-ven 9h à 16h30; à l'angle de l'avenue Honoré-Mercier et de la Grande Allée, ☎643-7239)* est mieux connu des habitants de Québec sous le nom d'Assemblée nationale; ce vaste édifice construit entre 1877 et 1886 est en effet le siège du gouvernement. Il arbore un fastueux décor néo-Renaissance française, qui se veut le reflet de la particularité ethnique du Québec dans le contexte nord-américain. Eugène-Étienne Taché (1836-1912), son architecte, s'est inspiré du palais du Louvre à la fois pour le décor et pour le plan, développé autour d'une cour carrée. Conçu à l'origine pour loger l'ensemble des ministères ainsi que les deux Chambres d'assemblée calquées sur le modèle du système parlementaire britannique, il s'inscrit de nos jours en tête d'un groupe d'immeubles gouvernementaux s'étirant de part et d'autre de la Grande Allée.

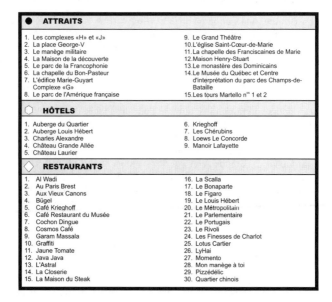

● **ATTRAITS**

1. Les complexes «H» et «J»
2. La place George-V
3. Le manège militaire
4. La Maison de la découverte
5. Le parc de la Francophonie
6. La chapelle du Bon-Pasteur
7. L'édifice Marie-Guyart Complexe «G»
8. Le parc de l'Amérique française
9. Le Grand Théâtre
10. L'église Saint-Cœur-de-Marie
11. La chapelle des Franciscaines de Marie
12. Maison Henry-Stuart
13. Le monastère des Dominicains
14. Le Musée du Québec et Centre d'interprétation du parc des Champs-de-Bataille
15. Les tours Martello nᵒˢ 1 et 2

○ **HÔTELS**

1. Auberge du Quartier
2. Auberge Louis Hébert
3. Charles Alexandre
4. Château Grande Allée
5. Château Laurier
6. Krieghoff
7. Les Chérubins
8. Loews Le Concorde
9. Manoir Lafayette

◇ **RESTAURANTS**

1. Al Wadi
2. Au Paris Brest
3. Aux Vieux Canons
4. Bügel
5. Café Krieghoff
6. Café Restaurant du Musée
7. Cochon Dingue
8. Cosmos Café
9. Garam Massala
10. Graffiti
11. Jaune Tomate
12. Java Java
13. L'Astral
14. La Closerie
15. La Maison du Steak
16. La Scalla
17. Le Bonaparte
18. Le Figaro
19. Le Louis Hébert
20. Le Métropolitain
21. Le Parlementaire
22. Le Portugais
23. Le Rivoli
24. Les Finesses de Charlot
25. Lotus Cartier
26. LyHai
27. Momento
28. Mon manège à toi
29. Pizzédélic
30. Quartier chinois

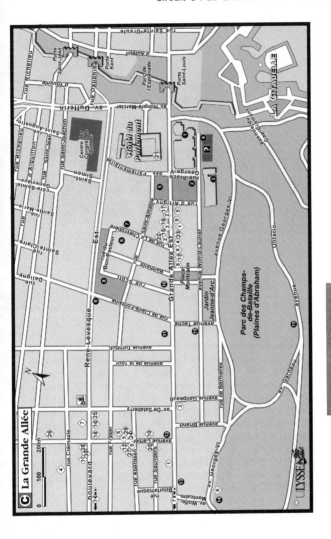

ATTRAITS TOURISTIQUES

L'Hôtel du Parlement

La façade principale aux nombreuses statues constitue une sorte de panthéon québécois. Les 22 bronzes de personnages marquants de la nation qui occupent les niches et les piédestaux ont été réalisés par des sculpteurs réputés tels que Louis-Philippe Hébert et Alfred Laliberté. Une élévation annotée de la façade, placée à proximité de l'allée centrale, permet d'identifier ces figures. Devant l'entrée principale, un bronze d'Hébert, intitulé *La halte dans la forêt*, et représentant une famille amérindienne, honore la mémoire des premiers habitants du Québec. L'œuvre a été présentée à l'Exposition universelle de Paris en 1889. *Le pêcheur à la Nigog*, du même auteur, est disposé dans la niche de la fontaine.

L'intérieur, véritable recueil iconographique de l'histoire du Québec, recèle de belles boiseries dorées, dans la tradition de l'architecture religieuse. Les députés siègent dans la salle de l'Assemblée nationale, ou Salon Bleu, où l'on peut voir *La première séance de l'Assemblée législative du Bas-Canada en 1792*, du peintre Charles Huot, au-dessus du trône du président de l'Assemblée. La grande composition du même artiste, au plafond, évoque la devise du Québec, «Je me souviens». Le Salon Rouge, aménagé à l'origine pour le Conseil législatif, seconde Chambre non élue, supprimée en 1968, fait pendant au Salon Bleu. Il est maintenant utilisé lors des commissions parlementaires. Une toile intitulée *Le Conseil souverain*, rappelant le mode de gouvernement en Nouvelle-France, y est accrochée. Des verrières magnifiques aux accents Art nouveau, dues pour la plupart au maître verrier Henri Perdriau, originaire de Saint-Pierre de Montélimar (Vendée), ornent plusieurs fenêtres de l'Hôtel du Parlement. La plus spectaculaire est sans contredit celle de l'entrée du très beau restaurant Le Parlementaire (voir p 232), conçue en forme de porte cochère lumineuse par l'architecte Omer Marchand en 1917. Il est possible d'assister aux débats de l'Assemblée nationale en obtenant préalablement un laissez-passer.

Dans le parc de l'Hôtel du Parlement, il faut encore signaler la présence de deux monuments importants : celui à la mémoire d'Honoré Mercier, premier ministre de 1887 à 1891, et celui de Maurice Duplessis, premier ministre à l'époque de la «grande noirceur» (1936-1939 et 1944-1959), longtemps remisé pour des raisons politiques.

Signalons la place qui se trouve le long des fortifications, de l'autre côté de l'avenue Honoré-Mercier en face de l'Hôtel du Parlement, d'ailleurs baptisée **place du Parlement**. Elle est animée de plusieurs événements tout au long de l'année. Par exemple, on y érige une scène du Festival d'été en juillet, puis en février le château de glace, qui trône au milieu des festivités du Carnaval.

Les **complexes «H» et «J»** *(sur la Grande Allée, en face de l'Hôtel du Parlement)*. La croissance fulgurante de la fonction publique dans le contexte de la Révolution tranquille des années soixante va obliger le gouvernement à construire plusieurs immeubles modernes pour abriter les différents ministères. Une belle rangée de demeures Second Empire a dû être sacrifiée pour faire place à cet ensemble, réalisé en 1970 selon les plans de Pierre Saint-Gelais. Le complexe «J», surnommé «le bunker» par les Québécois, abrite le bureau du premier ministre.

Prenez la Grande Allée vers l'ouest en vous éloignant du Vieux-Québec. Vous croiserez, à gauche, la rue Place-George-V, qui

ATTRAITS
TOURISTIQUES

longe la place du même nom. Empruntez-la jusqu'à l'avenue Wilfrid-Laurier.

La **place George-V** et le **manège militaire** ★ *(avenue Wilfrid-Laurier)*. Cet espace de verdure sert de terrain d'exercice et de parade aux soldats du Manège militaire. Les quelques canons ainsi que le monument Short-Wallick, érigé à la mémoire des deux militaires britanniques qui ont péri en tentant de combattre l'incendie du faubourg Saint-Sauveur en 1889, sont les seuls éléments de décor de ce lieu destiné à mettre en valeur l'amusante façade de style Château du Manège militaire, construit en 1888 selon les plans de l'architecte de l'Hôtel du Parlement, Eugène-Étienne Taché.

Sur l'avenue Wilfrid-Laurier, derrière les complexes «H» et «J», à l'orée des plaines d'Abraham, se trouve un centre d'interprétation du parc des Champs-de-Bataille. Aménagée dans un bâtiment de la Citadelle, la **Maison de la découverte** *(835 av. Wilfrid-Laurier, G1R 2L3, ☎649-6157)* est une nouveauté qui saura plaire autant aux visiteurs qu'aux gens de Québec. À l'étage, on trouve l'Office du tourisme de la Communauté urbaine de Québec, qui offre plusieurs services pour orienter les voyageurs. Au rez-de-chaussée, doté d'une entrée sur les plaines, en plus de vous offrir quelques services, on pourra répondre à vos questions concernant le parc des Champs-de-Bataille, son histoire ainsi que les activités multiples qui s'y déroulent. De là partent les visites guidées, et l'on y tient de petites expositions sur des thèmes reliés aux plaines.

Retournez vers la Grande Allée.

Le **parc de la Francophonie** *(entre la rue des Parlementaires et la rue d'Artigny)* et le complexe «G» (voir ci-dessous), qui se profile en arrière-plan, occupent l'emplacement du quartier Saint-Louis, aujourd'hui presque entièrement détruit. Le parc est aménagé pour la présentation de spectacles en plein air. Il s'anime, entre autres, pendant le Festival d'été (voir p 259). Communément appelé «Le Pigeonnier», ce nom lui vient de l'intéressante structure de béton érigée en son centre (1973), d'après une idée des architectes paysagistes Schreiber et Williams.

Continuez sur la Grande Allée vers l'ouest, le long de sa section la plus animée.

La **terrasse Stadacona** *(numéros 640 à 664)* correspond à la première phase d'urbanisation de la Grande Allée. L'ensemble néo-classique, construit en 1847, se définit comme une «terrasse», type d'habitat emprunté à l'Angleterre qui est formé d'un groupe de maisons unifamiliales mitoyennes, aménagées derrière une façade unique. Les maisons ont depuis été reconverties en restaurants et bars, devant lesquels sont déployées des terrasses aux multiples parasols. En face *(numéros 661 à 695)*, un groupe de maisons Second Empire, érigées en 1882, à l'époque où la Grande Allée était l'artère à la mode auprès de la bourgeoisie de Québec, dénotent l'influence du parlement sur l'architecture résidentielle du quartier. Trois autres demeures de la Grande Allée retiennent l'attention pour l'éclectisme de leur façade : la **maison du manufacturier de chaussures W. A. Marsh** *(au numéro 625),* érigée en 1899 selon les plans de l'architecte torontois Charles John Gibson, la **maison Garneau-Meredith** *(numéros 600 à 614)*, construite la même année que la précédente, et enfin la **maison William-Price**, véritable petit palais à la manière de Roméo et Juliette, malheureusement écrasée par la masse de l'**Hôtel Loews Le Concorde** (voir p 202). Du restaurant panoramique L'Astral (voir p 235) de cet établissement, on a cependant une vue magnifique sur la Haute-Ville et les plaines d'Abraham.

À côté de l'hôtel se trouve la petite **place Montcalm**, où un monument commémore la mort du général survenue lors de la bataille des plaines d'Abraham le 13 septembre 1759. Tournant le dos à Montcalm, est érigée une **statue du général français Charles de Gaulle** (1890-1970), qui a soulevé une vive controverse lors de son installation au printemps 1997.

Plus loin, à l'entrée des plaines d'Abraham, le **jardin Jeanne-d'Arc** dévoile aux yeux des promeneurs de magnifiques parterres de même qu'une statue de la pucelle d'Orléans montée sur un fougueux destrier. Notez que vous vous tenez présentement au-dessus d'un immense réservoir d'eau potable, niché sous cette partie des plaines d'Abraham!

Revenez sur la Grande Allée vers l'est, et tournez à gauche sur la rue de La Chevrotière.

ATTRAITS TOURISTIQUES

La **chapelle du Bon-Pasteur** ★★ *(entrée libre; juil et août mar-sam 13h30 à 16h30; 1080 rue de La Chevrotière, ☎648-9710).* Derrière l'austère façade de la maison mère des sœurs du Bon-Pasteur, communauté vouée à l'éducation des jeunes filles abandonnées ou délinquantes, se cache une souriante chapelle néo-baroque, conçue par Charles Baillargé en 1866. Haute et étroite, elle sert de cadre à un authentique tabernacle baroque de 1730, réalisé par Pierre-Noël Levasseur. Cette pièce maîtresse de la sculpture sur bois en Nouvelle-France est entourée de petits tableaux peints par les religieuses et disposés sur les pilastres.

Au dernier des 31 étages de l'**édifice Marie-Guyart** du **complexe «G»**, surnommé «le calorifère» par les Québécois, se trouve l'**observatoire de la Capitale** *(4 $; juin à sept tlj 10h à 19h; oct à mai tlj 10h à 17h; 1033 rue de La Chevrotière, ☎644-9841),* d'où l'on bénéficie d'une vue exceptionnelle sur Québec et les environs.

Revenez vers la rue Saint-Amable, que vous emprunterez à droite jusqu'au parc de l'Amérique française.

Le **parc de l'Amérique française** est de création relativement récente; il fait face au siège social de la compagnie d'assurances La Laurentienne et voit flotter en son centre les drapeaux des différentes communautés francophones d'Amérique du Nord.

Le **Grand Théâtre** *(269 boul. René-Lévesque E., ☎643-8131),* situé à l'autre extrémité du parc, constituait au moment de son inauguration, en 1971, le fleuron de la haute société de Québec. Aussi le scandale fut-il grand lorsqu'une murale du sculpteur Jordi Bonet arborant un poème de Claude Péloquin, où l'on peut encore lire «Vous êtes pas tannés de mourir, bande de caves», fut dévoilée pour orner le hall. Le théâtre, œuvre de Victor Prus, architecte d'origine polonaise, comprend en réalité deux salles (Louis-Fréchette et Octave-Crémazie), où l'on présente les concerts de l'orchestre symphonique, des spectacles de variétés, du théâtre et de la danse.

Revenez jusqu'à la rue Scott, où vous tournerez à droite pour rejoindre la Grande Allée.

L'**église Saint-Cœur-de-Marie** *(530 Grande Allée E.)* a été construite pour les eudistes en 1919 selon les plans de Ludger Robitaille. Elle fait davantage référence à un ouvrage militaire, à cause de ses tourelles, de ses échauguettes et de ses mâchicoulis, qu'à un édifice à vocation religieuse. On dirait une forteresse méditerranéenne percée de grands arcs. Lui fait face la plus extraordinaire rangée de maisons Second Empire qui subsiste à Québec *(numéros 455 à 555, Grande Allée E.)*, baptisée à l'origine **terrasse Frontenac**. Ses toitures fantaisistes et élancées, qui pourraient être celles d'un conte illustré pour enfants, sont issues de l'imagination de Joseph-Ferdinand Peachy (1895).

Continuez sur la Grande Allée vers l'ouest.

La **chapelle des Franciscaines de Marie** ★. Les sœurs franciscaines de Marie sont membres d'une communauté de religieuses à demi cloîtrées qui se consacrent à l'adoration du Seigneur. En 1901, elles font ériger le sanctuaire de l'Adoration perpétuelle, qui accueille les fidèles en prière. L'exubérante chapelle néo-baroque célèbre la présence permanente de Dieu. On y voit une coupole à colonnes, soutenue par des anges, et un somptueux baldaquin en marbre.

En face, on aperçoit plusieurs belles demeures bourgeoises, érigées au début du XXe siècle, dont la maison de John Holt, propriétaire des magasins Holt-Renfrew, aux numéros 433-435, et la maison voisine au numéro 425, toutes deux érigées dans le style des manoirs écossais. La plus raffinée est sans contredit la maison du juge P.A. Choquette, conçue par l'architecte Georges-Émile Tanguay, qui fait appel à un doux éclectisme, à la fois flamand et oriental.

La **maison Henry-Stuart** *(5 $; fin juin à début sept tlj 11h à 17h; sept à juin dim 13h à 17h; 82 Grande Allée O., à l'angle de l'avenue Cartier, ☎647-4347)*, entouré de son jardin, est un des rares exemples de cottage anglo-normand Regency, encore debout à Québec. Cette architecture de type colonial britannique se caractérise par une large toiture en pavillon recouvrant une galerie basse qui court sur le pourtour du bâtiment. La maison, élevée en 1849, marquait autrefois la limite entre la ville et la campagne. Son intérieur, qui comprend plusieurs pièces de mobilier provenant d'un manoir de Saint-Jean-Port-Joli, n'a pratiquement pas été modifié depuis 1914. Après avoir été plus ou moins inaccessible pendant quelques années, la maison Henry-Stuart et son joli jardin, qui fait d'ailleurs partie de l'association «Les Jardins du Québec», sont maintenant ouverts aux visiteurs. La maison loge le Conseil des monuments et sites de Québec, qui propose des visites guidées. On y sert même le thé les après-midi d'été.

L'**avenue Cartier** est une des belles rues commerçantes de la ville. Épine dorsale du quartier résidentiel Montcalm, elle aligne restaurants, boutiques et épiceries fines qui attirent une clientèle yuppie qui aime y déambuler.

On remarquera, dans les environs, la **maison Pollack** *(1 Grande Allée O.)*, d'inspiration américaine, le **Foyer néo-Renaissance des dames protestantes** *(111 Grande Allée O.)*, élevé en 1862 par l'architecte Michel Lecourt, et la **maison Krieghoff** *(115 Grande Allée O.)*, habitée en 1859 par le peintre d'origine hollandaise Cornelius Krieghoff.

Le **monastère des Dominicains** ★ *(on ne visite pas; 175 rue Grande Allée O.)* et son église sont des réalisations relativement récentes qui témoignent à la fois de la persistance et de la tendance à l'exactitude historique de l'architecture néo-gothique au XXe siècle. L'ensemble, au cachet britannique, est d'une sobriété qui incite à la méditation et au recueillement.

Tournez à gauche sur l'avenue Wolfe-Montcalm, qui constitue à la fois l'entrée au parc des Champs-de-Bataille et l'accès au Musée du Québec.

Au rond-point se dresse le **monument à la mémoire du général Wolfe**, vainqueur de la décisive bataille des plaines d'Abraham. C'est, dit-on, le lieu exact où il s'écroula mortellement. Le monument élevé en 1832 fut maintes fois la cible des manifestants et des vandales. Renversé de nouveau en 1963, il sera reconstruit l'année suivante et muni pour la première fois d'une inscription en français...

Le **Musée du Québec** ★★★ *(5,75 $; début juin à début sept tlj 10h à 17h45, mer jusqu'à 21h45; début sept à fin mai mar-dim 11h à 17h45, mer jusqu'à 20h45; 1 av. Wolfe-Montcalm, ☎643-2150)*. À la suite d'une rénovation d'envergure achevée en 1992, le Musée du Québec a été doté de nouveaux espaces. On aperçoit le bâtiment original, à droite, dont la façade est

Le Musée du Québec

tournée vers l'ouest. La nouvelle entrée, dominée par une tour de verre qui n'est pas sans rappeler celle du Musée de la civilisation, est disposée dans l'axe de l'avenue Wolfe-Montcalm. Elle relie en souterrain l'édifice Renouveau classique de 1933 à l'ancienne prison de Québec du côté gauche (1860), habilement restaurée pour recevoir des salles d'exposition et rebaptisée édifice Baillargé, du nom de son architecte. Certaines des cellules ont même été conservées.

La visite de cet important musée permet de se familiariser avec la peinture, la sculpture et l'orfèvrerie québécoise, depuis l'époque de la Nouvelle-France jusqu'à aujourd'hui. Les collections d'art religieux provenant de plusieurs paroisses rurales du

Québec sont particulièrement intéressantes. On y trouve également des documents officiels, dont l'original de la capitulation de Québec (1759). Le musée accueille fréquemment des expositions temporaires en provenance des États-Unis ou de l'Europe.

Au rez-de-chaussée de l'édifice Baillargé du Musée du Québec se trouve le **Centre d'interprétation du parc des Champs-de-Bataille** *(2 $; mi-mai à début sept tlj 10h à 17h30, début sept à mi-mai mar-dim 11h à 17h30; édifice Baillargé, niveau 1, ☎648-4071),* où l'on présente une reconstitution de la bataille des plaines d'Abraham ainsi que l'évolution des lieux par la suite. On y offre des visites guidées du parc.

Prenez l'avenue Georges VI à gauche, puis l'avenue Garneau à droite.

Le **parc des Champs-de-Bataille** ★★. Juillet 1759 : la flotte britannique, commandée par le général Wolfe, arrive devant Québec. L'attaque débute presque aussitôt. Au total, 40 000 boulets de canon s'abattront sur la ville assiégée qui résiste à l'envahisseur. La saison avance, et les Britanniques doivent bientôt prendre une décision, avant que des renforts, venus de France, les surprennent ou que leurs vaisseaux restent pris dans les glaces de décembre. Le 13 septembre, à la faveur de la nuit, les troupes britanniques gravissent le cap Diamant, à l'ouest de l'enceinte fortifiée. Pour ce faire, elles empruntent les ravins qui tranchent, çà et là, la masse uniforme du cap, ce qui permet ainsi de dissimuler leur arrivée tout en facilitant leur escalade. Au matin, elles occupent les anciennes terres d'Abraham Martin, d'où le nom de **plaines d'Abraham**, également donné au parc des Champs-de-Bataille. La surprise est grande en ville, où l'on attendait plutôt une attaque directe sur la Citadelle. Les troupes françaises, aidées de quelques centaines d'Autochtones, se précipitent sur l'occupant. Les généraux français et britannique sont tués. La bataille se termine dans le chaos et dans le sang. La Nouvelle-France est perdue!

Le parc des Champs-de-Bataille, créé en 1908, commémore cet événement en plus de donner aux Québécois un espace de verdure incomparable. Il couvre une superficie de 101 ha, jusque-là occupés par un terrain d'exercices militaires, par les terres des ursulines ainsi que par quelques domaines champêtres. L'aménagement définitif du parc, selon les plans de l'architecte-paysagiste Frederick Todd, s'est poursuivi pendant la crise (1929-1939), procurant ainsi de l'emploi à des milliers de chômeurs de Québec. La statue de Jeanne-d'Arc, entourée d'un beau jardin, honore la mémoire des soldats tués en Nouvelle-France au cours de la guerre de Sept Ans.

Les **tours Martello n°s 1 et 2** ★ *(2 $; juin et sept sam-dim 12h à 17h; fin juin à début sept tlj 10h à 17h30)*, inventées par l'ingénieur du même nom, sont des ouvrages caractéristiques du système défensif britannique au début du XIXe siècle. La tour n° 1 (1808) est visible en bordure de l'avenue Ontario, et la tour n° 2 (1815) s'inscrit dans le tissu urbain à l'angle des avenues Laurier et Taché.

ATTRAITS TOURISTIQUES

Tour Martello

*Ainsi s'achève ce circuit de la Grande Allée. Pour retourner vers la ville fortifiée, suivez l'avenue Ontario, qui mène à l'avenue Georges-VI, à l'est, ou encore empruntez l'avenue du Cap-Diamant, (dans le secteur vallonné du parc), qui permet d'accéder à la **promenade des Gouverneurs**. Celle-ci longe la Citadelle et surplombe l'escarpement du cap Diamant pour* *aboutir à la terrasse Dufferin. Elle offre des points de vue panoramiques exceptionnels sur Québec, le Saint-Laurent et la rive sud du fleuve.*

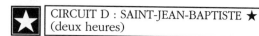

CIRCUIT D : SAINT-JEAN-BAPTISTE ★
(deux heures)

Quartier de la jeunesse, des bars, des théâtres et de petites boutiques, le quartier Saint-Jean-Baptiste est juché sur un coteau entre la Haute-Ville et la Basse-Ville. Si l'habitat rappelle celui de la vieille ville par l'abondance des toitures mansardées ou pentues, la trame orthogonale des rues est en revanche on ne peut plus nord-américaine. Malgré un terrible incendie en 1845, cet ancien faubourg de Québec a conservé plusieurs exemples de l'architecture de bois, interdite à l'intérieur des murs de la ville.

Le circuit Saint-Jean-Baptiste débute à la porte Saint-Jean, près de la place d'Youville. Il suit la rue Saint-Jean, véritable épine dorsale du quartier.

Le **Capitole de Québec ★** *(972 rue Saint-Jean)*. Au début du XXᵉ siècle, Québec avait désespérément besoin d'une nouvelle salle de spectacle d'envergure, son académie de musique ayant été détruite par un incendie en mars 1900. Le maire, secondé par l'entreprise privée, entreprit des démarches afin de trouver un terrain. Le gouvernement canadien, propriétaire des fortifications, offrit une étroite bande de terre, en bordure des murs de la ville, et qui s'élargissait toutefois vers l'arrière, rendant possible l'érection d'une salle convenable. L'ingénieux architecte W.S. Painter de Detroit, déjà occupé à l'agrandissement du Château Frontenac, imagina alors un plan incurvé qui permettrait, malgré l'exiguïté des lieux, de doter l'édifice d'une façade monumentale. Inauguré en 1903 sous le nom d'Auditorium de Québec, ce théâtre constitue l'une des plus étonnantes réalisations de style Beaux-Arts au Canada.

En 1927, le célèbre architecte de cinémas américain, Thomas W. Lamb, fit du théâtre un luxueux cinéma de 1 700 places. Rebaptisé Le Capitole de Québec, il continua tout de même à présenter des spectacles jusqu'à l'ouverture du Grand Théâtre en 1971. Délaissé, le Capitole fut abandonné quelques années, avant d'être entièrement restauré en 1992 selon les plans de

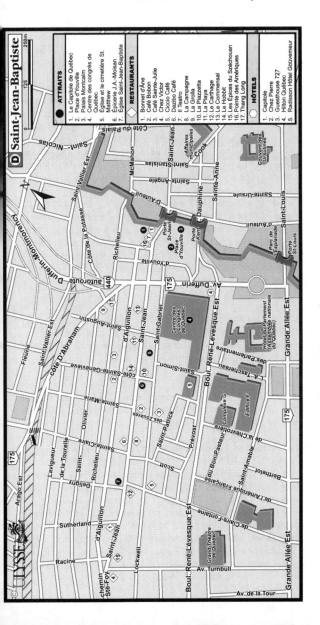

D Saint-Jean-Baptiste

● **ATTRAITS**

1. Le Capitole de Québec
2. Place d'Youville
3. Palais Montcalm
4. Centre des congrès de Québec
5. Église et le cimetière St. Matthew
6. Épicerie J.A.-Moisan
7. Église Saint-Jean-Baptiste

◇ **RESTAURANTS**

1. Bonnet d'Âne
2. Café Boboli
3. Café Sainte-Julie
4. Chez Victor
5. Ciccio Café
6. Dazibo Café
7. Il Teatro
8. La Campagne
9. La Grolla
10. La Piazzetta
11. La Playa
12. Le Carthage
13. Le Commensal
14. Le Hobbit
15. Les Épices du Széchouan
16. Pointe des Amériques
17. Thang Long

HOTELS

1. Capitole
2. Chez Pierre
3. Guesthouse 727
4. Hilton Québec
5. Radisson Hôtel Gouverneur

**ATTRAITS
TOURISTIQUES**

l'architecte Denis Saint-Louis. L'édifice comprend, de nos jours, la grande salle transformée en un vaste café-concert ainsi qu'un luxueux hôtel, aménagé dans sa portion courbe (voir p 203), et un restaurant (voir p 239).

La **place d'Youville** est cet espace public à l'entrée de la vieille ville, qui était autrefois la plus importante place du marché de Québec. Elle constitue de nos jours un carrefour très fréquenté et un pôle culturel majeur. Un réaménagement (1987) lui a donné une large surface piétonne, agrémentée d'arbres et de bancs. L'emplacement du mur de contrescarpe, ouvrage avancé des fortifications nivelé au XIXᵉ siècle, a été souligné par l'intégration de blocs de granit noir au revêtement de la place.

Le **Palais Montcalm** *(995 place d'Youville)*. Le pavillon du marché Montcalm fut rasé en 1932 pour la construction de cette salle multifonctionnelle, aussi connue sous le nom de Monument National. Lieu privilégié des assemblées politiques et des manifestations en tout genre, le Palais Montcalm adopte une architecture dépouillée qui s'inspire à la fois du Renouveau classique et de l'Art déco. On y vient aujourd'hui pour y entendre un spectacle ou pour y voir une exposition.

En quittant les abords de la place d'Youville, vous apercevrez, dans l'axe de la rue du même nom, la délicate façade néo-gothique de la **chapelle du couvent des sœurs de la Charité** (1856), écrasée par deux immeubles massifs.

Traversez l'avenue Dufferin. Plus haut à l'angle de la rue Saint-Joachim débute le large complexe formé par le Centre des congrès, le centre commercial Place Québec ainsi que les hôtels Hilton et Radisson Gouverneur.

Le **Centre des congrès de Québec** *(900 boul. René-Lévesque E., 2ᵉ étage, C.P. 37060, ☎644-4000, ≈644-6455)*, s'élevant au nord de l'Hôtel du Parlement, a été inauguré en 1996. Ce grand bâtiment est pourvu de murs vitrés qui laissent pénétrer toute la lumière à l'intérieur. Il s'agit d'un complexe moderne qui dispose d'une salle d'exposition, de plusieurs salles de réunion et même d'une salle de bal. Il est relié au centre commercial Place Québec ainsi qu'aux hôtels Hilton et Radisson Hôtel Gouverneur (voir p 203). Sa construction a permis la réfection de toute cette partie du boulevard René-Lévesque (autrefois boulevard Saint-Cyrille), qui avait auparavant triste mine. Le boulevard a été libéré du mur qui le scindait et enjolivé d'arbres. Du côté du parlement se trouve la **promenade des Premiers-Ministres**, qui, à l'aide de panneaux d'interprétation, nous informe sur les premiers ministres qui ont marqué le Québec depuis 1867. De l'autre côté du boulevard, on a érigé la **promenade Desjardins**, dédiée, quant à elle, à un seul homme, soit Alphonse Desjardins, fondateur des caisses populaires Desjardins. À l'entrée du Centre des congrès se dresse une sculpture tout en mouvement, *Le Quatuor d'airain*.

Depuis la rue Saint-Joachim, empruntez la rue Saint-Augustin, qui vous ramène à la rue Saint-Jean, sur laquelle vous tournerez à gauche.

L'**église** et le **cimetière St. Matthew** ★ *(755 rue Saint-Jean)*. Il existe un cimetière à cet endroit depuis 1771, alors que les protestants de Québec, qu'ils soient d'origine française huguenote ou britannique anglicane et presbytérienne, se regroupent afin de trouver un lieu de sépulture adéquat. Plusieurs pierres tombales du début du XIXe siècle subsistent, faisant de ce cimetière un des seuls de cette époque qui n'a pas été rasé. Le cimetière a été transformé en jardin public, et ses monuments ont été soigneusement restaurés.

La jolie église anglicane, qui occupe la portion congrue du site en bordure de la rue Saint-Jean, est une œuvre néo-gothique influencée par les ecclésiologistes, ces mandarins de l'Église d'Angleterre qui voulaient renouer avec les traditions moyenâgeuses. Aussi, plutôt que d'avoir l'apparence d'un bâtiment neuf au décor gothique, l'église St. Matthew rappelle dans son plan, et jusque dans ses matériaux, une très vieille église de village anglais. La nef a d'abord été érigée en 1848; puis, en 1870, l'architecte William Tutin Thomas de Montréal, à qui l'on doit notamment la maison Shaughnessy du Centre Canadien d'Architecture, dessine un agrandissement qui donnera au temple son clocher et son intérieur actuels. L'atrophie de la communauté anglicane de Québec au XXe siècle a entraîné l'abandon de l'église St. Matthew, qui a été habilement recyclée en une succursale de la Bibliothèque municipale en 1980. Plusieurs éléments décoratifs, exécutés par des artistes britanniques, ont été conservés à l'intérieur, dont la très belle clôture du chœur, sculptée dans le chêne par Percy Bacon, la chaire en albâtre, exécutée par Felix Morgan, et les beaux vitraux de Clutterbuck. La sombre voûte à poutres apparentes présente également beaucoup d'intérêt.

Poursuivez sur la rue Saint-Jean.

Au numéro 699 se trouve l'**Épicerie J.-A.-Moisan** *(699 rue Saint-Jean),* fondée en 1871, et qui se proclame «la plus vieille épicerie en Amérique du Nord». Elle a en effet des allures de magasin général d'autrefois avec ses planchers et ses étagères tout en bois, ses anciennes publicités et ses multiples boîtes en fer blanc. Profitez-en pour faire ample provision de produits frais et appétissants.

L'**église Saint-Jean-Baptiste ★** *(rue Saint-Jean, à l'angle de la rue Deligny)* est sans contredit le chef-d'œuvre de Joseph Ferdinand Peachy. Fidèle à l'éclectisme français, Peachy est un admirateur inconditionnel de l'église parisienne de la Trinité, qui lui servira plus d'une fois de modèle. Ici, la ressemblance est frappante tant dans le portique extérieur que dans la disposition de l'intérieur. L'édifice, achevé en 1885, entraînera la faillite de son auteur, malencontreusement tenu responsable des fissures apparues dans la façade au cours des travaux.

Pour un beau point de vue sur la ville, grimpez les escaliers de la rue de Claire-Fontaine jusqu'à l'angle de la rue Lockwell, à droite. La montée est abrupte mais le coup d'œil en vaut la peine, surtout le soir, alors que les lumières de la Basse-Ville dansent à vos pieds derrière l'imposante église. D'ailleurs, en vous promenant dans les jolies rues du faubourg, vous retrouverez cette vue en maint endroit. Entre autres, vous pouvez descendre la rue Sainte-Claire jusqu'à l'escalier qui mène au quartier Saint-Roch, que vous apercevez avec les Laurentides pour toile de fond.

 CIRCUIT E : LE CHEMIN SAINTE-FOY ★ (une demi-journée)

Dès la fin du XVIIIe siècle, les murs de la Haute-Ville n'arrivent plus à contenir le développement de Québec. Des faubourgs se forment autour de l'église Saint-Jean-Baptiste et de la Grande Allée. Il est cependant un secteur qui conservera son charme pastoral jusqu'au début du XXe siècle. Il s'agit des terres longeant le chemin Sainte-Foy, cette ancienne route de

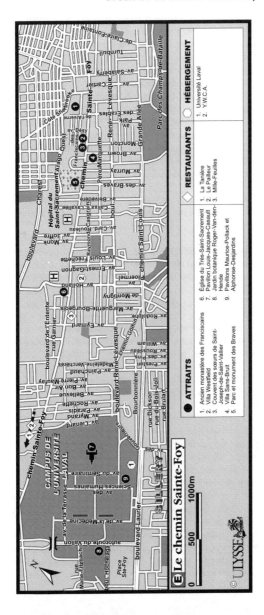

E Le chemin Sainte-Foy

0   500   1000m

© ULYSSE

● **ATTRAITS**

1. Ancien monastère des Franciscains
2. Villa Westfield
3. Couvent des sœurs de Saint-Joseph-de-Saint-Vallier
4. Villa Sans-Bruit
5. Parc et monument des Braves
6. Église du Très-Saint-Sacrement
7. Pavillon Louis-Jacques-Casault
8. Jardin botanique Roger-Van-den-Hende
9. Pavillons Maurice-Pollack et Alphonse-Desjardins

◇ **RESTAURANTS**

1. La Tanière
2. Le Paileur
3. Mille-Feuilles

○ **HÉBERGEMENT**

1. Université Laval
2. Y.W.C.A.

ATTRAITS
TOURISTIQUES

campagne menant au village du même nom, devenu depuis 1950 la plus importante composante de la banlieue de Québec. **Sainte-Foy** s'est fait, avec ses vastes centres commerciaux et son habitat pavillonnaire, une réputation de ville-dortoir qu'elle tente tant bien que mal de perdre en se dotant, depuis quelques années, d'équipements civiques et culturels qui feraient l'envie de plus d'une ville du Québec. S'étant longtemps décrite comme une cité du «progrès», elle conserve peu de témoins de son passé. Le circuit traverse d'abord les quartiers Montcalm et Saint-Sacrement, où se concentre une population relativement aisée vivant le long de rues ombragées qui rappellent parfois celles des environs de Londres, avant de pénétrer sur le campus moderne de l'Université Laval.

Le circuit débute à l'angle de l'avenue Cartier et du chemin Sainte-Foy, que l'on emprunte vers l'ouest. Tournez à droite sur l'avenue de l'Alverne.

L'**ancien monastère des Franciscains** *(à l'angle nord-est de l'avenue de l'Alverne et de la rue des Franciscains)*, aujourd'hui converti en un complexe d'habitation, fut érigé en 1901 selon un plan compact gravitant autour d'un cloître qui s'inspire de la forme «couvents» du Régime français. Il témoigne de l'installation de plusieurs communautés religieuses aux abords du chemin Sainte-Foy au début du XXᵉ siècle. Ces dernières pouvaient alors y dénicher à bon prix de vastes étendues de terrain, loin des bruits de la ville.

Tournez à gauche sur la rue des Franciscains, puis encore à gauche sur l'avenue Désy. Reprenez le chemin Sainte-Foy à droite (vers l'ouest).

La **villa Westfield** *(430 chemin Sainte-Foy)*. Les terres du chemin Sainte-Foy ont été concédées à des notables et à des communautés religieuses de Québec dès la première moitié du XVIIᵉ siècle. Nombre de ces vastes propriétés passeront entre les mains de dignitaires britanniques peu après la Conquête. À l'instar des domaines de Sillery (voir p 156), plusieurs d'entre elles seront réaménagées en parcs champêtres, au centre desquels trône alors une villa. Ces domaines ont été lotis au XXᵉ siècle, et la plupart des villas ont fait place à des ensembles immobiliers résidentiels ou à des bâtiments institutionnels. Toutefois, quelques-unes d'entre elles ont survécu. C'est le cas de la villa Westfield, construite vers 1825 pour Charles Grey

Stewart, contrôleur des douanes du Bas-Canada. Il s'agit d'une maison dite de type monumental anglais, sur laquelle fut apposé un décor d'inspiration néo-classique. Elle était autrefois entourée d'un superbe jardin anglais *(privé, on ne visite pas)*.

Un peu plus loin à l'ouest se dresse le **couvent des sœurs de Saint-Joseph-de-Saint-Vallier** *(560 chemin Sainte-Foy)*, qui intègre l'ancienne villa d'Andrew Thompson, baptisée «Bijou». Celle-ci, formant la portion centrale du couvent, fut construite en 1874 dans le style Second Empire, reconnaissable notamment à la toiture en mansarde et aux ouvertures à arcs segmentaires. Les ailes ajoutées par les religieuses se marient admirablement bien à l'architecture de la villa. Une chapelle néo-romane fut construite à l'est en 1927.

Tournez à gauche sur l'avenue Brown.

On aperçoit alors la **villa Sans-Bruit** *(874 av. Brown)*, construite vers 1850. Le toit en mansarde fut ajouté en 1880, à l'époque où la maison appartenait à la famille Laurie. Il est à noter que ce secteur de la Haute-Ville était encore, jusqu'à tout récemment, considéré comme un bastion de la petite communauté anglophone de Québec.

Reprenez l'avenue Brown vers le sud. Tournez à droite sur la rue du Père-Marquette, où se trouve l'église des Saints-Martyrs-Canadiens (1929), puis tournez encore à droite sur l'avenue des Braves.

L'**avenue des Braves** ★ s'inscrit dans l'axe du monument du même nom (voir ci-dessous). Lorsqu'elle fut tracée en 1912, on a voulu en faire la plus prestigieuse artère résidentielle de Québec. Aujourd'hui encore, on peut y voir quelques maisons cossues des années vingt et trente, revêtues de pierre et de brique. Elles ont été érigées pour la vieille bourgeoisie de Québec, qui avait à l'époque tendance à délaisser les nobles demeures de la vieille ville pour les espaces plus généreux de la cité-jardin.

Au numéro 1080 se trouve une belle résidence qui était, de 1953 à 1972, la propriété de Roger Lemelin, auteur de *Les Plouffe*. Elle fut aussi, pour une courte période entre 1994 et 1996, la résidence officielle du premier ministre du Québec, Jacques Parizeau à cette époque.

Remontez l'avenue des Braves jusqu'au monument situé à l'angle du chemin Sainte-Foy.

Parc et monument des Braves ★. Le 27 avril 1760, le chevalier de Lévis et ses 3 800 hommes venus de Montréal tentent de reprendre Québec, tombée aux mains de l'Armée britannique l'automne précédent. Faute d'entrer dans la ville, ils réussiront tout de même à mettre en déroute les troupes du général Murray à Sainte-Foy, faisant de cette bataille l'une des seules victoires françaises de la guerre de Sept Ans en Nouvelle-France. Le parc des Braves fut aménagé à l'emplacement précis où se déroulèrent les combats. On y a d'ailleurs découvert des armes de même que des squelettes complets de soldats morts au champ d'honneur. Son nom rend hommage au courage de ces vaillants jeunes hommes qui tenteront ce geste téméraire, en attendant l'aide d'une flotte de renfort française, qui ne viendra pas. En 1855, un monument à leur mémoire, dessiné par Charles Baillairgé, est érigé dans le parc. La colonne de fonte est surmontée d'une statue de Bellone, la déesse romaine de la Guerre, don du prince Jérôme-Napoléon Bonaparte.

Le parc des Braves a été redessiné en 1930 selon les plans de l'architecte paysagiste Frederick Todd, attirant du coup dans les environs des familles de notables auparavant établies dans la ville ancienne. Le parc offre de belles vues sur la Basse-Ville et sur les Laurentides, dans le lointain.

Poursuivez vers l'ouest sur le chemin Sainte-Foy.

L'angle du chemin Sainte-Foy et de la rue Belvédère correspond à l'**emplacement de la terre de Jean Bourdon**, ingénieur de la Nouvelle-France dans la première moitié du XVIIe siècle. Bourdon, également propriétaire de la seigneurie de Pointe-aux-Trembles (Neuville), s'était fait construire sur sa terre une ferme fortifiée en pierre comprenant «un grand et un petit corps de logis, une chapelle, deux granges et trois greniers» (vers 1645). Ces bâtiments ont disparu dans la tourmente de la Conquête.

Le chemin Sainte-Foy longe ensuite d'importants bâtiments institutionnels, tel l'imposant hôpital du Saint-Sacrement, au numéro 1050.

L'**église du Très-Saint-Sacrement** *(1330 chemin Sainte-Foy)* est une œuvre néo-romane tardive de 1920 que l'on doit aux architectes Charles Bernier de Montréal et Oscar Beaulé de Québec. Ces deux adeptes de l'architecture médiévale épurée ont doté l'église d'un vaisseau élancé et plutôt austère. Des vitraux de Marius Plamondon ont cependant été ajoutés en 1954, donnant au temple un peu de couleur. Le noviciat des pères du Très-Saint-Sacrement se trouve à l'arrière.

D'ici, vous pouvez prendre l'autobus n° 7, qui longe le chemin Sainte-Foy, pour vous rendre jusqu'au campus universitaire qui se trouve 2 km plus à l'ouest. Descendez à l'angle de l'avenue du Séminaire, pour atteindre le cœur du campus.

Le **campus de l'Université Laval** ★ *(au sud du chemin Sainte-Foy et à l'ouest de l'avenue du Séminaire).* L'Université Laval a été fondée en 1852, ce qui en fait la plus ancienne université de langue française en Amérique. Elle fut d'abord installée au cœur de la vieille ville, à proximité du séminaire et de la cathédrale catholique, avant d'être déménagée sur le site actuel 100 ans après sa fondation. Son nom honore la mémoire de monseigneur de Laval, premier évêque de la Nouvelle-France. Le campus, très étendu, accueille chaque année quelque 40 000 étudiants. Il regroupe de bons exemples d'architecture moderne et postmoderne de la région de Québec. Parmi les pavillons d'intérêt, mentionnons d'abord le **P.E.P.S.** (Pavillon d'éducation physique et des sports) de 1971, situé sur la droite, et qui se fond dans la nature.

Un peu plus loin sur la gauche se dresse le **pavillon Louis-Jacques-Casault**, qui ferme la perspective symétrique du campus *(1210 avenue du Séminaire)*. Il fut construit en 1954-1958 selon les plans d'Ernest Cormier, à qui l'on doit le pavillon principal de l'Université de Montréal. Le pavillon Louis-Jacques-Casault devait, au départ, servir de «Grand Séminaire» pour la formation des prêtres, expliquant ainsi la présence de l'ancienne chapelle centrale dotée de tours d'inspiration médiévale. À l'approche de la Révolution tranquille, un tel équipement faisait figure de dinosaure, ce qui se reflète d'ailleurs dans son architecture, rattachée aux modèles du passé malgré une date de construction plutôt récente. Depuis 1980, il abrite la **Direction générale des Archives nationales du Québec** *(☎643-8904)* ainsi que l'intéressant **Centre muséographique de l'Université Laval** *(3 $; mar-jeu 12h à 16h, 1ᵉʳ dim du*

ATTRAITS
TOURISTIQUES

mois 12h à 16h; ☎*656-7111),* qui présente les collections de l'institution regroupées en quatre thèmes : l'Univers, la Terre, la Vie et l'Homme. Le **pavillon Alexandre-de-Sève** et **La Laurentienne**, situés à proximité, sont de facture nettement plus moderne.

Empruntez l'allée centrale qui conduit au **Centre d'accueil et de renseignements de l'Université Laval** *(sept à juin lun-jeu 8h à 20h15, sam-dim 10h à 16h, juin à sept lun-ven 8h à 18h; pavillon Alphonse-Desjardins, local 1106,* ☎*656-3333),* où l'on renseigne les visiteurs sur les activités du campus. Enfin, sur l'avenue de la Médecine, située à l'ouest de l'avenue des Sciences-Humaines, se trouve le **Musée de géologie du pavillon Adrien-Pouliot** *(entrée libre; tlj 8h30 à 16h30;* ☎*656-2131 poste 8127),* où sont exposés des fossiles et des minéraux du monde entier.

Traversez l'autoroute du Vallon pour rejoindre le jardin bota-nique Roger-Van den Hende.

Sur le campus universitaire se trouve un des plus intéressants jardins du Québec. Le **Jardin Roger-Van den Hende** *(entrée libre; début mai à fin sept, tlj 9h à 20h; 2480 boul. Hochelaga,* ☎*656-3410)* porte le nom d'un chercheur de l'Université Laval qui l'a aménagé en partant de rien. Aujourd'hui, il est ouvert aux visiteurs et est utilisé pour l'enseignement et la recherche. S'y trouvent un arboretum, un herbacetum, une roseraie, un jardin d'eau... qui tous valent le coup d'œil. On y propose des visites guidées.

Pour retourner vers la vieille ville de Québec, prenez le Métro-bus nº 800 ou 801 devant les **pavillons Maurice-Pollack** *et* **Alphonse-Desjardins**, *nouvellement rénovés et agrandis, situés au sud du campus, du côté est de l'autoroute du Vallon. Notez que pratiquement tous les pavillons de l'université sont reliés entre eux par une longue série de passages sous-terrains qui peuvent constituer une visite en soi pour les amateurs d'«underground»!*

CIRCUIT F : SAINT-ROCH ★ (quatre heures)

La Basse-Ville ouvrière de Québec, distribuée de part et d'autre de la rivière Saint-Charles, fait constraste avec la Haute-Ville emmurée. Pas de quartier touristique ici, mais plutôt l'activité grouillante des passants qui vaquent à leurs occupations quotidiennes. Saint-Roch, Saint-Sauveur et Limoilou sont des noms familiers aux oreilles des Québécois, mais presque étrangers à celles des visiteurs qui descendent rarement dans la Basse-Ville. Le quartier Saint-Roch, situé au pied de la falaise nord du cap Diamant, est pourtant considéré comme le noyau commercial de Québec.

D'abord faubourg des potiers et des tanneurs, Saint-Roch se développe lentement le long de la rue Saint-Vallier à la fin du Régime français. Puis, le blocus napoléonien, qui force la Grande-Bretagne à se replier sur ses colonies pour son approvisionnement en bois, entraîne la création de vastes chantiers maritimes au bord de la rivière Saint-Charles, attirant dans Saint-Roch une importante population ouvrière. Affligé par une épidémie de choléra en 1832, au cours de laquelle près du quart de ses habitants mourront, puis par deux conflagrations dévastatrices en 1845 et en 1866, le quartier voit son industrie première disparaître en quelques années à la suite du retour à la normale des relations franco-britanniques et de l'apparition des coques de navires en métal (1860-1870). S'amorce alors une reconversion complète qui fera de Saint-Roch le principal quartier de l'industrie au Canada français, les propriétaires des usines étant, comme les ouvriers, des Canadiens français, chose rarissime ailleurs au Canada à la même époque.

De la Haute-Ville, descendez la côte du Palais pour sortir de la ville fortifiée, puis tournez à gauche sur la rue Saint-Vallier Est, que vous suivez sous les bretelles de l'autoroute Dufferin-Montmorency. Il est possible de raccorder le circuit de Saint-Roch à celui du Vieux-Québec (Basse-Ville), qui se termine à proximité.

La **rue Saint-Vallier Est** est, entre la côte du Palais et la côte d'Abraham, une artère du Régime français située hors des limites du quartier historique. Elle a été défigurée en maint endroit, notamment lors de la construction des bretelles de l'autoroute Dufferin-Montmorency en 1970, mais présente tout de même des témoins du passé fort intéressants.

Au numéro 870, on peut voir des fragments de la «**maison Blanche**», résidence secondaire du richissime marchand Charles-Aubert de la Chesnaye, construite en 1679 selon les plans de Claude Baillif. La maison originale, dont il ne subsiste plus que les voûtes et quelques pans de murs, a beaucoup souffert de l'incendie de 1845. Seule une moitié a par la suite été récupérée.

Un peu plus loin, deux escaliers de fonte et de bois conçus par Charles Baillairgé, l'un en 1883 et l'autre en 1889, permettent de relier timidement les univers séparés géographiquement et complètement étrangers socialement, que sont ville basse et ville haute. Au numéro 715, on remarquera un ensemble de bâtiments bien préservés appartenant à l'entreprise de pompes funèbres Lépine-Cloutier, qui occupe cet emplacement depuis 1845.

Coincés entre la rue Saint-Vallier Est et la côte d'Abraham, se trouvent les locaux de **Méduse** *(541 rue Saint-Vallier E.,* ☎*640-9218)*, un regroupement de divers ateliers d'artistes qui soutiennent la création et la diffusion de la culture à Québec. Le complexe formé de maisons restaurées et de bâtisses modernes intégrées à l'architecture de la ville s'accroche au cap et fait un lien entre la Haute-Ville et la Basse-Ville. Y cohabitent plusieurs groupes qui agissent dans différents domaines comme la photographie, l'estampe, la vidéo, etc. On y trouve donc des salles d'exposition et des ateliers. Y logent aussi Radio Basse-Ville, une radio communautaire, et le café-bistro L'Abraham-Martin. Longeant son côté est, un escalier relie la côte d'Abraham à la rue Saint-Vallier Est.

Au pied de l'escalier, l'**Îlot Fleuri** exhibe en plein air quelques sculptures d'artistes contemporains qui ajoutent un peu de piquant à cet espace vert.

L'angle de la côte d'Abraham est souligné depuis 1993 par un parc en rocaille doté d'une cascade d'eau, et baptisé le **Jardin de Saint-Roch**.

Traversez la côte d'Abraham.

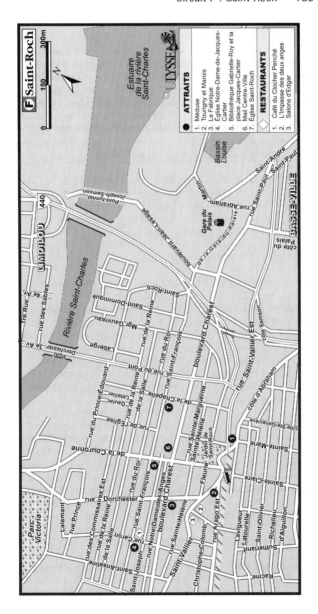

F Saint-Roch

0   150   300m

ATTRAITS

1. Méduse
2. Tourigny et Marois
3. La Fabrique
4. Église Notre-Dame-de-Jacques-Cartier
5. Bibliothèque Gabrielle-Roy et la place Jacques-Cartier
6. Mail Centre-Ville
7. Église Saint-Roch

RESTAURANTS

1. Café du Clocher Penché
2. L'Impasse des deux anges
3. Salons d'Edgar

ATTRAITS
TOURISTIQUES

Tourigny et Marois *(à l'angle des rues Saint-Vallier Est et Arago)*. Dans le dernier quart du XIXe siècle, Saint-Roch voit ses chantiers maritimes fermer un à un. Parallèlement s'ouvrent des manufactures de produits de consommation courante (tabac, chaussures, vêtements, meubles), qui s'inscrivent dans la tradition des potiers et tanneurs du XVIIIe siècle. La fermeture de la plupart de ces usines au cours des dernières années a contribué à l'appauvrissement du quartier tout entier. L'usine Tourigny et Marois est l'une des dernières manufactures de chaussures encore actives dans Saint-Roch. L'édifice actuel, qui occupe une parcelle irrégulière, a été érigé en 1914.

Le tronçon de la rue Saint-Vallier Est, entre la rue de la Couronne et le boulevard Charest, est maintenant égayé de quelques bars et restaurants sympathiques; on ébauche à son égard plusieurs projets de réaménagement qui devraient le rendre encore plus attrayant.

Tournez à droite sur la rue Dorchester.

La Fabrique ★ *(295 boul. Charest Est, à l'angle de la rue Dorchester, ☎691-6013)* est installée dans l'ancienne usine de la Dominion Corset, qui était, comme son nom l'indique, une fabrique de corsets et, plus tard, de soutiens-gorge. Georges Amyot, son président, a fait aménager l'énorme usine de la rue Dorchester entre 1897 et 1911 pour y faire travailler une main-d'œuvre abondante, féminine et obligatoirement célibataire. Le mariage signifiait pour ces jeunes demoiselles le congédiement immédiat, car, pour Amyot, leur devoir était alors à la maison et non plus à l'usine.

L'ancienne usine Dominion Corset a été restaurée, puis rebaptisée «La Fabrique» en 1993. Elle abrite de nos jours un centre d'interprétation du riche passé industriel de Québec, le **Centre de développement urbain de Québec**, de même que l'**École des arts visuels de l'Université Laval**. On remarquera les jeux de briques complexes de la façade, l'horloge et la tour du château d'eau, éléments qui rappellent l'architecture des manufactures américaines de la fin du XIXe siècle.

Traversez le boulevard Charest.

Le **boulevard Charest** a été créé dès 1928 afin de décongestionner le quartier dont les rues étroites, tracées entre 1790 et

1840, n'arrivaient plus à contenir toute l'activité commerciale et industrielle. Le boulevard Charest Est est dominé par quelques édifices qui abritaient autrefois les grands magasins de Québec, aujourd'hui tous fermés. Au numéro 740, on peut voir les anciens locaux du magasin Pollack de 1950. Le rez-de-chaussée est maintenant occupé par un centre commercial. À l'angle de la rue de l'Église s'élève la face arrière de l'ancien magasin Paquet, et, au coin de la rue de la Couronne, on aperçoit le Syndicat de Québec, reconstruit en 1949 et fermé en 1981.

Tournez à gauche sur la rue Saint-Joseph, puis à droite sur la rue Caron.

L'**église Notre-Dame-de-Jacques-Cartier** ★ *(rue Caron)* était, à l'origine, la chapelle des congréganistes de Saint-Roch. Elle fut construite en 1853 puis agrandie en 1875. Elle a regroupé en 1901 une paroisse à part entière. Son décor intérieur très riche, exécuté par Raphaël Giroux, comprend notamment des jubés latéraux encadrés de colonnes dorées. On remarquera à l'arrière de l'église l'imposant presbytère en pierre bossagée de 1902.

Tournez à droite sur la rue de La Salle, puis encore à droite sur la rue de la Couronne.

Les **maisons ouvrières de Saint-Roch** ★ sont uniques à la Basse-Ville de Québec. Compactes et érigées directement en bordure du trottoir, elles sont revêtues de briques brunâtres ou, plus rarement, de bois. Elles sont coiffées de toits à deux versants ou en mansarde et sont dotées de fenêtres à vantaux à la française. On pourrait en parler comme d'un hybride entre l'architecture ouvrière nord-américaine et l'architecture des villes industrielles du nord de la France.

Au début du XIXᵉ siècle, lorsque Saint-Roch connaît un développement accéléré, on construit rapidement des maisons de bois qui s'inspirent directement des maisons de faubourg du Régime français. Mais le grand feu de 1845, qui réduit le quartier en cendres, vient modifier les règles du jeu. Il faudra dorénavant construire en brique ou en pierre et éviter les ornements de bois. L'assouplissement de ces règles à la fin du XIXᵉ siècle permettra de doter plusieurs maisons d'un décor de bois d'inspiration victorienne, mais le visage de Saint-Roch n'allait pas changer de façon significative pour si peu et conserve de nos jours son image vieillotte et dense.

La **bibliothèque Gabrielle-Roy** *(lun 12h à 21h, mar-ven 10h30 à 21h; 350 rue Saint-Joseph E., ☎529-0924)* et la **place Jacques-Cartier**. Nous sommes ici au cœur de Saint-Roch. En 1831, on décide de l'aménagement d'une place de marché à cet endroit, mais il faut attendre 1857 pour que deux halles y soient érigées. L'une d'entre elles brûle en 1911, alors que l'autre est démolie vers 1930 pour l'aménagement de la place Jacques-Cartier, au centre de laquelle on peut voir une statue de l'illustre explorateur, offerte par la Ville de Saint-Malo. Au fond de la place se trouve la bibliothèque municipale Gabrielle-Roy (1982-83). Elle porte le nom de l'un des plus illustres écrivains canadiens-français, auteure de romans décrivant la misère des quartiers ouvriers pendant la crise des années trente. La bibliothèque comprend également des espaces d'exposition consacrés à la présentation d'œuvres d'artistes contemporains.

Tournez à gauche sur la rue Saint-Joseph Est afin de pénétrer dans le mail Centre-Ville.

Le **mail Centre-Ville** ★ *(le long de la rue Saint-Joseph E., entre la rue Dorchester et la rue du Pont, ☎648-1986)* est une voie piétonne qui occupe en partie la principale artère commerciale de Québec. Ce mail couvert de verrières, à l'abri des intempéries, a été aménagé au début des années quatre-vingt afin de contrer le déclin commercial de la rue Saint-Joseph au profit des centres commerciaux de la banlieue. Il était connu auparavant sous le nom de «mail Saint-Roch».

Au-dessus des verrières, le promeneur pourra voir les belles façades des magasins qui ont fait de la rue Saint-Joseph l'artère par excellence du magasinage à Québec dès la fin du XIXe siècle. À proximité de l'église Saint-Roch, on peut notamment voir la façade de granit de l'ancien **magasin Paquet**, érigée en 1890 selon les plans d'Elzéar Charest, alors qu'au numéro 595 se dresse encore l'édifice Second Empire couronné d'un dôme à lanternon du **magasin J.-B. Laliberté** (1883), que l'on doit à Joseph Ferdinand Peachy.

L'**église Saint-Roch** ★ *(590 rue Saint-Joseph E.).* Étonnamment, aucun des faubourgs ouvriers de Québec n'a conservé son église ancienne. Les incendies et l'accroissement rapide de la population les ont fait disparaître au profit d'édifices plus modernes et plus vastes. La première église de Saint-Roch, érigée en 1811, a été remplacée par deux autres temples, avant que l'on voit s'élever l'église actuelle, construite de 1916 à 1923 selon les plans des architectes Talbot et Dionne. Il s'agit d'une vaste structure néo-romane, à deux clochers, et dont l'intérieur, un peu sec, recèle cependant des vitraux intéressants de la Maison Hobbs de Montréal (vers 1920).

Tournez à droite sur la rue du Pont afin de rejoindre le boulevard Charest, que vous emprunterez en direction est si vous désirez retourner vers la côte du Palais.

La **rue du Pont** fut baptisée ainsi au moment de l'inauguration en 1789 du premier pont Dorchester, situé à son extrémité nord. Celui-ci, reconstruit maintes fois, franchit toujours la rivière Saint-Charles, permettant de rejoindre Limoilou (voir ci-dessous) et le secteur nord de Québec. À l'est de la rue du Pont, il est possible de retrouver des fragments de l'occupation des lieux sous le Régime français. C'est en effet dans ce secteur, qui s'étend jusque sous les piliers de l'autoroute Dufferin-Montmorency, qu'était situé l'ermitage Saint-Roch des pères récollets, qui a donné son nom au quartier tout entier.

Après avoir cédé en 1692 leur monastère de Saint-Sauveur à Mgr de Saint-Vallier, en vue de sa transformation en hôpital général (voir p 153), les récollets s'installent plus à l'est, où ils aménagent une maison de repos, ou ermitage, pour leur prêtres. L'ermitage consistait en une grande maison jouxtée d'une chapelle, deux bâtiments disparus depuis fort longtemps. Viennent bientôt s'y ajouter un hameau et des commerces qui seront à l'origine de la densification du quartier.

ATTRAITS TOURISTIQUES

CIRCUIT G : LIMOILOU ★
(une demi-journée)

L'hiver approche. Jacques Cartier, qui, en 1535, en est à son second voyage d'exploration au Canada, doit trouver un mouillage pour sa flottille, avant que les glaces l'emprisonnent au milieu du Saint-Laurent. Il déniche un havre bien protégé dans un méandre de la rivière Saint-Charles. Il fait alors construire sur sa rive nord un fortin de pieux dominé par une

croix de bois, ornée d'un blason aux armes de François 1er.
Ainsi, Limoilou voit les Français ériger une première habitation
au Canada. Cependant, après le départ de Cartier, le fortin
disparaît complètement. De nos jours, sa présence est signalée
par le lieu historique national Cartier-Brébeuf.

En 1625, le territoire est concédé aux jésuites. Ils y créent la
seigneurie de Notre-Dame-des-Anges, sur laquelle ils établissent
des colons qui cultivent la terre. Il faut attendre le milieu du
XIXe siècle pour voir s'urbaniser en partie Limoilou, qui profite
de la prospérité des chantiers navals de Saint-Roch, sur l'autre
rive de la Saint-Charles. Apparaissent alors de vastes propriétés
formées chacune d'un chantier, d'entrepôts et d'un village
d'ouvriers, en marge duquel trône la villa du propriétaire
entourée de jardins anglais. Fort peu de traces subsistent de
cette époque. Ce n'est finalement qu'au début du XXe siècle
que le quartier actuel prend sa forme définitive et acquiert
son nom, Limoilou, rappel du manoir de Limoilou, près de
Saint-Malo, où Cartier s'est retiré après ses nombreux voyages.

*Pour accéder au quartier Limoilou depuis le Vieux-Québec,
prenez l'autobus n° 3 au départ de la place d'Youville. Celui-ci
suit la rue du Pont avant de traverser la rivière Saint-Charles.
Descendez à l'angle de la 3e Rue, que vous emprunterez à
droite (vers l'est).*

Les Amérindiens l'appelaient *Kabir Kouba*, ce qui signifie
«rivière aux nombreux méandres». Cartier, lui, l'avait baptisée
«rivière Sainte-Croix» en 1535. Ce sont les récollets, établis sur
sa rive sud, qui, en 1615, lui donnèrent son nom actuel de
rivière Saint-Charles, en hommage au curé de Pontoise Charles
de Boves, qui a financé leur établissement en Nouvelle-France.
La rivière sillonne la riche plaine alluviale située au pied du cap
Diamant, traversant la Basse-Ville en son centre tout en isolant
Limoilou des autres quartiers ouvriers. Elle est formée de
multiples boucles qui se terminaient autrefois en un estuaire
marécageux, aujourd'hui occupé par le port de Québec et le
bassin Louise.

À la Conquête, en 1763, les jésuites perdent leur autorisation
d'enseigner au Canada. Le dernier d'entre eux meurt à Québec
à la fin du XVIIIe siècle. Leur seigneurie de Notre-Dame-des-
Anges revient alors au roi d'Angleterre, qui en redistribue les
terres. Vers 1845, William Hedley Anderson crée dans sa

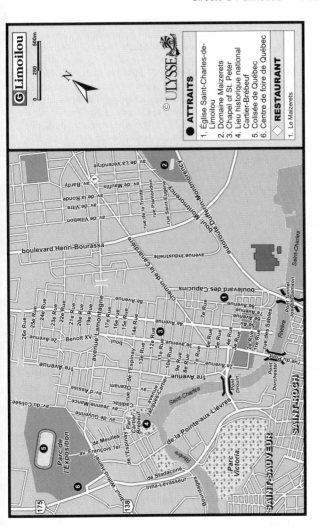

G Limoilou

0   250   500m

N

© ULYSSE

● ATTRAITS

1. Église Saint-Charles-de-Limoilou
2. Domaine Maizerets
3. Chapel of St. Peter
4. Lieu historique national Cartier-Brébeuf
5. Colisée de Québec
6. Centre de foire de Québec

◇ RESTAURANT

1. Le Maizerets

ATTRAITS
TOURISTIQUES

portion sud **Hedleyville**, le premier de ces anciens villages de Limoilou spécialisés dans la construction navale et le commerce du bois. Le village, dont il ne subsiste plus que quelques bâtiments, était situé entre la 1re et la 3e Rue, de la 4e à la 7e Avenue. Au numéro 699 de la 3e Rue, on peut notamment apercevoir l'**ancienne école d'Hedleyville** *(privé, on ne visite pas)*, construite en 1863, afin de dispenser une éducation sommaire aux enfants des ouvriers. L'école, dont l'architecture ne diffère pas tellement de celle des maisons en bois des faubourgs, a d'ailleurs été transformée en habitation il y a déjà longtemps.

Rendez-vous jusqu'à l'extrémité est de la 3e Rue, plus précisément à l'angle du boulevard des Capucins, d'où vous bénéficierez d'une percée, entre les piliers de l'autoroute Dufferin-Montmorency, sur l'ancienne papeterie **Anglo Canadian Paper Mills**, aujourd'hui propriété de la compagnie Daishowa. Ce gigantesque complexe industriel en brique rouge et aux allures de forteresse inexpugnable a été érigé en 1928 sur des remblais de l'estuaire de la rivière Saint-Charles.

Revenez vers la 8e Avenue, que vous emprunterez en direction nord (tournez à droite, si vous vous êtes préalablement rendu jusqu'au boulevard des Capucins).

La belle **église Saint-Charles-de-Limoilou** ★ *(8e Avenue)* se dresse dans l'axe de la 5e Rue, formant de la sorte une agréable perspective. L'église et les bâtiments conventuels qui l'entourent ont tous été érigés sur une bande de terre qui appartenait autrefois à l'Hôtel-Dieu de Québec. Aménagée derrière une façade néo-romane typique (1917-20), la nef de l'église mère de Limoilou présente une double rangée d'arcades d'inspiration médiévale que l'on doit à l'architecte Joseph-Pierre Ouellet. Son intérieur est représentatif des églises paroissiales de Québec, en général plus étroites, mais également plus élancées que les églises des autres régions du Québec. Ainsi, l'influence de la cathédrale Notre-Dame de Québec, érigée au milieu du XVIIIe siècle, elle-même une œuvre baroque, haute, longue et étroite, s'est-elle fait sentir localement jusqu'à la Seconde Guerre mondiale.

Le long de la 5e Rue se trouvent quelques-uns des bâtiments civiques de Limoilou, dont la belle caserne de pompiers de style Beaux-Arts, construite en 1910 par la Ville de Québec. Cette dernière avait annexé l'ancienne municipalité autonome de Limoilou l'année précédente, faisant d'elle un quartier de Québec à part entière.

Une excursion facultative permet d'explorer la partie est de Limoilou jusqu'au domaine Maizerets. Il faut compter une bonne demi-heure de marche pour s'y rendre. Poursuivez sur la 8e Avenue jusqu'au chemin de la Canardière, que vous emprunterez à droite. Tournez à droite sur l'avenue de la Vérendrye, que vous suivrez jusqu'au boulevard Montmorency. Afin de plutôt poursuivre le circuit principal, remontez la 8e Avenue, puis tournez à gauche sur la 12e Rue, où vous verrez la Chapel of St. Peter.

Le **domaine Maizerets** ★ *(entrée libre; tlj 9h à 21h; 2000 boul. Montmorency, au sud du boulevard Montmorency, ☎691-2385)* abrite la maison Maizerets, l'une des anciennes résidences d'été du Séminaire de Québec. La maison initiale, construite en 1697, fut agrandie à trois reprises. D'abord connue sous le nom de domaine de la Canardière, à cause des innombrables volatiles qui venaient se reproduire au milieu des battures autrefois situées à proximité, la maison prend par la suite le nom de domaine de Maizerets, en guise d'hommage à Louis Ango de Maizerets, supérieur du Séminaire de Québec à l'époque où celui-ci acquiert la propriété. La maison forme, avec ses bâtiments de ferme et son parc, l'un des rares ensembles ruraux du XVIIIe siècle de la région de Québec qui soit toujours intact. Ses jardins, membres des «jardins du Québec», offrent un agréable lieu de villégiature (voir p 178).

La **Chapel of St. Peter** *(à l'angle de la 12e Rue et de la 3e Avenue)* témoigne de la présence, au cours des années vingt et trente, de quelques Anglo-Saxons anglicans dans Limoilou. La plupart d'entre eux étaient des cadres et des propriétaires d'usines locales. L'évêché anglican de Québec fait ériger cette desserte spécialement pour eux. Cependant, ils ne seront jamais suffisamment nombreux pour justifier la transformation de la chapelle en véritable église.

Les rues avoisinant la chapelle permettent de se faire une idée de l'**architecture des maisons de Limoilou**, dont la ressemblance avec celle de l'habitat montréalais n'est pas fortuite. En effet, Limoilou se voulait une ville – plus tard un quartier – «moderne», prenant modèle sur les réalisations nord-américaines du

ATTRAITS TOURISTIQUES

début du XXᵉ siècle. Des promoteurs venus de Montréal, mais également des États-Unis, vendirent des lots à bâtir assortis d'exigences particulières qui ont fait apparaître dans Limoilou les toits plats, les galeries superposées, les escaliers extérieurs en métal, les parapets, les ruelles et les hangars si typiquement montréalais. On donna même aux rues et avenues ombragées des numéros plutôt que des noms, pour faire plus américain...

Poursuivez sur la 12ᵉ Rue jusqu'à la 1ʳᵉ Avenue, que vous emprunterez à droite avant de tourner à gauche sur la 13ᵉ Rue, qui débouche sur les rues Cadillac et de l'Espinay, où se trouve l'entrée principale du lieu historique national Cartier-Brébeuf.

Le **lieu historique national Cartier-Brébeuf** ★ *(175 rue de L'Espinay, ☎648-4038)* est situé à proximité de l'emplacement où Jacques Cartier a passé l'hiver 1535-1536, entouré de son équipage. Les conditions difficiles de cette hivernation forcée, qui entraîna la mort de 25 marins, est relatée dans le centre d'accueil et d'interprétation *(droits d'entrée et horaire variables)*, où l'on peut notamment voir une maquette du fortin de Cartier. Il est à noter que l'expédition du Malouin n'avait pas pour but l'établissement de colons en sol canadien, mais plutôt les découvertes plus lucratives d'un passage vers la Chine et de minéraux aussi précieux que l'or des colonies espagnoles.

Ce lieu historique est constitué d'un agréable parc de verdure, réparti autour d'une crique de la rivière Saint-Charles, qui constituait autrefois l'embouchure de la rivière Lairet, aujourd'hui comblée. On peut y voir une **réplique de la *Grande Hermine***, navire principal de Cartier, ainsi qu'une **maison longue iroquoise** reconstituée, rappel de l'habitat amérindien de la vallée du Saint-Laurent au temps des premiers explorateurs. Mais Cartier n'est pas le seul dont la mémoire est honorée par ce site historique. Saint Jean de Brébeuf (1593-1649), missionnaire jésuite martyrisé par les Iroquois, est arrivé en ce même lieu en 1625 pour y établir la seigneurie de Notre-Dame-des-Anges. Un monument conjoint, inauguré en 1889, leur rend hommage. Le lieu historique national Cartier-Brébeuf est bordé au sud d'une agréable promenade qui suit les méandres de la rivière Saint-Charles.

Vous pouvez emprunter l'avenue Jeanne-Mance pour vous rendre au parc de l'Exposition. Sachez cependant que celui-ci se trouve à une bonne distance de marche et qu'il vous faudra

*traverser une zone moins intéressante avant d'y arriver. Cette
excursion vaut surtout la peine si le Centre de foire est animé,
lors de votre passage, par une activité spéciale. Pour revenir,
vous pouvez prendre l'autobus n° 12 vers l'est jusqu'à l'angle
de la 1re Avenue et de l'avenue Lamontagne (18e Rue), où vous
pourrez prendre l'autobus n° 801, qui mène à la Haute-Ville.*

Le **Colisée de Québec** *(2205 av. du Colisée, ☎529-8441)* est
une patinoire intérieure entourée de gradins où étaient dispu-
tées jadis les parties de hockey de l'équipe favorite des
Québécois, les Nordiques de Québec. L'équipe a été vendue et
est déménagée au Colorado en 1995. Ce sont aujourd'hui les
Rafales de la Ligue internationale de hockey qui y jouent en
soulevant toutefois un peu moins de ferveur que leurs prédé-
cesseurs. Le Colisée fut érigé en 1950 selon les plans de
l'architecte d'origine suisse Robert Blatter, à qui l'on doit par
ailleurs quelques belles maisons de style international érigées à
Sillery. L'agrandissement et la modernisation du Colisée au
cours des années soixante-dix ne furent pas des plus heureux.

Le **parc de l'Exposition** *(boul. Wilfrid-Hamel, ☎691-7211)*. Très
populaires avant l'avènement de la télévision, les expositions
régionales présentées annuellement dans les différentes villes
du continent permettaient à chacun de se familiariser avec les
découvertes récentes et de voir des fragments d'un monde
exotique et lointain. Ces foires offraient en outre un moment de
détente aux ouvriers et une occasion de s'amuser pour les
enfants. Nouvellement inaugurés, les pavillons du **Centre de
foire de Québec** sont grands, modernes et fonctionnels. Tout
désignés pour recevoir les multiples expositions et foires qui
intéressent les gens de Québec et des environs.

Le parc de l'Exposition de Québec, auquel s'intègrent le Colisée
et l'**hippodrome de Québec** *(☎524-5283)*, regroupe certains des
anciens pavillons de l'exposition provinciale annuelle présentée
sur ce site depuis 1892, dont le **pavillon des Arts** de 1913 et
le **Palais central** de 1916, deux édifices Beaux-Arts qui ne sont
pas sans rappeler les pavillons de l'Exposition universelle de
Chicago (1893).

CIRCUIT H : SAINT-SAUVEUR ★
(une demi-journée)

L'écrivain québécois Roger Lemelin (1919-1994) a beaucoup contribué à faire connaître le quartier de son enfance et de ses amours. Ses romans *Au pied de la pente douce* (1944) et, surtout, *Les Plouffe* (1948), duquel furent tirés un feuilleton télévisée ainsi que deux longs métrages, décrivent la vie quotidienne, rude et simple à la fois, les travers et le grand cœur des gens de Saint-Sauveur. Ce quartier ouvrier de la Basse-Ville de Québec, situé à l'ouest de Saint-Roch, était alors le secteur le plus pauvre et le plus désœuvré de Québec.

L'histoire de Saint-Sauveur débute très tôt avec l'arrivée des récollets sur les bords de la rivière Saint-Charles en 1615. Ces franciscains réformés entretiennent de grands projets pour leurs terres. Ils prévoient alors faire venir de France 300 familles, qu'ils installeront dans un bourg baptisé «Ludovica». En 1621, ils y font d'ailleurs construire la première église en pierre de la Nouvelle-France. Malheureusement, la prise de Québec par les frères Kirke en 1629 viendra mettre un terme à ce projet. Malgré que Québec ait été rendue à la France dès 1632, le projet de colonisation des récollets ne sera jamais plus repris. Seul leur couvent est reconstruit avant d'être racheté par l'évêque de Québec pour en faire l'Hôpital Général (1693).

C'est seulement à la suite de la grande conflagration qui détruit le quartier voisin de Saint-Roch (1845) que Saint-Sauveur va s'urbaniser. Dans la plus grande confusion, on érige des centaines de maisonnettes en bois sur des terrains exigus et souvent insalubres. En 1866 puis en 1889, des incendies majeurs ravagent une bonne partie du quartier, qui continue pourtant d'attirer nombre d'ouvriers non spécialisés. De nos jours, Saint-Sauveur peut être considéré comme le quartier où l'on ressent le plus l'âme profonde de Québec avec ses rues étroites et ses maisons de poupées.

De la Haute-Ville, prendez l'autobus nº 2 de la place d'Youville. Descendez à l'angle des boulevards Langelier et Charest. Empruntez à gauche le boulevard Langelier, puis tournez à droite sur la rue Arago.

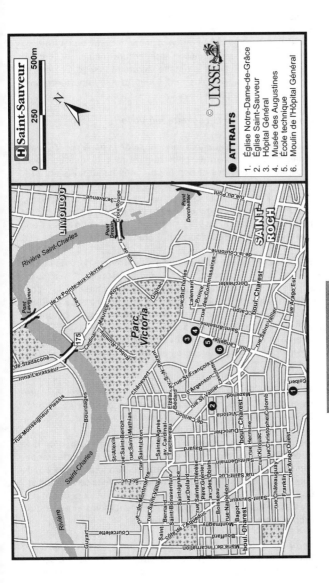

H Saint-Sauveur

0   250   500m

N

© ULYSSE

● **ATTRAITS**

1. Église Notre-Dame-de-Grâce
2. Église Saint-Sauveur
3. Hôpital Général
4. Musée des Augustines
5. École technique
6. Moulin de l'Hôpital Général

L'**église Notre-Dame-de-Grâce** *(rue Arago, à l'angle de la rue Colbert)* est située tout juste au pied de la falaise de la Haute-Ville. Il s'agit d'une œuvre éclectique tardive (1925) que l'on doit à deux passionnés d'architecture médiévale, l'abbé Jean-Thomas Nadeau et le notaire Gérard Morisset. Ce dernier allait, bien des années plus tard, jouer un rôle important dans le sauvetage de la place Royale.

Tournez à droite sur la coquette rue Victoria.

Les petites maisons aux toitures mansardées de la rue Victoria et des rues avoisinantes confèrent à tout le quartier une atmosphère villageoise et bon enfant. Ces habitations ont été érigées sur les minuscules parcelles tracées par des propriétaires terriens désireux de concentrer un maximum de familles dans un minimum d'espace. Certaines maisons ont même été surélevées au début du XXe siècle par l'adjonction de un ou deux étages dotés de balcons et d'oriels richement ornés.

L'**église Saint-Sauveur** ★ se dresse à l'extrémité nord de la rue Victoria. Elle fut construite en 1867 en réutilisant les murs calcinés de la première église de 1851. L'architecte Joseph-Ferdinand Peachy l'a dotée d'une façade néo-romane coiffée d'un clocher qui se rattache davantage à l'esprit baroque. L'intérieur, abondamment décoré à la fin du XIXe siècle, présente une nef étroite encadrée de hautes galeries latérales. On remarquera plus particulièrement les verrières de Beaulieu et Rochon (1897).

Traversez le parvis de l'église afin de vous retrouver sur l'avenue des Oblats, que vous emprunterez à droite jusqu'à la rue Saint-Vallier Ouest, que vous prendrez à gauche.

Dans cette rue, vous serez plongé au cœur de l'animation du quartier Saint-Sauveur, avec ses casse-croûte, ses restaurants asiatiques, ses brocanteurs et ses ateliers. On y remarque aussi quelques anciennes demeures de notables dotées de balcons et de tours. La **rue Saint-Vallier** traverse en fait plusieurs quartiers de la Basse-Ville, en un parcours on ne peut moins sinueux qui se termine au bord du bassin Louise.

Empruntez la rue de Carillon vers le nord puis la rue Elzéar-Bédard sur votre droite. Prenez ensuite, presque devant vous, l'avenue Simon-Napoléon-Parent, du nom d'un ancien maire de la ville à la fin du siècle dernier. On trouvera le long de cette avenue, menant au parc Victoria, quelques demeures victoriennes intéressantes au vocabulaire Second Empire et Queen Anne.

Le **parc Victoria** fut créé en 1897 afin de pourvoir les quartiers Saint-Roch et Saint-Sauveur d'un peu de verdure, élément qui avait cruellement manqué jusque-là. On y aménagea des sentiers et des pavillons rustiques, faits de rondins et fort populaires auprès des citadins. Le parc a beaucoup perdu de son attrait lors du remblayage du méandre de la rivière Saint-Charles qui l'encerclait presque complètement autrefois. La construction du Quartier général de la police a également contribué à altérer cet espace vert.

Longez le parc en suivant l'avenue Simon-Napoléon-Parent, puis prenez l'avenue Saint-Anselme à droite et l'avenue des Commissaires encore à droite. Vous contournerez ainsi l'enceinte de l'Hôpital Général, dont l'entrée s'ouvre au bout du boulevard Langelier.

L'**Hôpital Général** ★★ *(260 boul. Langelier)*. Le site de l'Hôpital Général est d'abord occupé par les récollets, qui y font construire la première église en pierre de la Nouvelle-France, achevée en 1621, en prévision de la venue de 300 familles que l'on veut établir sur les bords de la rivière Saint-Charles, dans un bourg baptisé «Ludovica». Même si ce projet ne se concrétisera jamais, l'institution prendra racine et grandira lentement. En 1673, la chapelle actuelle est construite; puis en 1682, les récollets dotent leur couvent d'un cloître à arcades, dont il reste quelques composantes intégrées à des aménagements ultérieurs.

En 1693, Mgr Jean-Baptiste de la Croix de Chevrières de Saint-Vallier, deuxième évêque de Québec, achète le couvent des Récollets pour en faire un hôpital. Les augustines hospitalières de l'Hôtel-Dieu prennent en charge l'institution qui accueille les démunis, les invalides et les vieillards. Aujourd'hui, l'Hôpital Général est une institution moderne, ouverte à tous et dotée des équipements les plus récents (salles d'urgence, de chirurgie, etc.). On a cependant réussi à conserver, plus que dans toute autre institution du genre au Québec, quantité d'éléments des XVIIe et XVIIIe siècles, telles certaines des cellules des récollets, des boiseries, des armoires de pharmacie et des lambris peints. Fait rarissime au Québec, l'hôpital n'a jamais été touché par les flammes et si peu par les bombardements de la Conquête.

Ces vestiges demeurent toutefois peu accessibles. Il est cependant possible de visiter le petit **musée des Augustines** *(entrée libre; ouvert sur rendez-vous et pour visite commentée seulement)* ainsi que leur chapelle, redécorée par Pierre Émond en 1770, et dont on a conservé le précieux tabernacle exécuté par François-Noël Levasseur en 1722. On peut y voir de belles toiles, dont *L'Assomption de la Vierge* de frère Luc, peinte sur place lors d'un séjour du peintre au Canada en 1670, ainsi que quelques tableaux de Joseph Légaré acquis en 1824.

Prenez le boulevard Langelier en laissant l'hôpital et le musée derrière vous.

L'**École technique** *(310 boul. Langelier)*, ou École des métiers, est l'un des bons exemples du style Beaux-Arts à Québec. Il s'agit d'une œuvre majeure de l'architecte René Pamphile Lemay réalisée entre 1909 et 1911. Le long bâtiment de briques rouges et de pierres était autrefois coiffé d'une tour centrale haute de 22 m qui fut malheureusement démolie vers 1955.

À l'angle du boulevard Langelier et de la rue Saint-François, s'élève, au milieu d'un petit parc, le **moulin de l'Hôpital Général**. Cet ancien moulin à vent est le seul des quelque 20 moulins de Québec à avoir survécu aux affres du temps. Sa tour de pierre a été érigée en 1730 sur des fondations antérieures pour les besoins des religieuses de l'Hôpital Général et de leurs patients. Il a servi à moudre le grain jusqu'en 1862, alors qu'un incendie le ravage entièrement. Le moulin est alors intégré à un bâtiment industriel qui le camoufle jusqu'à le faire disparaître du paysage. Il faut attendre 1976 pour que la tour, ou ce qui en reste, soit dégagée et qu'une nouvelle toiture vienne la couvrir.

Pour terminer ce circuit et retourner vers la Haute-Ville, prenez la rue Saint-François vers l'est et suivez-la un petit moment, jusqu'à ce qu'elle rencontre la rue Dorchester. À l'angle de ces deux rues, vous remarquerez un arrêt d'autobus où vous pourrez prendre le Métrobus n° 800 ou 801.

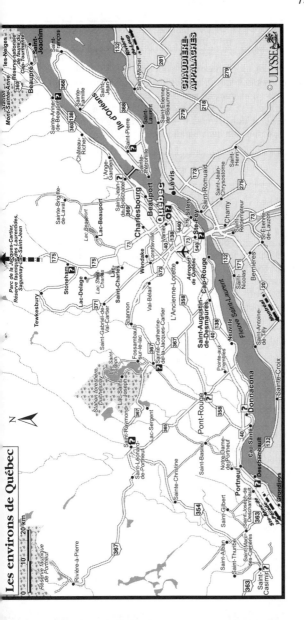

Les environs de Québec

CIRCUIT I : DE SILLERY À CAP-ROUGE ★
(une demi-journée)

Ce circuit se promène de haut en bas le long de la falaise qui
s'étend depuis le cap Diamant jusqu'à Cap-Rouge. Il débute à
Sillery, une banlieue cossue de Québec, passe par Sainte-Foy
(voir aussi p 132) et se termine, avec la falaise, à Cap-Rouge.
Vous ne serez donc jamais très loin du fleuve et pourrez parfois
profiter de panoramas magnifiques.

Sillery ★★ (13 000 hab.)

Sillery conserve plusieurs témoins des épisodes contrastés de
son histoire, influencée par la topographie dramatique des lieux.
La ville est en effet répartie entre la base et le sommet de la
haute falaise. En 1637, les jésuites y fondent, sur les berges du
fleuve Saint-Laurent, une mission destinée à convertir les
Algonquins et les Montagnais qui viennent chaque été pêcher
dans les anses en amont de Québec. Ils baptisent leur domaine
fortifié du nom du bienfaiteur de la mission, Noël Brulart de
Sillery, aristocrate récemment converti par saint Vincent de
Paul.

Au siècle suivant, Sillery est déjà un lieu recherché pour la
beauté de son site. Les jésuites reconvertissent leur mission en
maison de campagne, et l'évêque de Samos vient y ériger une
première villa (1732). À la suite de la Conquête, Sillery devient
le lieu de prédilection des administrateurs, militaires et marchands britanniques, qui se font construire de luxueuses villas
sur la falaise, dans l'esprit romantique, alors en vogue en
Angleterre. Le faste de ces habitations, entourées de vastes
parcs à l'anglaise, fait contraste avec les maisons ouvrières qui
s'agglutinent au bas de la falaise. Les occupants de celles-ci
travaillent aux chantiers navals qui, depuis le blocus de
Napoléon en 1806, font fortune en fabriquant les vaisseaux de
la Marine britannique avec le bois acheminé de l'Outaouais. Ces
chantiers, installés dans les anses protégées de Sillery, ont tous
disparu avant l'aménagement du boulevard Champlain, vers
1960.

Le circuit débute à l'entrée du parc du Bois-de-Coulonge, sur le
chemin Saint-Louis, qui est la prolongation de la Grande Allée,

juste avant qu'il bifurque vers le sud et laisse le boulevard Laurier prendre sa relève.

Le **Bois-de-Coulonge** ★★ *(entrée libre; 1215 chemin Saint-Louis, ☎528-0773)* est un beau parc à l'anglaise qui entourait jadis la résidence du lieutenant-gouverneur du Québec. Certaines dépendances du palais, incendié en 1966, ont survécu, comme le pavillon du gardien et les écuries. À la limite est du parc, on peut voir un ravin au fond duquel coule le ruisseau Saint-Denys. C'est par cette ouverture dans la falaise que les troupes britanniques purent accéder aux plaines d'Abraham, où devait se jouer le sort de la Nouvelle-France. Aujourd'hui, le Bois-de-Coulonge, membre des Jardins du Québec, offre aux promeneurs de magnifiques jardins ainsi qu'un petit arboretum bien aménagé.

La **villa Bagatelle** ★ *(2 $; mars à déc mar-dim 13h à 17h; 1563 chemin Saint-Louis, ☎688-8074)* logeait autrefois un attaché du gouverneur britannique, qui habitait la propriété voisine du Bois-de-Coulonge. La villa, construite en 1848, est un bon exemple de l'architecture résidentielle néo-gothique du XIXe siècle telle que préconisée par Alexander J. Davis aux États-Unis. La maison et son jardin victorien ont été admirablement restaurés en 1984 et sont maintenant ouverts au public. On y trouve un intéressant centre d'interprétation des villas et domaines de Sillery et une galerie d'art.

Sur l'avenue Lemoine, qui longe Bagatelle au sud, on peut voir la **villa Spencer Grange** *(1321 av. Lemoine)*, érigée en 1849 pour Henry Atkinson. Elle a été habitée par l'impératrice déchue d'Autriche, Zita de Bourbon-Parme, et sa famille durant la Seconde Guerre mondiale.

Poursuivez sur le chemin Saint-Louis jusqu'à l'angle de l'avenue Maguire et de la côte de l'Église. L'avenue Maguire est l'artère commerciale du quartier. Tournez à gauche dans la côte de l'Église.

*Une courte excursion facultative permet d'aller voir le **cimetière de Sillery**, où est inhumé René Lévesque, fondateur du Parti québécois et premier ministre du Québec de 1976 à 1984. Pour vous y rendre, tournez plutôt à droite sur l'avenue Maguire, puis à gauche sur le boulevard René-Lévesque Ouest. Le cimetière se trouve juste un peu plus loin.*

ATTRAITS TOURISTIQUES

L'**église Saint-Michel** ★ *(à l'angle du chemin du Foulon et de la côte de l'Église)* a été érigés en 1852 par l'architecte George Browne. Elle renferme cinq tableaux de la célèbre collection Desjardins, entre autres des toiles autrefois suspendues dans les églises parisiennes et ensuite dispersées lors des Ventes révolutionnaires de 1792, avant d'être rachetées par l'abbé Desjardins.

De l'**observatoire de la Pointe-à-Puiseaux**, situé en face du parvis de l'église, on embrasse du regard un vaste panorama du fleuve Saint-Laurent et de la rive sud du fleuve. Sur la droite se dressent les ponts qui relient, en doublée, la rive sud et la rive nord du Saint-Laurent. Le premier, à l'est, est le **pont de Québec**, un pont cantilever qui était reconnu comme une merveille de l'ingénierie à l'époque où il a été bâti. Sa construction a toutefois été marquée par un événement tragique : l'effondrement de sa travée centrale lorsqu'on a tenté de la mettre en place la première fois en août 1907. Le second, plus à l'ouest, avec ses grandes arches blanches, est le **pont Pierre-Laporte**, nommé à la mémoire d'un ministre du gouvernement provincial enlevé par les membres du Front de libération du Québec (FLQ) lors de la Crise d'octobre 1970, et décédé au cours de ces événements.

En bas de la côte, tournez à droite sur le chemin du Foulon, qui tire son nom d'un moulin à carder et à fouler la laine, autrefois en activité dans le secteur.

La **maison des Jésuites de Sillery** ★★ *(contribution volontaire; mi-mars à fin déc mar-dim 11h à 17h, jeu-ven jusqu'à 19h; 2320 chemin du Foulon, ☎654-0259 ou 688-8074, ⌐654-0991)*, faite de pierres revêtues de crépi blanc, occupe le site de la mission des Jésuites, dont on peut encore voir les ruines tout autour. Au XVIIe siècle, la mission comprenait une fortification de pierres, une chapelle et une maison pour les pères, en plus des habitations des Amérindiens. Les maladies européennes comme la variole et la rougeole ayant décimé les populations autochtones, la mission fut transformée en maison de repos en 1702. C'est à cette époque que fut construite la demeure actuelle, fier bâtiment doté d'imposantes souches de cheminée. En 1763, la maison est louée à John Brookes et à son épouse, la romancière Frances Moore Brookes, qui la rend célèbre en y situant l'action de son roman *The History of Emily Montague*, publié à Londres en 1769. C'est aussi à ce moment que la structure est rabaissée et que les ouvertures sont rapetissées dans la tradition des *salt-box* de la Nouvelle-Angleterre. La maison présentera dorénavant deux étages sur la devanture et un seul à l'arrière, couverts par une toiture à pentes asymétriques.

En 1824, la chapelle disparaît alors que la demeure sert de brasserie. Elle abritera par la suite les bureaux de divers chantiers navals. En 1929, la maison des Jésuites devient un des trois premiers édifices classés historiques par le gouvernement du Québec. Depuis 1948, s'y trouve un musée qui met en relief l'intérêt patrimonial du site, riche de plus de 350 ans d'histoire.

Poursuivez sur le chemin du Foulon, puis remontez sur la falaise, à droite, en empruntant la côte à Gignac. En haut de la côte, tournez à droite sur le chemin Saint-Louis.

Le **domaine Cataraqui** ★ *(5 $; mar-dim 11h à 17h; 2141 chemin Saint-Louis, ☎681-3010)*, le plus complet des domaines qui subsistent à Sillery, comprend une grande résidence néoclassique, dessinée en 1851 par l'architecte Henry Staveley, un jardin d'hiver et de nombreuses dépendances disposées dans un beau parc restauré. La maison a été commandée par le marchand de bois Henry Burstall, dont l'entreprise était établie au bas de la falaise. En 1935, Cataraqui devient la résidence du peintre Henry Percival Tudor-Hart et de son épouse, Catherine Rhodes. Pour éviter que le domaine ne soit morcelé à l'instar de plusieurs autres, il est acheté par le gouvernement du Québec en 1975 et devient sa résidence officielle en 1996. On peut aujourd'hui visiter la maison, ses serres et ses superbes jardins, où se tiennent régulièrement des expositions et des concerts. Au début de l'automne, on peut y assister aux concerts du **Festival de musique ancienne de Sillery**.

Reprenez le chemin Saint-Louis vers l'ouest.

La **maison Hamel-Bruneau** *(entrée libre; mar-dim 12h30 à 17h, mer jusqu'à 21h; 2608 chemin Saint-Louis, ☎654-4325)* est un bel exemple du style Regency, tel que popularisé dans les colonies britanniques au début du XIXe siècle. Celui-ci se définit notamment par la présence de larges toitures à croupes couvrant une galerie basse et enveloppante. La maison Hamel-Bruneau, qui comporte toutefois des fenêtres françaises, a été

ATTRAITS
TOURISTIQUES

restaurée avec soin et transformée, par la ville de Sainte-Foy, en un centre culturel avec une salle d'exposition.

Tournez à gauche sur l'avenue du Parc pour accéder à l'Aquarium du Québec.

L'**Aquarium du Québec** *(9,50 $; tlj 9h à 17h; 1675 av. des Hôtels, Sainte-Foy, ☎659-5264),* abritant quelque 250 espèces de poissons, de mammifères marins et de reptiles, est d'une grande richesse. Parmi les animaux originaires du Québec, on y trouve trois espèces de phoques. Le vaste terrain qui entoure l'aquarium offre au visiteur des sentiers de promenade et des aires de pique-nique avec vue sur le fleuve.

Revenez sur le chemin Saint-Louis, que vous emprunterez vers l'ouest en direction de Cap-Rouge, où vous suivrez la rue Louis-Francœur, à droite, avant de descendre la côte de Cap-Rouge, à gauche.

Cap-Rouge (14 800 hab.)

Jacques Cartier et le sieur de Roberval tentent d'implanter une colonie française à Cap-Rouge dès 1541. Ils baptisent leurs campements Charlesbourg-Royal et France-Roy. Les malheureux qui les accompagnent ne se doutent pas encore qu'il fait froid en janvier au Canada et construisent de frêles habitations de bois, dotées de fenêtres en papier! La plupart mourront au cours de l'hiver, victimes du froid mais aussi du scorbut, maladie provoquée par une carence en vitamine «C» dans l'organisme. Les autres rentreront en France au printemps.

Au **site historique de Cap-Rouge** *(à l'extrémité de la côte de Cap-Rouge),* on peut voir une plaque signalant l'emplacement de la première colonie française en Amérique. Cartier et Roberval avaient l'intention d'en faire le camp de base d'une mission destinée à trouver un passage vers l'Orient.

 CIRCUIT J : EN ROUTE VERS LE NORD ★ (une journée)

Ce circuit débute à Charlesbourg, une des premières zones de peuplement de la Nouvelle-France. Il s'arrête ensuite à Wendake, un village peuplé par une communauté huronne-wendat. Il file ensuite vers le nord et la réserve faunique des Laurentides, une contrée de lacs et de forêts. Avis aux amateurs de grands espaces! La réserve faunique des Laurentides est l'une des portes d'entrée de la belle région touristique du Saguenay–Lac-Saint-Jean, que vous pouvez explorer à l'aide du *Guide Ulysse Charlevoix Saguenay–Lac-Saint-Jean*.

Charlesbourg ★ (74 000 hab.)

En Nouvelle-France, les seigneuries prennent habituellement la forme de longs rectangles quadrillés, que parcourent les montées et les côtes. La plupart d'entre elles sont également implantées perpendiculairement à un cours d'eau important. Charlesbourg représente la seule véritable exception à ce système, et quelle exception! En 1665, les jésuites, à la recherche de différents moyens pour peupler la colonie tout en assurant sa prospérité et sa sécurité, développent sur leurs terres de la seigneurie de Notre-Dame-des-Anges un modèle d'urbanisme tout à fait original. Il s'agit d'un vaste carré, à l'intérieur duquel des lopins de terre distribués en étoile convergent vers le centre, où sont regroupées les habitations. Celles-ci font face à une place délimitée par un chemin appelé le Trait-Carré, où se trouvent l'église, le cimetière et le pâturage communautaire. Ce plan radioconcentrique, qui assure alors une meilleure défense contre les Iroquois, est encore perceptible de nos jours dans le vieux Charlesbourg. Deux autres initiatives du genre, Bourg Royal, à l'est, et Petite Auvergne, au sud, ne connaîtront pas le même succès, laissant peu de traces.

La seigneurie de Notre-Dame-des-Anges a été concédée aux jésuites dès 1626, ce qui en fait une des premières zones habitées en permanence par les Européens au Canada. Malgré cette présence ancienne et ce développement original, Charlesbourg conserve peu de bâtiments antérieurs au XIXe siècle. Cela s'explique par la fragilité des constructions et la volonté de se moderniser. Depuis 1950, Charlesbourg est devenue l'une des principales composantes de la banlieue de Québec et a perdu beaucoup de son unité.

Il est recommandé de stationner sa voiture à proximité de l'église et de parcourir à pied le Trait-Carré. On peut aussi prendre

ATTRAITS
TOURISTIQUES

le Métrobus n° 801 pour se rendre à Charlesbourg. Cet autobus va jusqu'au Jardin zoologique.

L'église Saint-Charles-Borromée ★★ *(135 80ᵉ Rue O.)* a révolutionné l'art de bâtir en milieu rural au Québec. L'architecte Thomas Baillairgé, influencé par le courant palladien, innove surtout par la disposition rigoureuse des ouvertures de la façade, qu'il coiffe d'un large fronton. En outre, l'église de Charlesbourg a l'avantage d'avoir été réalisée d'un trait et d'être demeurée intacte depuis. Rien n'est donc venu contrecarrer le projet original. La construction est entreprise en 1828, et le magnifique décor intérieur de Baillairgé est mis en place à partir de 1833.

Au fond du chœur, plus étroit que la nef, se trouve le retable en arc de triomphe, au centre duquel prend place un tabernacle, rappelant la basilique Saint-Pierre de Rome, et une toile du XVIIᵉ siècle d'après Pierre Mignard, intitulée *Saint Charles Borromée distribuant la communion aux pestiférés de Milan*. Deux belles statues de Pierre-Noël Levasseur, datées de 1742, complètent l'ensemble. Au sortir, on aperçoit le vaste presbytère Second Empire de 1876, témoin du statut privilégié des curés de village au XIXᵉ siècle, et la Bibliothèque municipale, installée dans l'ancien collège Saint-Charles (1904).

Prenez la 1ʳᵉ Avenue vers le sud, puis tournez à gauche sur la rue du Trait-Carré Est, qui conduit au chemin Samuel.

La **maison Éphraïm-Bédard** *(entrée libre; fin juin à mi-août mer-dim 12h à 19h, début sept à fin juin mar et jeu 13h30 à 16h; 7655 chemin Samuel, ☎628-8278)*, en pièce sur pièce (fin XVIIIᵉ siècle), est une des rares survivantes du vieux Charlesbourg. La société historique locale y est installée depuis 1986 et y présente une exposition sur l'évolution du Trait-Carré. Les cartes anciennes et les photos aériennes exposées permettent de mieux comprendre la physionomie particulière de Charlesbourg. La société organise aussi des visites guidées du secteur.

Si l'on reprend la rue du Trait-Carré Est, on peut voir, au numéro 7970, la **maison Magella-Paradis** *(mar et jeu 13h30 à 16h; ☎623-1877)* de 1833, qui accueille parfois des expositions. Un peu plus loin, au numéro 7985, la **maison Pierre-Lefevbre**, de 1846, abrite la **Galerie d'art du Trait-Carré** *(entrée libre; fin juin à fin août mer-dim 12h à 19h, début sept* *à fin juin jeu-ven 19h à 22h et sam 13h à 22h et dim 13h à 18h, ☎623-1877)*, où sont présentées des œuvres d'artistes locaux.

Tournez à droite sur la 80ᵉ Rue Est. À l'angle du boulevard Henri-Bourassa se trouve l'ancien moulin des Jésuites.

Le **moulin des Jésuites** ★ *(entrée libre; mi-juin à mi-août tlj 10h à 21h, mi-août à mi-juin sam-dim 10h à 17h; 7960 boul. Henri-Bourassa, ☎624-7720 ou 624-7740)*. Ce joli moulin à eau, en moellons crépis, est le plus ancien bâtiment de Charlesbourg. Il a été érigé en 1740 pour les jésuites, alors seigneurs des lieux. Après plusieurs décennies d'abandon, le bâtiment de deux étages a enfin été restauré en 1990 et accueille maintenant le **Centre d'interprétation du Trait-Carré**. On y organise aussi des concerts et des expositions.

Pour vous rendre au zoo, empruntez l'autoroute Laurentienne (73) en direction nord, et prenez la sortie vers la rue de la Faune.

Pour les petits comme pour les grands, une visite au zoo c'est un émerveillement garanti. Le **Jardin zoologique du Québec** ★ *(9,50 $; toute l'année tlj 9h à 17h; 9300 rue de la Faune, ☎622-0312, www.spsnq.qc.ca)* est un beau site où les espaces verts et fleuris prédominent et où l'on peut se balader dans la détente, et même, en hiver, le parcourir en skis de fond. Les bâtiments qui abritent les animaux sont en pierre, rappelant les vielles constructions québécoises. On y trouve une **Maison des insectes** *(☎626-0445)*, des volières remplis de plus de 150 espèces d'oiseaux ainsi qu'un pavillon des fauves et des primates, et l'on peut assister à des spectacles de phoques et, bien sûr, y voir plusieurs autres mammifères. Toute cette vie se laisse découvrir le long de trois sentiers d'interprétation, à savoir du Hibou, de l'Ours et de l'Orignal. Plusieurs activités éducatives y sont organisées tout au long de l'année.

Reprenez l'autoroute Laurentienne (73), vers le sud cette fois, pour revenir à la hauteur de la 80ᵉ Rue, qui devient le boulevard Saint-Joseph, que vous emprunterez vers l'ouest. Le boulevard Saint-Joseph prend ensuite le nom de boulevard Bastien.

ATTRAITS TOURISTIQUES

Wendake ★ (1 035 hab.)

Chassées de leurs terres ontariennes par les Iroquois au XVIIe siècle, 300 familles huronnes-wendat s'installent en divers points autour de Québec avant de se fixer définitivement, en 1700, à La Jeune-Lorette, aujourd'hui Wendake. Le visiteur sera charmé par le village aux rues sinueuses de cette réserve amérindienne, au bord de la rivière Saint-Charles. En visitant ses musées et ses boutiques d'artisanat, il apprendra beaucoup sur la culture des Hurons-Wendat, peuple sédentaire et pacifique.

L'**église Notre-Dame-de-Lorette** ★ *(140 boul. Bastien)*, l'église des Hurons-Wendat, terminée en 1730, rappelle les premières églises de Nouvelle-France. L'humble édifice, revêtu d'un crépi blanc, recèle des trésors insoupçonnés, que l'on peut voir dans le chœur et dans la sacristie. Certains de ces objets ont été donnés à la communauté huronne-wendat par les jésuites et proviennent de la première chapelle de L'Ancienne-Lorette (fin XVIIe siècle). Parmi les œuvres exposées, figurent plusieurs statues de Noël Levasseur réalisées entre 1730 et 1740, un parement d'autel représentant un village amérindien, du sculpteur huron-wendat François Vincent (1790), et une très belle *Vierge à l'enfant*, d'un orfèvre parisien (1717). À cela, il faut ajouter un reliquaire de 1676, des chasubles du XVIIIe siècle et divers objets de culte signés Paul Manis (vers 1715). L'élément le plus intéressant demeure toutefois le petit tabernacle doré, de style Louis XIII, du maître-autel, sculpté par Levasseur en 1722. La maison Aroüanne (voir ci-dessous) organise des visites guidées.

La **Maison Aroüanne** *(entrée libre; fin mai à début sept tlj 9h à 16h; 10 rue Chef-Alexandre-Duchesneau, ☎845-1241)*, situé à proximité de l'église, raconte la culture et les traditions huronnes-wendat en présentant des vêtements traditionnels et des objets usuels. On y tient également des expositions temporaires et des événements à caractère culturel.

Onhoüa Chetek8e ★ *(5 $; fin mai à début oct tlj 9h à 17h; 575 rue Stanislas-Kosca, ☎842-4308)* est une reconstitution d'un village huron-wendat tel qu'il en existait au tout début de la colonisation. On y retrouve l'aménagement du village, avec ses longues maisons de bois et ses palissades. Le site a pour but de faire découvrir aux visiteurs le mode de vie et d'organisation sociale de la nation huronne-wendat. Sur place, on peut goûter à divers mets amérindiens.

Le **parc de la falaise et de la chute Kabir Kouba** offre quelques petits sentiers qui longent les bords de la falaise, haute de 40 m, au fond de laquelle coule la rivière Saint-Charles, que les Autochtones appellent *Kabir Kouba*, qui signifie «rivière aux nombreux méandres».

Reprenez la route 73, qui devient la route 175. Cette route passe en bordure des centres de villégiature de Lac-Beauport, Lac-Delage, Stoneham et Tewkesbury. Elle donne accès, plus loin, au parc de la Jacques-Cartier (voir p 178).

Pour revenir à Québec, reprenez la route 175 vers le sud.

 CIRCUIT K : LA CÔTE-DE-BEAUPRÉ ET L'ÎLE D'ORLÉANS ★★ (un à deux jours)

La Côte-de-Beaupré, cette longue et étroite bande de terre, coincée entre le Saint-Laurent et le massif laurentien, représente encore de nos jours un écrin de peuplement ancien, en contrebas de zones sauvages peu développées. Elle illustre de la sorte la répartition limitée des populations en bordure immédiate du fleuve, dans plusieurs régions du Québec, et rappelle la fragilité du développement à l'époque de la Nouvelle-France. De Beauport à Saint-Joachim, la Côte-de-Beaupré est traversée par le premier chemin du Roy, aménagé à l'instigation de Mgr de Laval au XVIIe siècle, et le long duquel s'agglutinent les maisons typiques de la Côte, avec leur rez-de-chaussée surélevé et revêtu de stuc, leur longue galerie de bois chantourné et leurs encadrements de fenêtres en dentelle. De son côté, l'île d'Orléans, cette île de 32 km sur 5 km située au milieu du fleuve Saint-Laurent en aval de Québec, est un des enfants chéris des gens de la région, et ce depuis nombre d'année. On comprend très vite pourquoi, lorsqu'on l'aborde pour une promenade, de superbes paysages de campagne et des trésors du patrimoine québécois nous apparaissant au détour du chemin Royal.

Beauport ★ (72 260 hab.)

Beauport a su combiner trois types de développement urbain au cours de son histoire. D'abord village agricole, celui-ci devient au XIXᵉ siècle une importante ville industrielle, avant de se métamorphoser en l'une des principales villes de la banlieue de Québec au cours des années soixante. La seigneurie de Beauport, à l'origine de la ville actuelle, a été concédée dès 1634 à Robert Giffard, médecin-chirurgien du Perche. Enthousiaste, Giffard fait construire manoir, moulin et bourg dans les années qui suivent, faisant de sa seigneurie l'une des plus considérables de la Nouvelle-France. Malheureusement, les guerres et les conflagrations entraîneront la perte de plusieurs bâtiments de cette époque.

Le **manoir Montmorency** *(2490 av. Royale, ☎663-3330)*, une grande maison blanche, a été construit en 1780 pour le gouverneur britannique Sir John Haldimand. Elle est parvenue à la célébrité en devenant la résidence du duc de Kent, fils de George III et père de la reine Victoria, à la fin du XVIIIᵉ siècle. Le manoir, qui abritait un établissement hôtelier, a été gravement endommagé lors d'un incendie en mai 1993, mais fut reconstruit selon les plans d'origine. Aujourd'hui, on y retrouve un centre d'interprétation, quelques boutiques et un restaurant (voir p 243), d'où l'on bénéficie de vues exceptionnelles sur la chute Montmorency, le fleuve et l'île d'Orléans. La petite chapelle Sainte-Marie et les jardins qui entourent l'hôtel sont ouverts au public.

Le manoir est niché dans le **parc de la Chute-Montmorency ★★** *(stationnement 7 $, gratuit en hiver, téléphérique 7 $ aller-retour; accessible toute l'année, vérifiez les heures d'ouverture des stationnements, ☎663-2877, ⇒663-1666, www.chutemontmorency.qc.ca)*. La rivière Montmorency, qui prend sa source dans les Laurentides, coule paisiblement en direction du fleuve, jusqu'à ce qu'elle atteigne une dénivellation soudaine de 83 m qui la projette dans le vide, donnant lieu à l'un des phénomènes naturels les plus impressionnants du Québec. Une fois et demie plus élevée que celle du Niagara, la chute Montmorency possède un débit qui atteint les 125 000 litres d'eau par seconde lors des crues printanières. Afin de permettre l'observation de ce spectacle grandiose, un parc a été aménagé. Depuis 1995, il est possible de faire le tour de le chute. À partir du manoir Montmorency, empruntez la charmante promenade de la Falaise, où se trouve le belvédère de la Baronne, offrant une vue en plongée sur la chute. Cette courte randonnée vous conduit au pont «Au-dessus de la chute» et au pont «Au-dessus de la faille». Il va sans dire que les panoramas qui y sont offerts sont tout à fait extraordinaires. Arrivé à la section est du parc, vous trouverez une aire de jeux pour les enfants et des tables à pique-nique. Vous pouvez descendre par l'escalier panoramique et ses 487 marches ou par le sentier. En bas, empruntez le sentier du bas de la chute, qui vous ramènera à la gare du téléphérique. Vous pourrez remonter tranquillement en admirant encore ce merveilleux spectacle naturel. En hiver, la vapeur d'eau cristallisée par le gel forme des cônes de glace nommés «pains de sucre», que les plus audacieux peuvent escalader.

Samuel de Champlain, fondateur de Québec, avait été impressionné par cette chute, à laquelle il a donné le nom du vice-roi de la Nouvelle-France, Charles, duc de Montmorency. Au XIXe siècle, le site de la chute constituait un but de promenade pour les équipages, où se rencontraient les messieurs et les gentes dames en carrosse ou en traîneau.

La partie basse du parc, située en face de la chute, est accessible par un très long escalier en bois ou par le téléphérique. Pour atteindre la partie basse du parc en voiture, il est nécessaire d'effectuer un détour complexe : il faut alors poursuivre sur l'avenue Royale, tourner à droite à la côte de l'Église, puis encore à droite sur l'autoroute 40. Le stationnement est du côté droit. Pour retourner vers l'avenue Royale, il faut emprunter le boulevard Sainte-Anne vers l'ouest, la côte Saint-Grégoire et finalement le boulevard des Chutes à droite.

Pour accéder à Sainte-Anne-de-Beaupré, vous pouvez prendre le boulevard Sainte-Anne (route 138) en direction est ou emprunter le chemin Royal, qui traverse une campagne bucolique et de jolis villages.

Parmi ceux-ci, **Château-Richer** occupe un emplacement au charme pittoresque, accentué par l'implantation inusitée de l'église sur un promontoire. Des fours à pain en pierre et des caveaux à légumes centenaires sont visibles de la route et, parfois, encore utilisés. Dans tout le village, on a apposé de

ATTRAITS
TOURISTIQUES

petites pancartes de bois devant les bâtiments historiques. Ces panneaux explicatifs vous informent sur l'époque de construction de l'édifice et sur ses particularités architecturales, agrémentant ainsi votre promenade. On y trouve le **Centre d'interprétation de La Côte-de-Beaupré** ★ *(2 $; juin à mi-oct tlj 10h à 17h; 7007 av. Royale, ☎824-3677)*, qui occupe le moulin du Petit-Pré. On peut y voir une intéressante exposition portant sur l'histoire et la géographie de la côte de Beaupré.

Sainte-Anne-de-Beaupré ★ (3 300 hab.)

Ce village tout en longueur est un des principaux lieux de pèlerinage en Amérique. Dès 1658, une première église catholique y fut dédiée à sainte Anne, à la suite du sauvetage de marins bretons, qui avaient prié la mère de Marie afin d'éviter la noyade lors d'une tempête sur le Saint-Laurent. Les pèlerins affluèrent bientôt en grand nombre. À la seconde église, construite en pierre vers 1676, on a substitué en 1872 un vaste temple, détruit dans un incendie en 1922. C'est alors que fut entreprise la construction de la basilique actuelle au centre d'un véritable complexe de chapelles, de monastères et d'équipements aussi divers qu'inusités. Chaque année, Sainte-Anne-de-Beaupré accueille plus d'un million de pèlerins, qui fréquentent les hôtelleries et les nombreuses boutiques de souvenirs, au goût parfois douteux, qui bordent l'avenue Royale.

La **basilique Sainte-Anne-de-Beaupré** ★★★ *(un comptoir d'information est ouvert à proximité de l'entrée du début mai à mi-sept tlj 8h30 à 17h; 10018 av. Royale, ☎827-3781)*, surgissant dans le paysage des petits bâtiments de bois et d'aluminium colorés qui bordent la route sinueuse, étonne par ses dimensions importantes, mais aussi par l'activité fébrile qui y règne tout l'été. L'église, dont le revêtement de granit prend des teintes variées selon la lumière ambiante, a été dessinée dans le style néo-roman français par l'architecte parisien Maxime Roisin, assisté du Québécois Louis Napoléon Audet. Ses flèches s'élèvent à 91 m dans le ciel de la côte de Beaupré, alors que sa nef s'étend sur 129 m de longueur et sur plus de 60 m de largeur aux transepts. On remarquera la statue en bois revêtue de cuivre doré, au sommet de la façade, qui provient de l'église de 1872.

L'intérieur est divisé en cinq vaisseaux, supportés par de lourdes colonnes au chapiteau abondamment sculpté. La voûte de la nef principale est décorée de mosaïques scintillantes racontant la vie de sainte Anne, réalisées par les artistes français Jean Gaudin et Auguste Labouret. Ce dernier est également l'auteur des magnifiques verrières en dalles de verre, enfermées dans du béton armé, que l'on voit sur le pourtour de la basilique. Dans le transept gauche se dresse la statue miraculeuse de sainte Anne, portant Marie sur son bras droit. Son diadème nous rappelle qu'elle est la patronne des Québécois. Dans un beau reliquaire, à l'arrière-plan, on peut admirer la Grande Relique, soit une partie de l'avant-bras de sainte Anne, provenant de la basilique Saint-Paul-Hors-les-Murs, à Rome. Enfin, il faut emprunter le déambulatoire, qui contourne le chœur, pour voir les 10 chapelles rayonnantes, à l'architecture polychrome d'inspiration Art déco, et qui ont été conçues au cours des années trente. La basilique est ouverte toute l'année.

On s'est servi des matériaux récupérés lors de la démolition de l'église de 1676 pour ériger, en 1878, la **chapelle du Souvenir** ★ *(entrée libre; mai à mi-sept tlj 8h à 20h; avenue Royale, ☎827-3781)*. Le clocher (1696) est attribué à Claude Baillif, architecte dont les nombreuses réalisations en Nouvelle-France au XVIIe siècle ont, à toutes fins utiles, disparu du paysage, la plupart victimes de la guerre et des incendies. À l'intérieur se trouvent le maître-autel de l'église du Régime français, œuvre de Jacques Leblond dit Latour (vers 1700), ainsi que des toiles du XVIIIe siècle. Au pied de la chapelle du Souvenir, on peut s'abreuver à la fontaine de sainte Anne, aux vertus jugées curatives.

La **Scala Santa** ★ *(entrée libre, mai à mi-sept tlj 8h à 20h; à droite de la chapelle du Souvenir, ☎827-3781)*, étrange bâtiment en bois peint en jaune et blanc (1891), sert d'enveloppe à un escalier que les pèlerins gravissent à genoux en récitant des prières. Il s'agit d'une réplique du Saint-Escalier qu'emprunta le Christ en se rendant au prétoire de Ponce Pilate. Dans chacune des contremarches est inséré un souvenir de la Terre Sainte.

Le **chemin de la Croix** *(derrière la chapelle du Souvenir)* est situé à flanc de colline et donne accès au **monastère des Laïcs**, dont la chapelle de Saint-Gérard vaut une petite visite. Ses

statues, grandeur nature, ont été coulées dans le bronze à
Bar-le-Duc, en France.

Le **Cyclorama de Jérusalem** ★★ *(6 $; début mai à fin oct tlj
8h30 à 20h; 8 rue Régina, à proximité du stationnement,
☎827-3101).* Dans cet édifice circulaire, décoré à l'orientale, on
peut voir un panorama à 360° de Jérusalem, *Le jour de la
Crucifixion,* immense toile en trompe-l'œil de 14 m sur 100 m
peinte à Chicago vers 1880 par le Français Paul Philippoteaux
et ses assistants. Ce spécialiste du panorama a exécuté là une
œuvre remarquable de réalisme, qui fut d'abord exposée à
Montréal avant d'être déménagée à Sainte-Anne-de-Beaupré à
la toute fin du XIXᵉ siècle. Très peu de ces panoramas et
cycloramas, populaires à la Belle Époque, ont survécu jusqu'à
nos jours.

Le **musée de sainte Anne** ★ *(6 $; fin avr à début oct tlj 10h à
17h, début oct à fin avr sam-dim 10h à 17h; 9803 boul.
Sainte-Anne, ☎827-6873, ≈827-6870)* se voue à l'art sacré qui
honore la mère de la Vierge Marie. Ces œuvres, accumulées
depuis des années dans la basilique mais nouvellement exposées devant le grand public, sont d'une intéressante diversité.
On y trouve des sculptures, des peintures, des mosaïques, des
vitraux et des travaux d'orfèvrerie dédiés au culte de sainte
Anne, ainsi que des écrits formulant une prière ou en remercie-
ment pour une faveur obtenue. Y sont aussi expliqués des pans
de l'histoire des pèlerinages à Sainte-Anne-de-Beaupré. Le tout
est exposé sur deux étages d'une façon agréable et aérée.

*Vous pouvez poursuivre sur l'avenue Royale jusqu'à la **Réserve
nationale de faune du cap Tourmente** ★ (voir p 180), ou encore
emprunter la route 360 Est jusqu'à la **Station Mont-Sainte-
Anne** ★ (voir p 180). En poussant plus à l'est votre route, vous
accéderez à la magnifique région de Charlevoix, que vous
pouvez visiter à l'aide du Guide Ulysse Charlevoix
Saguenay–Lac-Saint-Jean. Pour poursuivre le présent circuit sur
l'île d'Orléans, reprenez la route 138 en direction ouest; vous
verrez bientôt les indications pour le pont qui permet d'accéder
à l'île.*

Île d'Orléans ★★ (7 260 hab.)

L'île d'Orléans est synonyme de vieilles pierres. C'est en effet, de toutes les régions du Québec, l'endroit le plus évocateur de la vie rurale en Nouvelle-France. Lorsque Jacques Cartier l'aborde en 1535, elle est couverte de vignes sauvages, d'où son premier nom d'«île Bacchus». Elle sera toutefois rebaptisée en hommage au duc d'Orléans quelque temps après. À l'exception de Sainte-Pétronille, les paroisses de l'île voient le jour au XVIIe siècle, ce qui entraîne une colonisation rapide de l'ensemble du territoire. En 1970, le gouvernement du Québec faisait de l'île d'Orléans un arrondissement historique, afin de la soustraire au développement effréné de la banlieue et, surtout, afin de mettre en valeur ses églises et maisons anciennes, dans le cadre d'un vaste mouvement de retour aux sources des Québécois de souche française. Depuis 1936, l'île est reliée à la terre ferme par un pont suspendu. L'île d'Orléans est également connue pour être le pays de Félix Leclerc (1914-1988), le plus célèbre poète et chansonnier québécois.

Cette promenade autour de l'île d'Orléans vous invite donc à goûter ses multiples charmes. Elle peut aussi vous permettre de participer, selon la saison, à la cueillette de fruits (voir p 186). Ne vous surprenez pas si, au détour du chemin, vous apercevez au milieu d'un enclos un lama ou une autruche. L'île qui, il y a à peine 10 ans, n'abritait que de bonnes vieilles vaches noire et blanche, voit aujourd'hui se développer de nouveaux types d'élevages qui multiplient encore le nombre de découvertes que l'on peut y faire!

Nous débutons le tour de l'île en prenant le chemin Royal vers la droite en haut de la côte du pont.

ATTRAITS TOURISTIQUES

Sainte-Pétronille ★

Paradoxalement, la paroisse de Sainte-Pétronille est à la fois le site du premier établissement français de l'île d'Orléans et sa plus récente paroisse. Dès 1648, François de Chavigny de Berchereau et son épouse, Éléonore de Grandmaison, y établissent une ferme, qui accueillera également une mission huronne-wendat. Mais les attaques incessantes des Iroquois inciteront les colons à s'installer plus à l'est, en face de Sainte-Anne-de-Beaupré. Ce n'est qu'au milieu du XIXe siècle que Sainte-Pétronille voit le jour, grâce à la beauté de son site, qui attire de nombreux estivants. Les marchands anglophones de Québec s'y font construire de belles résidences secondaires. Plusieurs d'entre elles ont survécu aux outrages du temps et sont visibles en bordure de la route. Avis aux mélomanes : on présente des concerts de musique de chambre les dimanches d'été dans l'église de Sainte-Pétronille.

Éléonore de Grandmaison aura au cours de sa vie quatre maris. Après la mort de François de Chavigny, elle épouse Jacques Gourdeau, qui donnera son nom au fief, propriété de sa femme. Le **manoir Gourdeau** *(137 chemin Royal)*, dominant le fleuve du haut d'un promontoire, porte le nom de Gourdeau même si sa date de construction ne coïncide pas exactement avec la période de la vie du couple. Le long bâtiment aurait été vraisemblablement entrepris à la fin du XVIIe siècle, mais a été considérablement agrandi et modifié par la suite.

Tournez à droite sur la rue Horatio-Walker, qui mène à la berge et à une promenade.

La **maison Horatio-Walker** ★ *(11 et 13 rue Horatio-Walker)*. Le bâtiment de brique rouge et la maison recouverte de stuc furent respectivement l'atelier et le lieu de résidence du peintre Horatio Walker de 1904 à 1938. L'artiste d'origine britannique affectionnait la culture française et le calme propice à la méditation de l'île d'Orléans. Son atelier, œuvre de Harry Staveley, demeure toutefois un bel exemple d'architecture anglaise de type Arts and Crafts.

La famille Porteous, d'origine anglaise, s'est installée à Québec dès la fin du XVIIIe siècle. En 1900, elle fait ériger le **domaine Porteous** ★ *(253 chemin Royal)*, entouré de superbes jardins qu'elle baptise «La Groisardière». La demeure, dessinée par les architectes Darling et Pearson de Toronto, est peut-être la première résidence à faire revivre certains traits de l'architecture traditionnelle québécoise, puisque l'on y retrouve des boiseries d'inspiration Louis XV, en plus de son gabarit général, proche de celui du manoir Mauvide-Genest de Saint-Jean (voir ci-dessous). On y trouve aussi plusieurs toiles marouflées de William Brymner et de Maurice Cullen, représentant des scènes champêtres de l'île d'Orléans, ainsi que des détails Art nouveau. Le domaine, aujourd'hui propriété du Foyer de Charité Notre-Dame-d'Orléans, a été augmenté en 1961-1964 par l'ajout d'une aile supplémentaire et d'une chapelle dans l'axe de l'entrée.

Saint-Laurent

Jusqu'en 1950, on fabriquait à Saint-Laurent des chaloupes (barques) et des yachts à voiles, dont la renommée s'étendait jusqu'aux États-Unis et à l'Europe. Quelques vestiges de cette activité, aujourd'hui totalement disparue, sont conservés en retrait de la route, à proximité de la berge. Le village, fondé en 1679, recèle quelques bâtiments anciens tels que la belle **maison Gendreau** de 1720 *(2387 chemin Royal, à l'ouest du village)* et le **moulin Gosselin** *(758 chemin Royal, à l'est du village)*, abritant un restaurant (voir p 245).

Le **Parc maritime de Saint-Laurent** ★ *(3 $; mi-juin à début sept tlj 10h à 17h; 120 chemin de la Chalouperie, ☎828-2322 ou 828-9672)* a été aménagé sur le site du chantier maritime Saint-Laurent. On peut y voir l'atelier de la «chalouperie» Godbout, une entreprise familiale, érigé vers 1840, de même qu'un ensemble de près de 200 outils artisanaux. Derrière le bâtiment, un sentier descend au bord du fleuve, et l'on peut y louer des chaloupes pour une petite balade.

Saint-Jean ★★

Saint-Jean était, au milieu du XIXe siècle, le lieu de prédilection des pilotes du Saint-Laurent, qui guidaient les navires dans leur difficile cheminement à travers les courants et les rochers du fleuve. Certaines de leurs maisons néo-classiques ou Second Empire subsistent le long du chemin Royal, témoignant du statut privilégié de ces marins indispensables à la bonne marche de la navigation commerciale.

On trouve à Saint-Jean le plus important manoir du Régime français encore existant, le **manoir Mauvide-Genest** ★★ *(4 $; fin mai à fin sept tlj 10h à 17h30; 1451 chemin Royal, ☎829-2630)*. Il a été construit en 1734 pour Jean Mauvide, chirurgien du roi, et son épouse, Marie-Anne Genest. Le beau bâtiment en pierre, revêtu d'un crépi blanc, adopte le style traditionnel de l'architecture normande. Le domaine devient manoir au milieu du XVIIIe siècle, lorsque Mauvide, qui s'est enrichi dans le commerce avec les Antilles, achète la moitié sud de la seigneurie de l'île d'Orléans.

En 1926, Camille Pouliot, descendant de la famille Genest, se porte acquéreur du manoir, qu'il restaure et auquel il ajoute la cuisine d'été et la chapelle. Il le transforme bientôt en musée, où sont regroupées des pièces de mobilier et des objets de la vie traditionnelle. Ainsi, Pouliot devient un des premiers à s'intéresser activement au patrimoine québécois. Le manoir abrite toujours un musée, réservé aux meubles anciens et aux objets usuels de fabrication artisanale, alors que le rez-de-chaussée abrite un restaurant (voir p 246).

Saint-François ★

Le plus petit village de l'île d'Orléans, Saint-François, a conservé plusieurs bâtiments de son passé. Certains d'entre eux sont cependant éloignés du chemin Royal et sont donc difficilement perceptibles depuis la route 368. La campagne environnante est charmante et offre quelques points de vue agréables sur le fleuve, Charlevoix et la côte de Beaupré. On trouve encore, à Saint-François, la fameuse vigne sauvage qui avait valu à l'île son premier nom d'«île Bacchus».

À la sortie du village, une halte routière, avec une **tour d'observation ★**, offre une vue remarquable vers le nord et l'est. On peut apercevoir les îles Madame et au Ruau, au milieu du Saint-Laurent, qui marquent la limite entre l'eau douce et l'eau salée du fleuve, le mont Sainte-Anne, couvert de pistes de ski, et, dans le lointain, Charlevoix, sur la rive nord, ainsi que les seigneuries de la Côte-du-Sud, sur la rive sud.

Sainte-Famille ★

La doyenne des paroisses de l'île d'Orléans, Sainte-Famille, a été fondée par Mgr de Laval en 1666 afin de regrouper en face de Sainte-Anne-de-Beaupré les colons, jusque-là concentrés dans les environs de Sainte-Pétronille. Sainte-Famille recèle plusieurs témoins du Régime français, dont sa célèbre église, une des meilleures réalisations de l'architecture religieuse en

Nouvelle-France et la plus ancienne église à deux tours du Québec.

La belle **église Sainte-Famille** ★★ *(3915 chemin Royal)* a été construite, entre 1743 et 1747, en remplacement de la première église de 1669. Le curé Dufrost de Lajemmerais, s'inspirant de l'église des Jésuites de Québec, aujourd'hui détruite, fait ériger deux tours coiffées de toitures à l'impériale en façade. L'unique clocher se trouve alors au faîte du pignon. Autre élément inusité : l'aménagement de cinq niches et d'un cadran solaire (détruit) autour de l'entrée, qui confèrent une grande originalité à l'édifice. Au XIXe siècle, de nouvelles statues sont installées dans les niches, et les toits à l'impériale font place à deux nouveaux clochers, portant leur nombre à trois, un cas unique au Québec.

Bien que modifié à quelques reprises, le décor intérieur comporte plusieurs éléments d'intérêt. Sainte-Famille est au XVIIIe siècle une paroisse riche; elle peut donc se permettre d'entreprendre la décoration de son église dès le gros œuvre terminé. Ainsi, en 1748, Gabriel Gosselin installe une première chaire; puis en 1749, Pierre-Noël Levasseur réalise l'actuel tabernacle du maître-autel. C'est en 1812 que Louis-Basile David compose la belle voûte à caissons dans l'esprit de l'École de Quévillon. Plusieurs tableaux ornent l'église, dont *La sainte Famille*, peint par frère Luc lors de son séjour au Canada en 1670, *La Dévotion au Sacré-Cœur de Jésus,* de Louis-Augustin Wolff (1766), et *Le Christ en Croix,* de François Baillairgé (vers 1802). Du terrain de l'église, on bénéficie de belles vues sur le fleuve et la côte de Beaupré.

Saint-Pierre

La plus urbanisée des paroisses de l'île, Saint-Pierre, a quelque peu perdu de son charme, avant que l'ensemble du site soit classé. Elle demeure néanmoins un lieu important dans la mémoire collective des Québécois, car le chansonnier et poète Félix Leclerc (1914-1988) y a longtemps vécu. L'auteur du *P'tit Bonheur* a été le premier à faire connaître la chanson québécoise en Europe dans les années cinquante. Il est inhumé au cimetière local.

L'**église Saint-Pierre** ★ *(1249 chemin Royal)*, cet humble édifice érigé en 1716, est la plus ancienne église villageoise qui subsiste au Canada. Elle est aussi l'une des rares survivantes d'un modèle fort répandu en Nouvelle-France, comportant un seul portail surmonté d'un œil-de-bœuf en façade. La plupart de ces petites églises au toit pointu ont été détruites au XIXᵉ siècle pour être remplacées par des structures plus élaborées. L'intérieur de l'église Saint-Pierre, saccagé à la Conquête, a été refait à la fin du XVIIIᵉ siècle. On notera tout particulièrement les autels de Pierre Émond (1795), ornés des armoiries papales. Les tableaux qui les surmontent sont de François Baillairgé.

L'église a été abandonnée en 1955, au moment de l'inauguration du temple actuel, situé à proximité. Menacé de démolition, le vénérable édifice a été pris en charge par le gouvernement du Québec. Conservé intact depuis cette date, il présente des équipements aujourd'hui disparus de la plupart des églises du Québec tels qu'un poêle central, doté d'un long tuyau de tôle, et des bancs à portes, permettant d'afficher la propriété privée de ces espaces fermés et de les chauffer à l'aide de briques chaudes et de peaux.

La boucle est maintenant bouclée. Au feu de circulation, tournez à droite pour descendre la côte et regagner Québec par la route 138 Ouest.

PLEIN AIR

Québec est certes une destination de choix pour les amateurs de plein air. La vaste région de Québec possède des attraits naturels fort riches et diversifiés. Plusieurs beaux parcs parsèment le territoire des environs de Québec et même la ville.

L'association **Les Jardins du Québec** *(82 Grande Allée O., G1R 2G6, ☎647-4347)* regroupe les plus beaux jardins du Québec. Ces jardins sont considérés comme une richesse à préserver et surtout à explorer. Ils sont ouverts au public, qui est invité à venir y déambuler pour simplement profiter de leur beauté ou pour en apprendre plus sur l'horticulture et la botanique. À Québec, on trouve cinq de ces jardins, à savoir le parc des Champs-de-Bataille (voir p 124), le Jardin Roger-Van den Hende (voir p 136), le Domaine Maizerets (voir p 147 ou ci-dessous), la Maison Henry-Stuart (voir p 121) et le Bois-de-Coulonge (voir p 157).

Si le cœur vous en dit, lors de votre séjour, vous aurez sûrement l'occasion de pratiquer plusieurs activités de plein air. Pour vous équiper, consultez notre liste de boutiques dans le chapitre «Magasinage», p 272. Voici un aperçu des nombreuses possibilités.

PARCS

Circuit C : La Grande Allée

«Le» parc de la ville de Québec est sans contredit le **parc des Champs-de-Bataille ★★**, mieux connu sous le nom de **plaines d'Abraham** (voir p 124). Cet immense espace de verdure d'une centaine d'hectares, qui s'étend jusqu'au cap dévalant vers le fleuve, offre aux Québécois un lieu magnifique pour la pratique de toutes sortes d'activités de plein air. Les promeneurs et les pique-niqueurs abondent sur les plaines en été, mais la grandeur du site permet à tous d'y trouver un peu de tranquillité.

Circuit G : Limoilou

Le **domaine Maizerets ★** *(entrée libre; 2000 boul. Montmorency, ☎691-2385)*, avec ses grands arbres et ses pelouses, offre aux badauds un lieu idéal pour la promenade. Un arboretum ainsi que plusieurs aménagements paysagers feront la joie des amateurs d'horticulture. Le domaine est d'ailleurs membre de l'association «Les Jardins du Québec». On y trouve aussi des bâtiments historiques tels que le Château, dans lequel une petite exposition retrace l'histoire des lieux. Hiver comme été, on peut y pratiquer plusieurs activités de plein air ou y assister à des concerts en plein air, à des pièces de théâtre ou encore à des conférences sur des sujets comme l'ornithologie.

Le **parc Cartier-Brébeuf** (voir aussi p 148) est un petit parc au bord de la rivière Saint-Charles. On l'a récemment réaménagé pour en faire un endroit plus agréable pour les promeneurs. Autrefois endiguée dans des murs de béton, la rivière a été libérée de ce joug, du moins à cette hauteur, et parée de plantes aquatiques. Le parc, quant à lui, est embelli de fleurs et d'arbres décoratifs.

Circuit J : En route vers le nord

Le **parc de la Jacques-Cartier ★★★** *(entrée libre; fin mai à mi-oct; route 175 N., ☎848-3169)*, qui se trouve enclavé dans la réserve faunique des Laurentides, à 40 km au nord de Québec,

Loup

accueille toute l'année une foule de visiteurs. Il est sillonné de la rivière du même nom, serpentant entre les collines escarpées qui lui méritent le nom de «Vallée de la Jacques-Cartier». Le site, qui bénéficie d'un microclimat dû à cet encaissement de la rivière, est propice à la pratique de plusieurs activités de plein air. On y trouve une faune et une flore abondantes et diversifiées qu'il fait bon prendre le temps d'admirer. Les détours des sentiers bien aménagés nous réservent parfois des surprises, comme un orignal et son petit en train de se nourrir dans un marécage. Un centre d'interprétation, à l'accueil, permet de bien s'informer avant de se lancer à la découverte de toutes ces richesses. On y loue des emplacements de camping (voir p 206), des chalets pour les groupes et divers équipements sportifs.

Au parc, des spécialistes organisent des **safaris d'observation de l'orignal** de la mi-septembre à la mi-octobre ainsi que des

PLEIN AIR

séances d'**écoute des appels nocturnes des loups** *(☎ et ◂ 848-5099)* du début juillet jusqu'à la mi-août, le soir, dans le but de faire connaître ces animaux. Pour participer à ces excursions instructives, il faut compter 15 $ par adulte; chacune de ces activités dure au moins trois heures et implique de la marche en forêt. Les réservations sont essentielles.

Circuit K : La Côte-de-Beaupré et l'île d'Orléans

Parc de la Chute-Montmorency ★★ (voir p 166).

La **réserve nationale de faune du cap Tourmente ★★★** *(droits d'entrée en haute saison; mi-jan à fin mars sam-dim 8h à 16h, avr à fin oct tlj 9h à 17h, nov et déc lun-ven; Saint-Joachim, avr à oct ☎827-4591, nov à avr ☎827-3776)* est un lieu pastoral et fertile dont les battures sont fréquentées chaque année par des nuées d'oies blanches (également connues sous le nom de «grandes oies des neiges»). Elles s'y arrêtent quelque temps, en automne et au printemps, afin de reprendre les forces nécessaires pour continuer leur voyage migratoire. Le site dispose d'installations permettant l'observation de ces oiseaux. Plusieurs autres animaux y viennent : au moins 250 espèces d'oiseaux et 45 espèces de mammifères. Sur place, des naturalistes répondent à vos questions. On peut également profiter des sentiers de randonnée pédestre.

La **Station Mont-Sainte-Anne ★★** *(route 360, C.P. 400, Beaupré, ☎827-4561, ◂827-3121, www.mont.sainte.anne. com)* englobe un territoire de 77 km² et un mont d'une hauteur de 800 m qui compte parmi les plus beaux sites de ski alpin du Québec. Pour héberger les visiteurs, quelques hôtels ont été construits. Par ailleurs, plusieurs autres activités de plein air peuvent y être pratiquées; le parc possède notamment un réseau de plus de 200 km de pistes de vélo de montagne ou de ski de fond. Sur le site, des centres de location d'équipement sportif permettent à tous de s'adonner à ces activités vivifiantes.

ACTIVITÉS DE PLEIN AIR

 Randonnée pédestre

Circuit J : En route vers le nord

Les sentiers du **parc de la Jacques-Cartier** *(entrée libre; route 175 N., ☎848-3169)* figurent parmi les favoris des gens de la région. Paisibles ou abrupts, ils nous font découvrir de jolis petits coins de forêt ou nous dévoilent des vues magnifiques sur la vallée et la rivière qui y coule.

Circuit K : La Côte-de-Beaupré et l'île d'Orléans

Au **cap Tourmente** *(Saint-Joachim, ☎827-4591 ou 827-3776)*, on peut, si nos jambes nous le permettent, arpenter l'un des sentiers qui montent dans le cap et qui offrent des vues magnifiques sur le fleuve et la campagne environnante. On peut aussi déambuler sur les trottoirs de bois, adaptés pour les personnes à mobilité réduite, et qui sillonnent les battures tout en constituant une promenade tout aussi profitable.

La **Station Mont-Sainte-Anne** *(route 360, Beaupré, ☎827-4579 ou 827-4561)* dispose de plusieurs sentiers de randonnée.

 Vélo

Québec ne possède pas beaucoup de pistes cyclables; certaines sont toutefois dignes de mention, comme celle qui part du Vieux-Port pour se rendre jusqu'à Beauport ou celle qui longe une partie de la rivière Saint-Charles. Des rues ont aussi été désignées pour les vélos : les voitures doivent y partager l'espace avec les cyclistes. Notez cependant qu'on s'efforce de développer le réseau cyclable de la ville, plusieurs projets étant en cours d'élaboration. De plus, les parcs comme les plaines d'Abraham se prêtent bien à la promenade en vélo et possèdent même des sentiers propices au vélo de montagne.

PLEIN AIR

L'association Promo-Vélo peut fournir de nombreuses informations sur différents types de randonnées dans la région.

Promo-Vélo
Case Postal 38002
Québec, G1S 4W8
☎522-0087
www3.sympatico.ca/promo.velo

Location de bicyclettes

Il est possible de louer des vélos de montagne à la Station Mont-Sainte-Anne et dans le parc de la Jacques-Cartier (voir plus haut).

Auberge de la Paix
31 rue Couillard,
☎694-0735
20 $ par jour

Cyclo Services Voyages
Hangar du Vieux-Port,
84 rue Prince-de-Galles
☎692-4052, ≈692-4146
25 $ par jour
Organise aussi des excursions dans la ville et ses environs.

Vélo Passe-Sport Plein air
77A rue Sainte-Anne
☎692-3643, ≈621-0571
25 $ par jour
Organise aussi des excursions dans la ville et ses environs.

Vélodidacte
463, rue Saint-Jean
☎648-6022
20 $ par jour (plus un dépôt de la valeur du vélo).

Réparation de bicyclettes

Bicycles Falardeau
174 rue Richelieu
☎522-8685
Vous y trouverez aussi des conseils judicieux sur la pratique du cyclotourisme dans les environs, puisque le propriétaire est lui-même un adepte aguerri.

Boutique Le Pédallier
91 Maurice-Bastien, Wendake
☎842-2734

Mont-Vélo
1968 av. Saint-Michel, angle av. Maguire, Sillery
☎683-9979
Se spécialise dans la vente et la réparation de vélos de montagne. Pour les vrais mordus!

Vélodidacte
463, rue Saint-Jean
☎648-6022
On y fait aussi la location (voir plus haut).

Le Vélomane
957 avenue Royale, Beauport
☎663-3930

Circuit K : La Côte-de-Beaupré et l'île d'Orléans

Depuis le Vieux-Port de Québec, une piste cyclable se rend jusqu'au parc de la chute Montmorency en passant par Beauport. De plus, des routes comme le chemin du Roy, sur la côte de Beaupré et sur l'île d'Orléans (location de vélos à l'auberge Le Vieux Presbytère, voir p 210), sont censées être des voies partagées entre cyclistes et automobilistes. La prudence est toujours de mise, mais ces promenades valent certes l'effort qu'elles requièrent.

Pour le vélo de montagne, la **Station Mont-Sainte-Anne** *(5 $ par jour; Beaupré,* ☎*827-4579 ou 827-4561)* offre 200 km de sentiers pour les vrais amateurs! Grimpez au sommet du mont ou dévalez ses pentes après être monté dans les télécabines

PLEIN AIR

munies de supports à vélos. En tout, on y trouve plus de 20 pistes aux noms évocateurs, comme «la Grisante» ou «la Vietnam». L'endroit est reconnu; on y dispute d'ailleurs, chaque année, la Coupe du Monde de vélo de montagne (voir p 259).

Circuit J : En route vers le nord

En juillet 1997, une toute nouvelle piste cyclable a été inaugurée dans la région au nord-ouest de Québec. Utilisant le tracé des anciennes voies ferrées, traversant la réserve faunique de Portneuf et la station forestière Duchesnay (où il est possible de stationner sa voiture et de louer des vélos), et longeant certains lacs de la région, la **Piste Jacques-Cartier—Portneuf** *(100 rue Saint-Jacques, C.P. 238, Saint-Raymond, ☎337-7525, ≈337-8017)* comptera, après l'ajout des derniers tronçons, 63 km de trajet, de Rivière-à-Pierre jusqu'à Shanon. Son environnement envoûtant et son parcours sécuritaire ont déjà attiré de nombreux cyclistes. En hiver, la piste est utilisée par les motoneigistes.

Dans le **parc de la Jacques-Cartier** *(entrée libre; route 175 N., ☎848-3169)*, les marcheurs partagent les sentiers qui le sillonnent avec les mordus de vélo de montagne. On y fait la location de vélos.

 Croisières

Les **Croisières AML** *(124 rue Saint-Pierre, ☎692-1159 ou 800-543-5643, ≈692-0845)* proposent tout l'été des croisières qui vous feront voir Québec et les environs sous un autre angle. Cette compagnie maritime est propriétaire entre autres du *M/V Louis-Jolliet (départs 11h30, 14h, 15h, 19h30)* dont le port d'attache est Québec. Les croisières de jour durent 1 heure 30 min et vous mènent jusqu'au pied de la chute Montmorency. Le soir, on vous propose des croisières jusqu'à la pointe de l'île d'Orléans, durant lesquelles vous pouvez dîner dans l'une des deux salles à manger du bateau. Ces croisières nocturnes, d'une durée de quelques heures, sont toujours animées par des musiciens, et l'on peut danser sur le pont du navire!

Vous pouvez prendre part à une croisière aux environs de Québec à bord d'une goélette historique. La ***Marie-Clarisse*** *(25 $, environ 2 heures; mai à oct, départs 10h, 13h, 16h et 20h; ☎827-8836 ou 800-463-5250, ≈827-8206),* construite en 1922 et plusieurs fois radoubée depuis, fut pendant longtemps basée à Tadoussac. Son port d'attache est maintenant Québec, d'où elle vous emporte sous sa grande voilure jusqu'à l'île d'Orléans et la chute Montmorency.

Au départ de Québec, les **Croisières de la Famille Dufour** *(85 $- 140 $; ☎827-8836 ou 800-463-5250, ≈827-8206)* vous proposent de naviguer sur un grand catamaran moderne jusque dans la belle région de Charlevoix, à Pointe-au-Pic ou à l'île aux Coudres, ou encore jusqu'au cœur de l'époustouflant fjord du Saguenay.

 Patin à roues alignées

Sur les **plaines d'Abraham**, en face du Musée du Québec, un grand anneau revêtu est réservé à la pratique du patin à roues alignées. Petits et grands juchés sur leurs patins et munis d'un casque de protection défilent en grand nombre pendant les beaux jours d'été. Un petit kiosque y fait la location d'équipement.

Vélo Passe-Sport Plein air *(25 $ par jour; 77A rue Sainte-Anne, ☎692-3643)* et **Cyclo Services Voyages** *(25 $ par jour; Hangar du Vieux-Port, 84 rue Prince-de-Galles, ☎692-4052)* font la location de patins à roues alignées.

 Jogging

Toujours sur les **plaines d'Abraham**, en face du Musée du Québec, un grand anneau plat se prête bien à la pratique du jogging. De même, les rues revêtues et les sentiers des plaines sont parcourus par les joggeurs.

PLEIN AIR

Cueillette de fruits

Circuit K : La Côte-de-Beaupré et l'île d'Orléans

Ce sont d'abord les fraises puis les framboises... Un peu plus tard viennent le blé d'Inde, les poireaux et les pommes... Tout l'été, les récoltes se succèdent, et le visage de la campagne insulaire change avec elles. Tout autour de l'**île d'Orléans**, des cultivateurs ouvrent leurs portes à ceux et celles, petits et grands, qui désirent passer une journée au grand air dans un verger ou dans un champ. Apprenez les secrets de la cueillette, et régalez-vous des fruits de votre labeur!

 Observation d'oiseaux

Circuit K : La Côte-de-Beaupré et l'île d'Orléans

Pour observer la faune ailée, un des meilleurs endroits de la région est sans contredit la **réserve nationale de faune du cap Tourmente** *(droits d'entrée en haute saison; mi-jan à fin mars sam-dim 8h à 16h, avr à fin oct tlj 9h à 17h, nov et déc lun-ven; Saint-Joachim, ☎827-4591 ou 827-3776).* Au printemps et à l'automne, le site est envahi par des milliers d'oies blanches en migration qui offrent un spectacle fascinant. Leur proximité et leur nombre soulèveront certes plusieurs questions auxquelles vous pourrez trouver réponse sur place. La réserve abrite en outre plusieurs autres espèces d'oiseaux que vous pouvez observer à loisir grâce aux nichoirs et aux mangeoires qui les attirent hiver comme été.

 Rafting

Circuit J : En route vers le nord

La rivière Jacques-Cartier sait depuis longtemps faire sauter et sursauter les braves qui s'y aventurent au printemps et au début de l'été. Deux entreprises installées depuis longtemps dans la région proposent des expéditions de rafting bien encadrées et avec tout l'équipement nécessaire. Chez **Nouveau Monde Québec** *(45 $ pour 3 heures, 69 $ par jour déjeuner*

Oie blanche

compris; 1440 chemin du Hibou, C.P. 455, Stoneham, ☎848-4144 ou 800-267-4144), on vous promet une bonne dose d'émotions fortes. Avec les **Excursions Jacques-Cartier** *(45 $ pour ½ journée, 16 $ pour la location de l'habit isothermique; 978 av. Jacques-Cartier, Tewkesbury, ☎848-7238, ⸗848-5687)*, vous pourrez aussi faire de belles descentes hautes en couleur.

 Golf

Circuit J : En route vers le nord

Le **Royal Charlesbourg** *(30 $; 2180 chemin de la Grande-Ligne, Charlesbourg, ☎841-3000)* est un golf de 18 trous situé un peu à l'écart de l'agitation de la ville.

Circuit K : La Côte-de-Beaupré et l'île d'Orléans

Les **Terrains de golf du Mont-Sainte-Anne** *(C.P. 653, Beaupré, ☎827-3778, ⸗826-0162)* disposent de deux parcours à

18 trous situés au pied du mont Sainte-Anne : Le Beaupré
(32$) et le Saint-Ferréol *(28$)*.

 Patinage

Circuit A : Le Vieux-Québec

Sur la **terrasse Dufferin**, chaque hiver, on érige une patinoire qui
vous permet de tournoyer au pied du Château Frontenac, avec
vue sur le fleuve et ses glaces. On peut chausser ses patins au
kiosque de la terrasse *(mi-déc à mi-mars, tlj 11h à 23h;
☎692-2955)*, qui fait aussi la location *(4 $ pour la journée)*.

Circuit D : Saint-Jean-Baptiste

Les belles journées d'hiver, la **place d'Youville** offre un spectacle féerique avec la neige qui la recouvre, la porte Saint-Jean
givrée, le Capitole illuminé, les décorations de Noël suspendues
à ses lampadaires et les patineurs. En effet, le centre de la
place se pare d'une petite patinoire qui reçoit les patineurs au
son d'une musique d'ambiance. Si le courage vous manque
pour embarquer dans la valse, vous pourrez toujours profiter du
spectacle! La patinoire ouvre le plus tôt possible dans la saison
vers la fin du mois d'octobre, et ferme le plus tard possible au
printemps pour permettre aux Québécois d'en profiter longtemps! Un local où l'on trouve des toilettes est ouvert aux
patineurs *(tlj 12h à 22h; ☎691-4685)*.

Circuit G : Limoilou

Une belle patinoire s'étalant sous les arbres est aménagée au
domaine Maizerets *(entrée libre; 2000 boul. Montmorency,
☎691-2385)*. La sérénité des lieux est toutefois quelque peu
gâchée par des haut-parleurs diffusant la musique d'un poste
de radio local. On peut chausser ses patins et se réchauffer
auprès du poêle à bois, dans le petit chalet tout près. On y loue
aussi des patins *(2 $; mi-déc à mi-mars, lun-ven 13h à 16h,
sam-dim 10h à 16h, certains soirs 18h à 21h)*.

La **rivière Saint-Charles**, une fois coincée dans les glaces, est entretenue pour permettre aux amoureux du patinage d'en profiter. Ainsi, quand la température le permet, une agréable patinoire de quelques kilomètres serpente entre les quartiers Limoilou et Saint-Roch, dans la Basse-Ville de Québec. La Marina Saint-Roch *(lun-ven 12h à 21h, sam-dim 10h à 21h; ☎691-7188)* met à la disposition des patineurs ses locaux chauffés.

Ski de fond

Circuit C : La Grande Allée

Les **plaines d'Abraham** enneigées offrent un site enchanteur pour le ski de fond. Plusieurs pistes les sillonnent d'un bout à l'autre, se faufilant tantôt sous les arbres, tantôt sur un promontoire avec vue sur le fleuve et ses glaces. Tout ça en plein cœur de la ville!

Circuit G : Limoilou

Le **domaine Maizerets** *(entrée libre; 2000 boul. Montmorency, ☎691-2385)* est aussi sillonné de courtes pistes de ski de randonnée des plus agréables. Au début du parcours se trouve un petit chalet chauffé au poêle à bois. On y loue des skis *(2 $; mi-déc à mi-mars, lun-ven 13h à 16h, sam-dim 10h à 16h)*.

Circuit J : En route vers le nord

La **station forestière Duchesnay** *(4 $; Sainte-Catherine-de-la-Jacques-Cartier, ☎875-2147)* est très populaire, l'hiver venu, auprès des skieurs de la région. Dans une vaste et riche forêt, on parcourt 125 km de pistes bien entretenues en compagnie des petites mésanges et autres oiseaux qui n'ont pas peur du froid!

Niché au cœur de la réserve faunique des Laurentides, le **Camp Mercier** *(8,50 $; mi-nov à fin avr tlj 8h30 à 16h; route 175, ☎890-6527 ou 800-665-6527)* offre 192 km de pistes bien entretenues dans un paysage des plus apaisants. Étant donné

Mésange

sa localisation idéale, on peut y skier depuis l'automne jusqu'au printemps. Les possibilités de longues randonnées (jusqu'à 68 km) sont intéressantes, et le parcours est jalonné de refuges chauffés. De plus, des chalets à louer peuvent loger de 2 à 14 personnes *(92 $ pour 2 pers.)*.

Circuit K : La Côte-de-Beaupré et l'île d'Orléans

La **Station Mont-Sainte-Anne** *(11,30 $; lun-ven 9h à 16h, sam-dim 8h30 à 16h; route 360, C.P. 400, Beaupré, ☎827-4561)* est sillonnée de 250 km de pistes de ski de fond bien entretenues et ponctuées de refuges chauffés. On peut y louer l'équipement de ski *(15 $ par jour)*.

 Ski alpin

Circuit J : En route vers le nord

Le Relais *(25 $ par jour; 1084 boul. du Lac, Lac-Beauport, ☎849-1851)* dispose de 24 pistes, toutes éclairées pour permettre le ski en soirée.

La **station touristique Stoneham** *(36 $; Stoneham, ☎848-2411)* peut recevoir des visiteurs tout au long de l'année. En hiver, elle propose 25 pistes de ski alpin, dont 16 sont éclairées. Pour plaire aux skieurs de fond, la station dispose de pistes s'étendant sur une trentaine de kilomètres. Ces dernières sont aménagées durant l'été pour accueillir les amateurs de vélo de montagne et de randonnée pédestre ou équestre.

Circuit K : La Côte-de-Beaupré et l'île d'Orléans

La **Station Mont-Sainte-Anne** *(37,38 $ par jour; lun 9h à 16h, mar-ven 9h à 22h, sam 8h30 à 22h, dim 8h30 à 16h; route 360, C.P. 400, Beaupré, ☎827-4561, ≈827-3121, www.mont.sainte.anne.com)* est une des plus importantes stations de ski au Québec. Elle compte 51 pistes pouvant atteindre une dénivellation de 625 m. Il est possible d'y faire du ski de soirée car 14 pistes sont éclairées. Elle fait aussi le bonheur des amateurs de descente en planche à neige. Au lieu d'acheter un billet conventionnel, vous pouvez vous procurer un laissez-passer avec points valides pour 2 ans et déduits à la remontée. Il est aussi possible d'y louer de l'équipement *(21 $ par jour pour le ski, 33 $ par jour pour la planche à neige).*

 Glissade

Circuit A : Le Vieux-Québec

Sur la **terrasse Dufferin** est érigée, en hiver, une longue glissoire sur laquelle vous pouvez vous laisser descendre, confortablement installé dans une traîne sauvage. Vous pouvez vous procurer des billets au petit kiosque au milieu de la terrasse *(1 $ la descente; mi-déc à mi-mars, tlj 11h à 23h; ☎692-2955)*, avant d'attraper un toboggan et d'entreprendre la montée jusqu'au haut de la glissoire. Une fois rendu, n'oubliez pas de jeter un coup d'œil autour de vous : la vue est magnifique!

Circuit C : La Grande Allée

Les collines des **plaines d'Abraham** se prêtent magnifiquement à la glissade l'hiver venu. Habillez-vous chaudement et suivez les enfants tirant une traîne sauvage pour connaître les endroits les plus hauts en couleur!

PLEIN AIR

Circuit J : En route vers le nord

Le spécialiste de la glissade dan la région, hiver comme été, est sans contredit le **Village des Sports** *(20 $; début juin à fin août tlj 10h à 19h, mi-déc à fin mars 10h à 22h; 1860 boul. Valcartier, Saint-Gabriel-de-Valcartier, ☎844-3725; de Québec, prenez la route 371 Nord)*, une base de plein air qui dispose de toutes les installations pour s'amuser. En été, les glissoires d'eau et la piscine à vagues attirent les foules. En hiver, les glissoires glacées vous feront oublier le froid pendant un moment. On peut aussi y faire du rafting des neiges et du patin à glace sur la longue patinoire de 2,5 km qui serpente dans le bois. On y trouve aussi un restaurant et un bar.

 Canot à glace

Le canot à glace sert depuis belle lurette à louvoyer à travers les glaces qui recouvrent le fleuve Saint-Laurent l'hiver venu. De nos jours, il est surtout utilisé à l'occasion de courses, comme celle qui anime traditionnellement le Carnaval (voir p 258). Mais grâce à l'équipe expérimentée qui a mis sur pied **Le Mythe des Glaces** *(60 $ pour ½ journée; ☎666-5775 en hiver ou 849-6131 hors saison, ⇒849-8044)*, vous pourriez prendre part à une traversée du fleuve des plus inusitées. Avironnez en contournant les glaces, ou prenez pied pour dégager votre embarcation ou pour... y prendre un café : vous n'êtes pas près d'oublier votre expédition! C'est l'activité idéale pour découvrir Québec sous son plus bel angle et pour en apprendre plus sur le fleuve et la vie qui l'habite, même en hiver!

HÉBERGEMENT

On trouve à Québec tous les types d'hébergement : deux auberges de jeunesse, une foule de logements chez l'habitant, des auberges, de grands hôtels de luxe, etc. Sans aucun doute, vous y trouverez un petit coin à votre goût où nicher pour une nuit ou une semaine.

Leur tarif varie grandement d'une saison à l'autre et selon le type d'hébergement choisi. Ainsi, durant la haute saison (l'été), les chambres sont plus chères. Les semaines du Festival d'été en juillet et du Carnaval en février sont parmi les plus affairées de l'année; il est recommandé de réserver longtemps à l'avance, si vous prévoyez séjourner à Québec durant ces périodes. Les prix mentionnés s'appliquent, sauf indication contraire, à une chambre standard pour deux personnes en haute saison. Sachez cependant qu'il peut y avoir une grande variation de prix parmi les chambres d'un même hôtel. Les lieux d'hébergement sont classés ici du plus abordable au plus cher. N'oubliez pas d'ajouter aux prix affichés la taxe fédérale de 7 % et la taxe de vente du Québec de 7,5 %. Ces taxes sont toutefois remboursables aux non-résidents (voir p 64). Une taxe (non remboursable) applicable sur les frais d'hébergement, appelée «Taxe spécifique sur l'hébergement», a été instaurée pour soutenir l'infrastructure touristique de la région de Québec. Il s'agit d'un montant de 2 $ par nuitée, applicable peu

Les établissements qui se distinguent

Pour les amateurs d'histoire :
le Château Frontenac (p 198),
l'Hôtel Clarendon (p 198), Le Vieux-Presbytère (p 210)
et l'Auberge Baker (p 207)

Pour la vue :
le Château Frontenac (p 198), l'Hôtel Loews (p 202)
Le Concorde (p 202), l'Hôtel Dominium (p 200),
le Château Bellevue (p 198),
le Château de Pierre (p 197) et La Goéliche (p 210).

Pour leur beau décor :
l'Auberge Saint-Antoine (p 200),
l'Hôtel du Théâtre (p 203), l'Hôtel Dominium (p 200) et
l'Auberge Saint-Pierre (p 200).

Pour la chaleur de l'accueil :
l'Auberge du Quartier (p 201) et
l'Auberge du Petit Pré (p 207).

Pour la tranquillité :
le Château Bonne-Entente (p 204)
Le Canard Huppé (p 210) et
la Chaumière Juchereau-Duchesnay (p 206).

Pour l'ambiance conviviale :
l'Auberge de la Paix (p 195),
le Café Krieghoff B&B (p 201),
La Marquise de Bassano (p 197)
et l'Hôtel particulier Belley (p 199).

Pour les gens d'affaires :
le Québec Hilton (p 203),
l'Hôtel Loews Le Concorde (p 202) et
le Radisson Hôtel Gouverneur (p 203).

importe le total de la note et peu importe le type
d'hébergement que vous avez choisi.

Les symboles qui accompagnent la description de chaque établissement vous aideront aussi à choisir l'endroit qui vous convient. Notez qu'ils ne concernent pas toujours toutes les chambres d'un même établissement. Vous trouverez la légende de ces symboles au tout début du livre. Étant donné que la plupart des lieux d'hébergement offrent la salle de bain privée avec la chambre, nous ne mentionnons que les cas où la salle de bain doit être partagée.

Bien que le confort puisse être un peu rudimentaire dans les petites auberges, en général dans les hôtels le niveau de confort est élevé et plusieurs services sont souvent disponibles. Il existe plusieurs logements chez l'habitant (ou *bed and breakfasts*) à Québec. Ils offrent l'avantage, outre le prix, de pouvoir partager une ambiance familiale. L'appellation québécoise «Gîtes du Passant» signifie également *bed and breakfasts*. Les Gîtes du Passant sont membres de la Fédération des Agricotours du Québec et sont tenus de se conformer à des règles et normes qui assurent aux visiteurs une qualité impeccable. La fédération produit un guide des *Gîtes du Passant au Québec*, qui vous indiquera pour chaque région les différentes possibilités de logements avec leurs services.

Hospitalité Canada Tours *(12 rue Sainte-Anne, ☎694-1602 ou 800-665-1528)* est un central téléphonique d'hébergement situé à l'intérieur de la Maison du tourisme de Québec. Selon le type d'hébergement recherché, on vous proposera différentes adresses qui font partie du réseau en plus de faire les réservations pour vous. Ce service est gratuit.

CIRCUIT A : LE VIEUX-QUÉBEC

Pendant la saison estivale, le **Centre international de séjour** *(17 $ pour les Canadiens, 20 $ pour les non-Canadiens; bc; 19 rue Sainte-Ursule, G1R 4E1, ☎694-0755 ou 800-461-8585)* met à la disposition des jeunes 250 lits. Les chambres peuvent accueillir de deux à huit personnes et les dortoirs de 10 à 12 personnes.

Derrière sa belle façade blanche du Vieux-Québec, l'**Auberge de la Paix** *(18 $ pdj, plus 2 $ de frais de literie si vous n'avez pas* *la vôtre; bc, ℂ; 31 rue Couillard, G1R 3T4, ☎694-0735)* dégage une atmosphère propre aux auberges de jeunesse. Convivialité et découvertes priment dans cet endroit qui porte bien son nom. On y trouve 59 lits répartis dans des chambres pouvant accueillir de deux à huit personnes ainsi qu'une cuisinette et un salon. En été, une jolie cour fleurit à l'arrière. Les enfants sont les bienvenus!

Le **Manoir LaSalle** *(45 $; bc, bp, ✺, ℂ; 18 rue Sainte-Ursule, G1R 4C9, ☎692-9953)* est un petit hôtel abritant 11 chambres, dont une seule offre une salle de bain privée. L'hôtel, qui ressemble plutôt à un logement chez l'habitant, est aménagé dans une maison en brique rouge.

La **Maison Sainte-Ursule** *(47 $; 40 rue Sainte-Ursule, G1R 4E2, ☎694-9794)* est établie dans une mignonne petite maison aux volets verts. Malheureusement, ses chambres sont biscornues et sombres. En basse saison, on peut les louer à bon prix.

Située sur la trépidante rue Saint-Louis, l'**Auberge Saint-Louis** *(49 $-79 $ pdj; bc, bp, ≡, ℜ; 48 rue Saint-Louis, G1R 3Z3, ☎692-2424, ⊷692-3797)* se présente comme un petit hôtel convenable et bien tenu. Le prix des chambres varie, les moins chères n'ayant pas de salle de bain privée.

L'hôtel **Cap-Diamant** *(60 $; ≡, tv, ℝ; 39 av. Sainte-Geneviève, G1R 4B3, ☎694-0313)* loge dans une vieille maison du Vieux-Québec. Une maison dont on meurt d'envie qu'elle nous raconte les histoires qui ont marqué ses murs… L'endroit tout désigné si vous désirez vous tremper dans l'atmosphère des familles d'autrefois. Le long escalier, les planchers qui craquent, la tapisserie… son style vieillot lui donne beaucoup de cachet. En été, vous pouvez profiter d'une jolie galerie et d'une cour fleurie où coule une petite source.

Autour du parc des Gouverneurs, dans un quartier paisible, on trouve la **Maison du Fort** *(69 $ pdj; ≡; 21 av. Sainte-Geneviève, G1R 4B1, ☎692-4375, ⊷692-5257)*. Cette petite résidence coquette dispose de chambres correctes. L'accueil y est fort sympathique, ce qui rend le séjour bien agréable.

Le Vieux-Québec a abrité, au cours de son histoire, certains personnages colorés. À l'angle de la rue des Grisons et de l'avenue Sainte-Geneviève s'élève une petite maison victorienne qui, dit-on, fut bâtie pour l'un d'entre eux. Les boiseries foncées qui ornent l'intérieur préservent encore, pour sûr, les secrets de la **Marquise de Bassano** *(70 $ pdj; bc, ✖, S; 15 rue des Grisons, G1R 4M6, ☎692-0316, www.total.- net/~bassano)*. Aujourd'hui transformée en logement chez l'habitant, la maison est des plus accueillantes avec ses chambres coquettes et son salon égayé d'un piano et d'un foyer. Au petit déjeuner, qui s'étire parfois jusqu'en après-midi, vos jeunes hôtes se feront un plaisir d'animer la discussion!

Sur la rue Sainte-Ursule se trouvent plusieurs anciennes maisons dans lesquelles ont été aménagés de petits hôtels. Parmi ceux-ci, la **Maison Acadienne** *(77 $; bc, bp, ≡, ⊛, ℂ; 43 rue Sainte-Ursule, G1R 4E4, ☎694-0280 ou 800-463-0280, ⇒694-0458)* se démarque aisément grâce à sa grande façade blanche. Les chambres offrent toutefois un décor un peu fade. Heureusement, certaines d'entre elles ont été rénovées.

Construit à côté du parc des Gouverneurs, en face du fleuve, le **Château de Léry** *(78 $ pdj; ≡, ℂ; 8 rue de la Porte, G1R 4M9, ☎692-2692 ou 800-363-0036, ⇒692-5231)* propose des chambres confortables. Celles qui donnent sur la rue offrent une jolie vue. L'hôtel se trouve dans un quartier tranquille du Vieux-Québec, à deux pas de l'animation du centre-ville.

Au Jardin du Gouverneur *(90 $ pdj; ≡; 16 rue Mont-Carmel, G1R 4A3, ☎692-1704, ⇒692-1713)* est installé dans une mignonne petite maison blanche et bleue, en face du tranquille parc des Gouverneurs. Ses chambres sont d'une dimension appréciable, mais la décoration est très quelconque. Il s'agit d'un établissement non-fumeurs.

Le bâtiment abritant l'**Auberge du Trésor** *(90 $, 169 $ ½p; ℜ; 20 rue Sainte-Anne, G1R 3X2, ☎694-1876, ⇒694-0563)* a été érigé en 1679. Rénové à maintes reprises depuis lors, il a fière allure. En outre, les chambres offrent un confort contemporain, chacune disposant d'une salle de bain privée et d'un téléviseur couleur.

Une vieille maison de style victorien, entièrement rénovée avec un accent d'authenticité, abrite le **Château de Pierre** *(95 $; ≡; 17 av. Sainte-Geneviève, G1R 4A8, ☎694-0429, ⇒694-0153)*. Le hall est orné d'un énorme lustre, de tableaux anciens et d'un foyer. Les chambres sont belles, et certaines offrent une vue superbe.

L'hôtel **Château Bellevue** *(99 $; S, ✕; 16 rue de la Porte, G1R 4M9, ☎692-2573 ou 800-463-2617, ≈692-4876)* bénéficie d'une jolie vue sur le fleuve. Il dispose de chambres agréables, mais garnies de meubles modernes qui manquent de charme.

Le **Manoir Victoria** *(115 $, 185 $ ½p; ≈, ≡, ☺, △, ℂ, ℜ; 44 côte du Palais, G1R 4H8, ☎692-1030 ou 800-463-6283, ≈692-3822)* est un grand hôtel de 145 chambres niché dans la côte du Palais. Il présente un décor effectivement de style victorien dont le chic vous assure un bon confort. Son hall, en haut d'un long escalier, est accueillant, et s'y trouvent un bar et une salle à manger. On y loue des suites bien équipées. Plusieurs forfaits culturels ou sportifs y sont proposés.

L'**Hôtel du Vieux-Québec** *(119 $; ≡, ℂ, ✕; 1190 rue Saint-Jean, ☎692-1850 ou 800-361-7787, ≈692-5637)* est un établissement moderne exsudant cette froideur qui vient souvent avec le modernisme. Sans tomber dans un décor extravagant, on a su toutefois y créer une bonne ambiance et un confort véritable. Les chambres sont spacieuses, et plusieurs d'entre elles sont munies d'une cuisinette. Une terrasse y est aménagée.

🦢 Construit en 1870, l'**Hôtel Clarendon** *(140 $ pdj, 190 $ ½p; ℜ, ⊛, ≡, ⚲; 57 rue Sainte-Anne, G1R 3X4, ☎692-2480 ou 800-463-5250, ≈692-4652)* est le plus vieil hôtel de Québec (voir aussi p 86). Quoique l'extérieur du bâtiment soit d'aspect très simple, sa décoration intérieure, de style Art déco, se révèle gracieuse. Le hall est d'ailleurs fort beau. Au cours des ans, les chambres ont été rénovées et sont aujourd'hui spacieuses et confortables. Il s'agit d'une excellente adresse dans la vieille ville. On y trouve un restaurant, Le Charles-Baillargé (voir p 224), qui sert une cuisine raffinée, ainsi qu'un agréable bar, L'Emprise (voir p 249) où joue une musique jazz.

🦢 Dominant fièrement le fleuve Saint-Laurent et le Vieux-Québec, le **Château Frontenac** *(189 $ pdj, 249 $ ½p; ≡, ℜ, ≈, ☺, ⊛, ⚲; 1 rue des Carrières, G1R 4P5, ☎692-3861 ou 800-441-1414, ≈692-1751)* est sans doute le bâtiment le plus célèbre de la ville (voir aussi p 81). Pénétrez dans son hall élégant aux couleurs chaudes et orné de boiseries, et laissez-vous entraîner sur les chemins de l'histoire. Le Château Frontenac, construit en 1893, fut en effet l'hôte de plusieurs événements historiques. Partout, le décor est d'une richesse classique et raffinée, réellement digne d'un château. Son restaurant peut aussi vous faire goûter la vie de château (voir Le Champlain, p 227). Le luxe des chambres procure aux visiteurs le meilleur confort possible. La grandeur et les avantages de ces quelque 600 chambres varient beaucoup, mais toutes sont agréables. Certaines du côté du fleuve possèdent de belles fenêtres en baie qui dévoilent, il va sans dire, une vue magnifique.

CIRCUIT B : DU PETIT-CHAMPLAIN AU VIEUX-PORT

 Le sympathique **Hôtel particulier Belley** *(65 $; ℂ; 249 rue Saint-Paul, G1K 3W5, ☎692-1694, ⇰692-1696)* loge dans le Vieux-Port, en face du marché, dans un bel édifice qui abrite un hôtel depuis 1877. Il se présente effectivement comme un petit hôtel particulier auquel on resterait attaché des années durant! On y trouve huit chambres douillettes décorées avec simplicité et exhibant qui un mur de brique, qui des poutres de bois et des lucarnes. Elles sont situées au-dessus de la Taverne Belley (voir p 251), qui fait office de bar et qui sert, dans deux belles salles au rez-de-chaussée, des petits déjeuners et des déjeuners appréciés des gens du quartier. Dans une autre maison de l'autre côté de la rue, on a aménagé des appartements confortables à souhait et joliment décorés. Certains disposent d'une terrasse à même le cap, et on peut les louer à la nuitée, à la semaine ou au mois.

Dans la Basse-Ville, sur une rue paisible, se trouve **Le Priori** *(125 $ pdj; ⊛, ℜ; 15 rue Sault-au-Matelot, G1K 3Y7, ☎692-3992, ⇰692-0883)*. L'hôtel est établi dans une maison ancienne qui a été rénovée avec minutie. La décoration marie harmonieusement les murs d'une autre époque au mobilier très moderne. L'aménagement est fort original, et même l'ascenseur est innovateur. Il s'agit d'une bonne adresse à retenir.

🪶 Dans l'un des beaux édifices de la rue Saint-Pierre, celui-là datant de 1912, et tout nouvellement rénové, on a ouvert un hôtel qui saura charmer les amateurs d'endroits chics. Le luxueux **Hôtel Dominion** *(129 $ pdj; 126 rue Saint-Pierre, G1K 4A8, ☎692-2224 ou 888-833-5253, ≈692-4403)* exhibe un côté moderne, avec des matériaux tels que le verre et le fer forgé, tout en respectant le cachet des lieux. Des éléments du décor, comme les teintes crème et sable, les grandes draperies ou les coussins, sofas et couvre-lits moelleux, en font un endroit confortable à souhait. Dans chaque chambre, des photographies noir et blanc du quartier donnent envie de partir à sa découverte. Les derniers étages offrent une vue magnifique, d'un côté sur le fleuve et de l'autre sur la ville.

Dans un édifice ayant abrité, depuis la fin du siècle dernier, la première compagnie d'assurances au Canada, on a récemment ouvert une jolie auberge. L'**Auberge Saint-Pierre** *(169 $ pdj; ℂ; 79 rue Saint-Pierre, G1K 4A3, ☎694-7981, ≈694-0406)* a un charme particulier du fait que l'on a tenté de conserver, lors des travaux de rénovation, les atouts du vieux bâtiment. Ainsi, les chambres rappellent un peu les appartements du quartier avec leurs différents paliers et leurs petits couloirs. Chacune révèle de beaux planchers de bois foncé et des murs aux couleurs riches. Celles situées aux étages inférieurs bénéficient d'un très haut plafond qui leur donne beaucoup de caractère, tandis que celles logées en hauteur offrent une belle vue.

🪶 Le hall de l'**Auberge Saint-Antoine** *(189 $ pdj; ≡, S, ⊛; 10 rue Saint-Antoine, G1K 4C9, ☎692-2211, ≈692-1177)* vous accueille dans un ancien entrepôt qui a aujourd'hui beaucoup de caractère avec ses plafonds hauts, ses murs de pierres, sa mezzanine et ses poutres de bois. C'est là qu'est dressé, tôt le matin, le buffet du petit déjeuner. Les salles de réunion sont aussi situées dans cette partie de l'auberge. Les chambres, quant à elles, se trouvent dans une aile plus moderne qui offre toute la tranquillité et la discrétion désirées. Leur décoration vous charmera. Chacune recrée une atmosphère particulière qui se retrouve dans les moindres détails. Confortables et romantiques, elles ont chacune un petit balcon et une salle de bain bien équipée. Celles à l'avant sont claires et donnent sur le fleuve, certaines ayant même une petite terrasse.

CIRCUIT C : LA GRANDE ALLÉE ET L'AVENUE CARTIER

HÉBERGEMENT

Au logement chez l'habitant **Aux Chérubins** *(55 $ pdj; bc; 1185 av. Murray, G1S 3B7, ☎684-8833)*, vous serez accueilli gentiment. Les hôtes proposent trois chambres douillettes, propres et claires dans une maison de ville à deux pas des plaines d'Abraham. Les visiteurs disposent aussi de deux salles de bain complètes, d'un petit salon dans lequel on trouve de l'information sur les activités culturelles et sportives de Québec et même d'une petite cour fleurie.

Au **Café Krieghoff** *(60 $ pdj; ℜ, ℝ, ≡; 1091 av. Cartier, G1R 2A6, ☎522-3711, ⇋647-1429)*, on a eu une idée originale pour accommoder les voyageurs selon la formule *bed and breakfast*. Ce qu'il y a d'original, c'est que le petit déjeuner est servi dans le café même (voir p 231), ce qui vous garantit d'un coup une bonne bouffe et une bonne ambiance! Le personnel chaleureux se fera d'ailleurs un plaisir de vous inclure dans cette atmosphère presque familiale. Les cinq chambres, nichées au-dessus du restaurant, sont simples et propres. Elles ont chacune accès à une salle de bain privée (même si elle ne communique pas avec la chambre) et partagent entre elles un petit salon et un balcon avec vue sur l'animation de l'avenue Cartier.

Nouvellement ouvert sur la Grande Allée, à deux pas des plaines, le **Relais Charles-Alexandre** *(69 $ pdj; bp, bc; 91 Grande Allée E., G1R 2H5, ☎523-1220, ⇋523-9556)* propose une vingtaine de chambres confortables réparties sur trois étages. Tout y est neuf et pimpant. Le petit déjeuner est servi dans ce qui fut une galerie d'art, soit une salle bien éclairée et décorée de multiples reproductions. L'accueil est gentil.

Vous recherchez une mignonne petite auberge de quartier? Campée face à l'imposante église Saint-Dominique, donc à 5 min des plaines et du Musée du Québec, l'**Auberge du Quartier** *(75 $ pdj; 170 Grande Allée O., G1R 2G9, ☎525-9726 ou 800-782-9441, ⇋521-4891)* saura vous plaire. Cette grande maison blanche et lumineuse renferme une douzaine de chambres propres, coquettes et modernes, réparties sur trois étages, dont une suite sous les combles. L'accueil de la propriétaire et de son personnel est fort sympathique.

Située directement sur la trépidante Grande Allée, l'**Auberge Louis-Hébert** *(80 $; ℜ, S; 668 Grande Allée E., G1R 2K5, ☎525-7812, ⇌ 525-6294)* se veut un endroit chaleureux. Le charme de cette demeure du XVIIe siècle ne fait aucun doute. Le calme est également de la partie. On y a aménagé des chambres décorées avec goût qui offrent certaines commodités. Le service est attentionné.

Le beau bâtiment à corniche qui abrite le **Manoir Lafayette** *(89 $; ≡, ℜ; 661 Grande Allée E., G1R 2K4, ☎522-2652 ou 800-363-8203, ⇌522-4400)* est élégant. Ces dernières années, l'hôtel a été rénové. Désormais, les chambres, garnies de meubles aux lignes anciennes, procurent un confort moderne. L'endroit est des plus agréables.

L'**Hôtel Château Laurier** *(99 $; ≡, ℜ; 695 Grande Allée E., G1R 2K4, ☎522-8108 ou 800-463-4453, ⇌524-8768)* est installé dans une vieille maison qui arbore une jolie façade en pierre. Malheureusement, les chambres, garnies de meubles en stratifié d'aspect ordinaire, manquent de charme.

Le **Château Grande Allée** *(105 $; ℘; 601 Grande Allée E., G1R 2K4, ☎647-4433 ou 800-263-1471, ⇌649-7553)* a ouvert ses portes sur la trépidante Grande Allée. Les chambres, entretenues avec soin, sont vastes, si bien que le mobilier ne parvient pas à les remplir. Néanmoins, plusieurs attentions et les grandes salles de bain compensent amplement ce petit défaut.

🏨 Se dressant aux abords du Vieux-Québec, l'**Hôtel Loews Le Concorde** *(165 $; ≡, ≈, ☺, ⊛, ℘, △, ℜ, ♿; 1225 rue Place-Montcalm, G1R 4W6, ☎647-2222 ou 800-463-5256, ⇌647-4710)* dispose de chambres spacieuses offrant une vue magnifique sur tout Québec. Appartenant à la chaîne hôtelière Loews, il dispose de quelque 400 chambres confortables à souhait. Au sommet de la tour se trouve un restaurant rotatif, L'Astral (voir p 235).

CIRCUIT D : SAINT-JEAN-BAPTISTE

Chez Pierre *(65 $ pdj;* ℝ*; 636 rue d'Aiguillon, G1R 1M5,* ☎*522-2173)* est un logement chez l'habitant comptant trois chambres. Deux d'entre elles sont situées dans le sous-sol rénové, mais la troisième, à l'étage, offre tout le charme des appartements du faubourg Saint-Jean-Baptiste. La salle de bain de cette dernière est toutefois aussi située au sous-sol. Pierre, votre hôte, est un artiste peintre dont les larges toiles colorées égaient la maison. Il vous sert, le matin venu, un copieux petit déjeuner.

Au cœur du quartier gay, la sympathique **Guesthouse 727** *(69 $ pdj; bc, bp; 727 rue d'Aiguillon, G1R 1M8,* ☎*648-6766,* ≈*648-1474)* accueille les gens du milieu dans une atmosphère amicale et détendue. Quelques chambres sont meublées d'antiquités, et certaines sont équipées d'un magnétoscope.

🍽️ Adjacent au magnifique théâtre (voir p 126), l'**Hôtel du Théâtre Capitole** *(140 $;* ≡*,* ⊛*,* ℛ*; 972 rue Saint-Jean, G1R 1R5,* ☎*694-4040,* ≈*694-1916)* est établi dans les pièces qui ceinturent le bâtiment. Sa petite entrée, cachée dans l'imposante structure, se fait fort discrète. Le décor de cet hôtel n'a rien de luxueux, mais il est amusant. Ainsi, le mobilier des chambres rappelle celui qu'on trouve sur une scène de théâtre. À l'entrée, on aperçoit Il Teatro (voir p 239).

Le **Radisson Hôtel Gouverneur** *(150 $;* ≡*,* ≈*,* ⊙*,* △*,* ℛ*,* ♿*; 690 boul. René-Lévesque E., G1R 5A8,* ☎*647-1717 ou 888-910-1111,* ≈*647-2146)* est relié au tout nouveau Centre des congrès de Québec et au centre commercial Place Québec. Cette tour abrite plus de 370 chambres, toutes joliment décorées. Les chambres régulières sont garnies d'un mobilier de pin d'aspect un peu rustique mais élégant. Tout au long de l'année, les hôtes peuvent profiter d'une piscine extérieure chauffée.

Situé dans les environs du Vieux-Québec, le **Québec Hilton** *(170 $;* ≈*,* ⊙*,* △*,* ℛ*,* ♿*; 3 Place-Québec, G1R 4X3,* ☎*647-2411 ou 800-445-8667,* ≈*647-6488)* propose des chambres offrant un confort qui répond aux normes d'une grande chaîne hôtelière. Au rez-de-chaussée se trouve le centre commercial Place Québec, relié au nouveau Centre des congrès.

CIRCUIT E : LE CHEMIN SAINTE-FOY

Sainte-Foy

Pendant la saison estivale, il est possible de louer une chambre sur le campus de l'Université. Pour ce faire, il suffit de s'adresser au service des résidences de l'**Université Laval** *(20 $ étudiant, 23 $ non-étudiant; Université Laval, pavillon Parent, local 1618, ☎656-5632)*. Ces chambres offrent un confort élémentaire. Elles sont munies d'un lit simple et d'une commode, et les salles de bain sont communes aux résidants de l'étage. Il s'agit d'une formule peu coûteuse qu'il peut être intéressant de considérer. On propose également un tarif à la semaine. Les visiteurs peuvent y loger du début du mois de mai jusqu'à la mi-août. Il est conseillé de réserver. Le réseau de transports en commun dessert fréquemment le secteur. Il faut compter environ 10 min pour se rendre au centre-ville de Québec.

Aux limites de Sillery et Québec se trouve la résidence du **Y.W.C.A.** *(27 $; ≈, S; 855 av. Holland, G1S 3S5, ☎683-2155)*. Pour un hébergement à prix modique de courte ou longue durée dans de petites chambres au confort rudimentaire. Cafétéria, buanderie, piscine et stationnement disponibles sur place.

L'**Hôtel Gouverneur** *(115 $; ℜ, ≡, tv, ◉, ≈; 3030 boul. Laurier, G1V 2M5, ☎651-3030 ou 800-463-2820, ⇌651-6797)* se veut un établissement haut de gamme avec des chambres offrant un maximum de confort dans un décor chaleureux. Son emplacement judicieux le place à proximité des ponts, à quelques minutes des centres commerciaux et du Vieux-Québec, juste à côté des voies rapides conduisant aux différents centres sportifs de la région. La salle à manger, La Verrière, aura tôt fait de vous ravir tant au niveau des papilles que des pupilles. Une vaste cour à l'arrière a été aménagée avec beaucoup de verdure et une jolie piscine.

🏩 Le magnifique domaine que constitue le **Château Bonne-Entente** *(56 $-194 $; ℜ, ≡, ℂ, tv, ◉, ✿, ≈; 3400 chemin Sainte-Foy, G1X 1S6, ☎653-5221 ou 800-463-4390, ⇌653-3098)*, de style anglo-saxon, s'étend sur un terrain de 4,5 ha couvert de verdure et de fleurs. Des chambres décorées avec goût et raffinement vous y attendent. Le confort et le charme sont partout présents. De nombreuses activités intérieures et extérieures y sont offertes. Sur le petit étang voisin pataugent des canards. Cet endroit permet de retrouver tous les avantages et les bienfaits de la villégiature en pleine ville. Le restaurant Le Pailleur (voir p 239) sert une fine cuisine québécoise. On y trouve plusieurs salle de réunion.

Quelques adresses près de l'aéroport

Le quartier près de l'aéroport n'a rien de particulièrement agréable, aussi les voyageurs n'y passent-ils généralement qu'une nuit.

Le **Château Repotel** *(70 $ pdj; ≡, ⊛, ᰚ; 6555 boul. Wilfrid-Hamel, G2E 5W3, ☎872-1111, ⇒872-5989)* est bien aménagé afin de rendre le séjour plaisant. Les chambres ne sont pas luxueuses, mais elles sont paisibles. Elles ont l'avantage d'avoir une grande salle de bain.

Le **Confortel Québec** *(82 $ pdj; ≡, ⊛, ᰚ; 6500 boul. Wilfrid-Hamel, G2E 2J1, ☎877-4777, ⇒877-0013)* se présente comme un hôtel qui, comme son nom l'indique, privilégie le confort. Ses chambres, aux meubles modernes et aux couleurs fades, semblent austères, mais elles sont spacieuses.

L'hôtel **Confort Inn L'Ancienne-Lorette** *(83 $; ≡, ᰚ; 1255 autoroute Duplessis, G2G 2B4, ☎872-5900, ⇒872-0550)* a été construit sur la route menant à l'aéroport. Bien que ses chambres soient garnies de meubles en stratifié, elles sont jolies.

CIRCUIT J : EN ROUTE VERS LE NORD

Wendake

À Wendake, on trouve un logement chez l'habitant devant lequel se dresse un tipi où les intéressés pourront dormir. Les trois chambres de la **Maison Aorhenché** *(65 $ pdj; bp, bc, ℂ; 90 rue François-Gros-Louis, G0A 4V0, ☎847-0646, ≈847-5123)*, à savoir de la Tortue, de l'Ours et du Loup, sont un peu dénudées, et leur prix est sans doute un peu trop élevé. Cependant, l'endroit est agréable et les hôtes sont serviables. Vous avez accès à une belle galerie à l'avant de la maison, à un petit salon ainsi qu'à toutes sortes d'activités pour découvrir la culture autochtone.

Sainte-Catherine-de-la-Jacques-Cartier

Tout près de la Station forestière de Duchesnay, où l'on peut pratiquer une foule d'activités de plein air, se trouve la **Chaumière Juchereau-Duchesnay** *(105 $ pdj; ℜ, ≈; 5050 route Fossambault, G0A 3M0, ☎875-2751 ou 800-501-2122, ≈875-2752)*, qui propose le gîte et le couvert. Ses neuf chambres, toutes décorées de façon similaire avec des teintes pastel, offrent un bon confort, même si l'on n'y retrouve pas le charme antique de la salle à manger. Le site, avec ses arbres, sa piscine et sa terrasse, offre une tranquillité propice à la détente.

Parc de la Jacques-Cartier

Au cœur même du **parc de la Jacques-Cartier** *(17,50 $; centre d'accueil et d'interprétation, Stoneham, G0A 4P0, ☎848-7272)*, il est possible de camper dans un environnement absolument magnifique. De nombreux emplacements réservés à la pratique du camping le long de la rivière sont soit rustiques, soit semi-aménagés. Bien entendu, vous n'y manquerez pas d'activités!

CIRCUIT K : LA CÔTE-DE-BEAUPRÉ
ET L'ÎLE D'ORLÉANS

HÉBERGEMENT

Beauport

L'**Hôtel Ambassadeur** *(75 $; ⊘, △, ℜ; 321 boul. Sainte-Anne, G1E 3L4, ☎666-2828 ou 800-363-4619, ≈666-2775)* a été construit à l'entrée de la ville, dans un secteur où les voyageurs ne font généralement halte que pour la nuit. Ses chambres sont jolies et grandes. Le rez-de-chaussée de cet immeuble renferme par ailleurs un restaurant servant une bonne cuisine chinoise.

Appartenant à une chaîne hôtelière, le **Journey's End** *(77 $; 240 boul. Sainte-Anne, G1E 3L7, ☎666-1226, ≈666-5088)* en respecte les normes et propose aux voyageurs des chambres confortables où ils peuvent se reposer paisiblement. On y met davantage l'accent sur le prix réduit des chambres que sur la diversité des services.

Château-Richer

Depuis plus de 50 ans, l'**Auberge Baker** *(59 $ bc, 85 $ bp; pdj, ℜ, ℂ; 8790 av. Royale, G0A 1N0, ☎666-5509, ≈824-4412)* est installée dans une maison centenaire de la Côte-de-Beaupré. Ses murs de pierres, ses plafonds bas, ses planchers de bois et ses fenêtres à large encadrement charment le visiteur. Ses cinq chambres occupent des combles un peu sombres, mais à cet étage on trouve aussi une cuisinette, une salle de bain et une terrasse attenante. Elles ont été décorées avec soin, par souci d'authenticité, et meublées d'antiquités. L'auberge propose une bonne table (voir p 244).

L'**Auberge du Petit Pré** *(60 $ pdj; bc; 7126 av. Royale, G0A 1N0, ☎824-3852, ≈824-3098)* loge dans une maison du XVIIIe siècle. Ici, vous aurez droit à un accueil des plus attentionnés. Ses quatre chambres sont douillettes et décorées avec goût. On y trouve une verrière, ouverte durant les beaux jours, deux salons, l'un avec téléviseur et l'autre avec foyer, ainsi que deux salles de bain avec baignoire sur pattes. Le petit déjeuner est généreux et finement préparé. L'aubergiste cuisinier pourra d'ailleurs, s'il est prévenu d'avance, vous concocter, pour le dîner, un de ses délicieux repas, dont l'arôme envahira la maison, ajoutant ainsi à la chaleur de l'endroit.

Sainte-Anne-de-Beaupré

L'auberge **La Bécassine** *(70 $; ℜ; 9341 boul. Sainte-Anne, G0A 3C0, ☎827-4988)* a l'avantage d'être située à moins de 10 min du mont Sainte-Anne. Il s'agit en fait d'un motel puisque la plupart des chambres, au décor simple mais assez agréable, sont situées côte à côte près du bâtiment principal. Celui-ci abrite une vaste salle à manger spécialisée dans les mets de gibier.

Beaupré (mont Sainte-Anne)

Le **Camping Mont-Sainte-Anne** *(18 $; C.P. 400, Beaupré, G0A 1E0, ☎827-4561 ou 826-2323)*, situé à la Station Mont-Sainte-Anne, dispose de 166 emplacements dans un site boisé traversé par la rivière Jean-Larose et doté des services essentiels. Vous y êtes, bien sûr, à proximité de toutes les activités de plein air qu'offre le parc.

Tout juste avant d'arriver au sommet de la côte menant au mont Sainte-Anne, il faut emprunter la première rue sur la gauche pour se rendre à l'**Hôtel L'Aventure** *(69 $; ℜ, ≡, tv, ≈; 355 rue Dupont, G0A 1E0, ☎827-5748, ⟿827-3663)*. De construction moderne, l'établissement offre une ambiance jeune et dynamique, et un confort respectable. De là, on a une vue sur le mont Sainte-Anne avec ses pentes de ski. Le resto, qui sert une cuisine variée comprenant, entre autres mets, des fondues et des pizzas, est très populaire.

Le **Village touristique Mont-Sainte-Anne** *(88 $; ≡, ℂ, tv, ⊛, ℜ, ≈; 1000 boul. Beaupré, G0A 1E0, ☎827-2002 ou 800-463-7775, ⟿827-6666)* est situé au pied du mont. C'est là l'endroit rêvé pour ceux et celles qui ne veulent pas se déplacer d'un site à l'autre. Plusieurs appartements de grandeur variable peuvent accueillir de deux à huit personnes. Certaines chambres sont munies d'une baignoire à remous et d'une mezzanine. Tous les logements sont équipés d'une cuisine moderne et d'un foyer fonctionnel, et ils s'avèrent très confortables. Plusieurs appartements ont une vue directe sur les pentes.

🏨 Autour du mont Sainte-Anne, plusieurs chalets ont été construits. L'**Hôtel Val des Neiges** *(95 $, 160$ ½p; ≈, ⊘, △, ℜ; 201 Val-des-Neiges, G0A 1E0, ☎827-5711 ou 800-463-5250, ⇒827-5997)* est installé dans cette zone et côtoie les résidences des vacanciers. Il dispose de chambres au décor rustique qui sont assez jolies. Le centre possède également de petits condos bien équipés. On y propose des forfaits croisière.

🏨 **La Camarine** *(98 $, 200 $ ½p; ≡, ℜ; 10947 boul. Sainte-Anne, G0A 1E0, ☎827-5703, ⇒827-5430)* se dresse en face du fleuve Saint-Laurent. Cette mignonne petite auberge de qualité supérieure loue une trentaine de chambres. Le décor allie harmonieusement l'aspect rustique de la maison avec un mobilier de bois aux lignes modernes. L'endroit est charmant et son restaurant est réputé (voir p 244).

L'hôtel **Château Mont-Sainte-Anne** *(109 $, 167$ ½p; ≈, ⊘, ✪, △, ℜ, ℂ; 500 boul. Beaupré, G0A 1E0, ☎827-5211 ou 800-463-4467, ⇒827-5072)* est situé en bas des pistes de ski; on ne pourrait être plus près du mont. Les chambres sont spacieuses, mais en raison des meubles usés et du décor banal, elles semblent austères. Elles sont munies d'une cuisinette, mais pour s'en servir, il faut compter un supplément de 10 $. On y trouve un relais santé.

Île d'Orléans

Sur l'île d'Orléans, on dénombre une cinquantaine de logements chez l'habitant! On peut s'en procurer la liste au bureau d'information touristique. On y trouve aussi quelques auberges dont la réputation n'est plus à faire de même qu'un camping. Vous avez donc toutes les possibilités de faire durer le plaisir d'un séjour dans cette île ensorceleuse.

Le **Camping Orléans** *(18 $; ≈; 357 chemin Royal, Saint-François, G0A 3S0, ☎829-2953, ⇒829-2563)* compte près de 80 emplacements, la plupart ombragés, et avec vue sur le fleuve. Plusieurs services sont offerts sur place. On a accès à la grève pour faire de belles promenades.

L'auberge **Le Vieux-Presbytère** *(60 $ pdj, 118$ ½p; bp, bc, ℜ; 1247 av. Monseigneur-d'Esgly, Saint-Pierre, G0A 4E0, ☎828-9723 ou 888-828-9723, ⇒828-2189)* occupe effectivement un ancien presbytère juste derrière l'église du village. Ici règnent la pierre et le bois. Les plafonds bas traversés de larges poutres, les fenêtres à large encadrement, les antiquités telles que les catalognes de lit et les tapis tressés, vous transporteront à l'époque de la Nouvelle-France. La salle à manger (voir p 245) et le salon sont invitants. Il s'agit d'un endroit tranquille au charme rustique.

L'auberge **Le Canard Huppé** *(125 $ pdj, 175 $ ½p; ℜ; 2198 chemin Royal, Saint-Laurent, G0A 3Z0, ☎828-2292 ou 800-838-2292, ⇒828-0966)* jouit, depuis quelques années, d'une très bonne réputation. Ses huit chambres, propres et confortables, offrent un décor champêtre parsemé de canards de bois. La table du restaurant est tout aussi réputée et agréable (voir p 245). L'accueil est attentionné, et, puisque l'établissement est situé sur l'île d'Orléans, il est entouré de beaux paysages.

L'**Auberge Chaumonot** *(128 $ pdj, 178 $ ½p; ≈, ℜ; 425 chemin Royal, Saint-François, G0A 3S0, ☎829-2735)* dispose de huit chambres. Petite auberge construite du côté sud de l'île, tout près des berges du fleuve, elle accueille les visiteurs durant l'été seulement. Elle est située loin des villages et de la route, dans un cadre champêtre charmant. Les chambres au décor rustique procurent un bon confort.

En mai 1997, l'auberge **La Goéliche** *(150 $ pdj, 200 $ ½p; ℜ, ≈, ≡; 22 chemin du Quai, Sainte-Pétronille, G0A 4C0, ☎828-2248 ou 888-511-2248, ⇒828-2745)* a rouvert ses portes dans un tout nouveau bâtiment, après que le château Bel-Air, qui l'abritait depuis plusieurs années, eut été victime des flammes en 1996. Cette nouvelle auberge, un peu plus petite que la première, n'a, bien sûr, plus le charme antique qui avait fait sa réputation. On a su toutefois donner un certain cachet champêtre aux installations modernes. Les 18 chambres sont confortables et offrent une vue imprenable sur Québec. On y trouve aussi un petit salon avec foyer et jeux de société.

Vous pouvez aussi y louer des «chalets-condos» à la nuitée ou pour de plus longs séjours. La salle à manger (voir p 246) vaut le déplacement.

HÉBERGEMENT

RESTAURANTS

La gastronomie est sans contredit l'un des attraits de Québec. Que vous ayez envie d'un repas gastronomique, d'une cuisine santé légère ou d'un simple *espresso*, vous aurez l'embarras du choix parmi sa vaste sélection de restaurants romantiques et de cafés charmants.

Les Québécois appellent le petit déjeuner le «déjeuner», le déjeuner le «dîner» et le dîner le «souper». Ce guide suit cependant la nomenclature internationale, à savoir petit déjeuner, déjeuner et dîner. Dans la majorité des cas, les restaurants proposent, du lundi au vendredi, des «spéciaux du jour» c'est-à-dire un menu complet à prix avantageux. Servis le midi seulement, ces spéciaux du jour incluent bien souvent un choix d'entrées et de plats, un café et un dessert. Le soir, la table d'hôte (même formule, mais légèrement plus chère) est également intéressante.

Les prix mentionnés dans ce guide s'appliquent à un **dîner** pour une personne **excluant** les taxes, le service (voir «Pourboire», 64) et les boissons. Les établissements sont présentés du moins cher au plus cher.

$	moins de 10 $
$$	de 10 $ à 20 $
$$$	de 20 $ à 30 $
$$$$	plus de 30 $

Il est toujours préférable de réserver votre table, surtout si vous êtes plusieurs. Vous pouvez du même coup vous assurer que le restaurant que vous avez choisi est bien ouvert ce soir-là. Généralement ouverts tous les jours en haute saison, certains établissements ferment leurs portes en début de semaine au cours de l'hiver.

Si vous désirez vous rendre en voiture dans le Vieux-Québec, vérifiez, en faisant votre réservation, que le restaurant où vous voulez aller offre un service de valet. Cela pourrait vous éviter bien des soucis. Si ce n'est pas le cas, le plus simple est de vous rabattre sur les stationnements intérieurs, facilement repérables.

«Apportez votre vin»!

Il se trouve en effet des restaurants où l'on peut apporter sa bouteille de vin. Cette particularité étonnante pour les Européens vient du fait que, pour pouvoir vendre du vin ou autres «petits désaltérants», il faut posséder un permis de vente d'alcool assez coûteux. Certains restaurants voulant offrir à leur clientèle des formules économiques possèdent dès lors un autre permis qui permet aux clients d'apporter leur(s) bouteille(s) de vin. Dans la majorité des cas, un panonceau vous signalera cette possibilité.

Autre «bizarrerie» : il existe, en plus du permis de vente d'alcool, un permis de bar! Autrement dit, les restaurants qui n'ont qu'un permis de vente d'alcool ne peuvent vous vendre de la bière, du vin et de l'alcool que s'ils accompagnent un repas. Les restaurants qui ont en plus un permis de bar peuvent vous vendre de l'alcool même si vous n'y prenez pas de repas.

Les établissements qui se distinguent

Les grandes tables de Québec et de ses environs :
le Laurie Raphaël (p 231), Le Saint-Amour (p 227),
La Grande Table (p 227), La Closerie (p 236) et
le Champlain (p 227), La Camarine (p 244),
La Fenouillère (p 242) et le Michelangelo (p 242).

Pour l'atmosphère romantique :
Le Saint-Amour (p 227), le Graffiti (p 236) et
La Crémaillère (p 226), le Michelangelo (p 242) et
le Poisson d'Avril (p 229).

Pour la terrasse :
Il Teatro (p 239), À la Bastille Chez Bahüaud (p 225)
et Le Saint-Amour (p 227).

Pour la cuisine québécoise traditionnelle :
Aux Anciens Canadiens (p 226),
l'Auberge Baker (p 244) et l'Âtre (p 246).

Pour la vue :
L'Astral (p 235), le Manoir Montmorency (p 243), La
Goéliche (p 246), le Café de la Terrasse (p 224)
et le Café-Resto du Musée (p 233).

Pour leur beau décor :
le Marie Clarisse (p 230), le Falstaff (p 221),
La Playa (p 239), l'Aviatic Club (p 230) et
le Cosmos Café (p 232) et le Montego (p 241).

Pour leur touche d'originalité :
le Café du clocher penché (p 240),
Les Salons d'Edgar (p 240), le Dazibo Café (p 236),
le Bonnet d'Âne (p 237).

Les meilleurs *espresso* :
Chez Temporel (p 220) et
le Café Krieghoff (p 231).

Les cafés

Beaucoup de Québécois sont amateurs de cafés *espresso*. Aussi les cafés, ces petits restaurants à l'ambiance conviviale et détendue, sont-ils des endroits très fréquentés. Ils sont implantés dans un quartier depuis parfois des années. La rutilante machine à café y trône en maître des lieux, mais on peut aussi y manger de bons petits plats tels que soupes, salades ou croque-monsieur, et bien sûr des croissants et des desserts! Les fins de semaine, le petit déjeuner y est généralement servi jusqu'en début d'après-midi. Référez-vous à l'index par types de cuisine pour repérer directement les cafés que nous vous suggérons.

Ce chapitre vous propose donc les meilleures tables. La sélection a été faite de façon à répondre à tous les budgets et à tous les goûts. Nous vous offrons deux index : le premier par types de cuisine (voir ci-dessous) et le second par ordre alphabétique (voir l'index à la fin du guide sous «Restaurants»). «Les choix d'Ulysse», indiqués par notre logo, et les encadrés soulignant les établissements qui se distinguent vous aideront aussi à faire un choix. Bon appétit!

Index par types de cuisine

RESTAURANTS

RESTAURANTS

CIRCUIT A : LE VIEUX-QUÉBEC

La **Brûlerie Tatum** *($; 1084 rue Saint-Jean, ☎692-3900)* est installée dans un beau local tout en long, agrémenté d'une mezzanine, et affichant des couleurs rougeoyantes. Il s'agit d'un café qui fait lui-même la torréfaction des grains dans la rutilante rôtissoire qui trône à l'entrée. On y sert des plats légers tels que croque-monsieur et sandwichs, ainsi que toute une sélection de cafés et chocolats chauds joliment présentés.

Le petit **Casse-Crêpe Breton** *($; 1136 rue Saint-Jean)* attire les foules. Même après qu'on eut agrandi ses locaux, la clientèle continue de faire la queue à sa porte pour goûter l'une de ses délicieuses crêpes-repas. Préparées sous vos yeux, elles sont garnies de vos ingrédients préférés par les serveuses qui réussissent à rester souriantes malgré ce fol achalandage. Avec ses hautes banquettes, l'endroit offre une ambiance chaleureuse.

Le **Chantauteuil** *($; 1001 rue Saint-Jean, ☎692-2030)* se présente comme un restaurant-bar très mignon. Le décor, tout ce qu'il y a de plus bistro parisien, est vraiment coquet : dentelle aux fenêtres, murs de pierres, tableaux de bon goût. Le tout a beaucoup de personnalité, et le service s'avère amical. La communication peut facilement s'établir entre la clientèle tout public et le personnel. Le midi, on y sert un menu du jour finement apprêté. Cuisine légère de croque-monsieur et de sandwichs servie à toute heure.

Chez Temporel *($; 25 rue Couillard)*, on déguste une cuisine entièrement préparée sur place. Que vous choisissiez un croissant pur beurre, un croque-monsieur, une salade ou le plat du jour, vous êtes assuré que ce sera bon et frais. On y trouve en prime le meilleur *espresso* en ville! Les serveurs et serveuses sont parfois débordés, mais si vous savez être compréhensif, ils sauront vous le rendre au centuple. Cachés dans un détour de la petite rue Couillard depuis plus de 20 ans, les deux étages du Temporel ont vu défiler une clientèle de tous âges et de toutes tendances. Ouvert tôt le matin jusqu'à tard le soir.

La **Lunchonnette** *($; 50 côte de la Fabrique, ☎692-0813)* est une sandwicherie où il fait bon faire une halte pour assouvir un petit creux dans un décor un peu rétro. Clientèle en tout genre, de tout style et de tout âge. Le menu express vous propose des sandwichs, des sorbets et des petits déjeuners.

Au **Petit Coin Latin** *($; 8½ rue Sainte-Ursule, ☎692-2022)*, on savoure une cuisine maison dans une ambiance de café parisien. Ses banquettes et ses miroirs trônent dans une atmosphère conviviale et détendue. Son menu propose croûtons au fromage, quiches et pâtés. On peut aussi se rassasier de raclette sur un petit gril que le personnel dépose sur votre table, et servie avec pommes de terre et charcuteries. Un délice! En été, une jolie terrasse entourée de pierre s'ouvre à l'arrière; on peut y accéder directement depuis la rue en passant par la porte cochère.

Le **Titanic** *($; 21 rue Sainte-Angèle, ☎694-7000)* est une sandwicherie occupant un petit local sur une rue perpendiculaire à la rue Saint-Jean. Son menu présente une cuisine rapide mais de bon goût. Sous-marins, *bagels*, salades, soupes et desserts composent l'essentiel de la carte. Livraison gratuite.

L'**Entrecôte Saint-Jean** *($-$$; 1011 rue Saint-Jean, ☎694-0234)* propose évidemment des entrecôtes, mais apprêtées de multiples façons et accompagnées de pommes de terre allumettes. La salade aux noix et les profiteroles au chocolat terminent harmonieusement le repas. Rapport qualité/prix intéressant.

Le **Falstaff** *($-$$; 1200 rue Saint-Jean, ☎694-0618)* loge sous les voûtes de la maison Serge-Bruyère. On y sert une cuisine tout droit venue d'Allemagne qui fait honneur à la réputation de la maison (voir «La Grande Table», p 227). Le tout dans une ambiance bavaroise décontractée. Foyer et service de valet.

Installé à deux pas de la porte Saint-Louis, l'**Apsara** *($$; 71 rue d'Auteuil, ☎694-0232)* propose une cuisine d'Asie du Sud-Est. Le midi comme le soir, on y sert des repas complets à bon prix.

Le **Café Buade** *($$; 31 rue de Buade, ☎692-3909)* est à proximité de la rue du Trésor et de la terrasse Dufferin. S'y trouve une grande salle à manger dans un décor intéressant sans être extravagant. Ambiance familiale agréable pour prendre un bon repas sans se ruiner. La spécialité de la maison est la côte de bœuf au jus.

RESTAURANTS

En plus de sa musique asiatique, son ambiance calme et son service poli, la **Fleur de Lotus** *($$; 38 côte de la Fabrique, ☎692-4286)* est appréciée pour sa cuisine délicieusement différente, conduisant directement au cœur de l'Asie.

Les **Frères de la Côte** *($$; 1190 rue Saint-Jean, ☎692-5445)* proposent une savoureuse cuisine bistro. On y mange pizzas à pâte mince cuites au four à bois et garnies de délicieux ingrédients frais, pâtes, grillades, etc. Soirées spéciales de moules et frites à volonté! L'atmosphère animée est décontractée, et l'endroit est souvent bondé, un reflet de la rue Saint-Jean, que l'on peut observer par ses grandes fenêtres.

L'Omelette *($$; 64 rue Saint-Louis, ☎694-9626)* se présente comme un établissement fort sympathique. Très tôt le matin, on y sert de copieux petits déjeuners. En ce qui concerne les plats servis plus tard en journée, on a le choix entre une grande variété d'omelettes, de pâtes, de pizzas, de hamburgers et de sous-marins. Rapport qualité/prix intéressant.

L'ambiance, le décor et les costumes traditionnels du personnel vous surprendront **Au Petit Coin Breton** *($$; 1029 rue Saint-Jean, ☎694-0758)*. Les crêpes, quant à elles, que l'on peut accompagner d'ingrédients au choix, sauront vous combler. Les crêpes-desserts sont particulièrement bonnes.

Pour une cuisine italienne à prix très abordable, **La Petite Italie** *($$; 49½ rue Saint-Louis, ☎694-0044)* suggère pizzas et pâtes dans un décor agréable. Au centre de l'animation touristique.

Le **Saint-James** *($$; 1110 rue Saint-Jean, ☎692-1030)* est le bistro du Manoir Victoria (voir p 198), mais il dispose de sa propre entrée sur la rue Saint-Jean. Son décor est donc chic, fidèle à celui du manoir. Une formule originale vous permet de faire votre propre combinaison parmi un large choix de pâtes et de sauces. On y propose aussi des steaks, des sandwichs et une intéressante table d'hôte.

Le nom du restaurant **Le Taste-vin** *($$; 32 rue Saint-Louis, ☎692-4191)* fait référence à la petite tasse d'argent ou pipette servant aux dégustateurs de vin. Deux sections : l'une plus chic, plus récente, et l'autre plus ancienne, avec plus de charme grâce à ses murs de pierres. L'accueil et le service sont chaleureux. Une cuisine bistro à prix bistro!

Tous les types de fondues sont disponibles au **Café Suisse** *($$-$$$; 32 rue Sainte-Anne, ☎694-1320)* : suisse, chinoise ou bourguignonne (et même aux fruits de mer). La raclette et les grillades font également partie du menu. Des plats plus légers peuvent aussi être servis. Une terrasse donnant sur la rue piétonne qu'est la rue Sainte-Anne rendra votre souper encore plus agréable en été. Vous pourrez y regarder les artistes peintres et les caricaturistes s'exécuter ou entendre, à l'occasion, des musiciens de rue.

Dans la maison Serge-Bruyère, on trouve le bistro **Chez Livernois** *($$-$$$; 1200 rue Saint-Jean, ☎694-0618)*. Cette grande demeure du XIXe siècle est en effet connue pour avoir abrité, à partir de 1889, le studio de photographie de Jules Livernois. On y sert une fine cuisine, composée essentiellement de pâtes et de grillades, dans une atmosphère un peu plus décontractée qu'à La Grande Table (voir p 227).

Du **Portofino** *($$-$$$; 54 rue Couillard, ☎692-8888)*, on a voulu faire un bistro à l'ambiance typiquement italienne. Le long bar, les verres à eau bleus, les miroirs au mur et les drapeaux d'équipes de soccer au plafond créent cette atmosphère chaude et animée. Ne vous surprenez pas si le patron vous embrasse pour vous souhaiter la bienvenue! À tout cela, s'ajoutent les effluves de la cuisine, elle aussi fidèle à l'Italie. Pendant la saison touristique, l'endroit ne désemplit pas. Service de valet.

C'est dans une vieille maison construite en 1679 sous le Régime français que se trouve l'**Auberge du Trésor** *($$$; 20 rue Sainte-Anne, ☎694-1876)*. La clientèle, essentiellement touristique, y savoure de la cuisine française dans une ambiance de vieux manoir français. Pendant la belle saison, il peut être agréable de prendre un verre la terrasse, qui offre un point de vue magnifique sur le Château Frontenac et sur toute l'animation du parc de la Place d'Armes, juste en face. Musiciens en soirée. Soyez tout de même prévenu qu'il peut s'avérer coûteux de prendre un simple café à l'extérieur.

En entrant **Au Parmesan** *($$$; 38 rue Saint-Louis, ☎692-0341)*, on est frappé par une imposante collection de pots et de bouteilles exposés sur des corniches tout au haut des murs.

RESTAURANTS

Pour ceux et celles qui préfèrent les endroits calmes et propices aux tête-à-tête, il vaut mieux s'abstenir. Un chansonnier et son accordéon accentuent d'ailleurs la fébrilité des lieux. Tous les soirs de la semaine, en été, c'est la *dolce vita*! Clientèle touristique. Spécialités italiennes et françaises. Les pâtes, les assiettes du pêcheur et le saumon fumé maison sont à l'honneur.

🦞 Sur la petite rue des Jardins, dans un local tout en long, quelques marches plus bas que le trottoir, loge le **Café de la Paix** *($$$; 44 rue des Jardins, ☎692-1430)*. Ce restaurant ouvert depuis des années jouit d'une solide réputation auprès des gens de Québec. On y sert un menu de cuisine française classique où se côtoient cuisses de grenouille, bœuf Wellington, lapin sauce moutarde et saumon grillé.

🦞 Sur la terrasse Dufferin, dans l'antre du Château Frontenac, se trouve le **Café de la Terrasse** *($$$; 1 rue des Carrières, ☎692-3861)*. Ses baies vitrées dévoilent la vue sur la terrasse. Son décor est agréable, et sa cuisine française, délicieuse.

Située sur la touristique rue Saint-Louis, **La Caravelle** *($$$; 68 1/2 rue Saint-Louis, ☎694-9022)* ne manque pas d'animation à toute heure du jour ou de la nuit. Une clientèle tout azimut s'y presse dans un décor riche et esthétique. Les murs de pierres, les boiseries, les lustres et les plantes bien fournies contribuent à rendre l'atmosphère chaleureuse et confortable. Un personnel attentionné à vos moindres désirs se fera un plaisir de vous servir. Tous les soirs, un chansonnier s'y produit en spectacle et met de la fébrilité dans l'air. On y sert une cuisine française exquise, tout en se permettant quelques incursions du côté de la cuisine espagnole.

Le **Charles Baillairgé** *($$$; 57 rue Sainte-Anne, ☎692-2480)* est aménagé au rez-de-chaussée du très bel Hôtel Clarendon (voir p 198). Une clientèle distinguée vient y savourer une cuisine française et québécoise d'une grande qualité tout en profitant d'un décor chaleureux fort agréable.

Le **Continental** *($$$; fermé dim; 26 rue Saint-Louis, ☎694-9995)* est installé à deux pas du Château Frontenac, à l'intérieur d'une maison historique dans laquelle est né Louis-Alexandre Taschereau, premier ministre du Québec de 1922 à

1936. Il s'agit aussi de l'un des plus vieux restaurants de Québec. Son menu présente une cuisine continentale où l'on retrouve des fruits de mer, de l'agneau, du canard, etc. Service au guéridon dans une grande salle confortable.

L'Élysée-Mandarin *($$$; 65 rue d'Auteuil, ☎692-0909)* propose une fine cuisine séchuanaise, cantonaise et pékinoise dans un décor rehaussé d'un petit jardin intérieur et de sculptures et vases chinois. Les plats sont toujours succulents, et le service, dans ce restaurant qui a aussi pignon sur rue à Montréal et à Paris, est des plus courtois. Si vous êtes plusieurs, essayez un menu dégustation : il serait dommage de ne pas goûter le plus de mets possible!

Le bâtiment dans lequel se trouve le **Paris Gourmet** *($$$; 73 rue Saint-Louis, ☎694-0030)* fut autrefois la résidence de l'un des nombreux administrateurs du Québec, l'honorable Thomas Dunn. À l'intérieur, on découvre un décor simple et sans artifice. Les tables, rapprochées les unes des autres, peuvent être gênantes pour un tête-à-tête. Le service est correct, et la clientèle, variée. Cuisine française diversifiée allant des poissons et fruits de mer au chateaubriand bouquetière en passant par les escalopes de veau aux reines des bois (morilles). Un grand choix de desserts et de cafés vous attend pour terminer votre repas. Bon rapport qualité/prix.

Le Patriarche *($$$; 17 rue Saint-Stanislas, ☎692-5488)* se veut un établissement au décor charmant et sans prétention, la salle à manger étant entourée de murs de pierres. L'ambiance est plutôt détendue et agréable. Accueil chaleureux et service très sympathique. Menu invitant de cuisine française, de gibier et de fruits de mer.

À deux pas du Château Frontenac et de la mignonne rue du Trésor, **La Ripaille** *($$$; 9 rue de Buade, ☎692-2450)* propose toujours de belles surprises, qu'il s'agisse de cuisine française ou de plats de fruits de mer, et ce, dans une atmosphère chaleureuse.

Le restaurant **À la Bastille Chez Bahüaud** *($$$-$$$$; 47 av. Sainte-Geneviève, ☎692-2544)*, entouré de nombreux arbres, se trouve à proximité des plaines d'Abraham. Une magnifique tranquillité règne sur la terrasse, idéale pour un dîner en amoureux par un soir de pleine lune. À l'intérieur, une table de billard complète un décor à la fois raffiné et confortable, tandis qu'au sous-sol le bar au style très charmeur offre une ambiance intime. Une fine cuisine française vous y attend.

Situé dans une des plus vieilles maisons de Québec, le restaurant **Aux Anciens Canadiens** *($$$-$$$$; 34 rue Saint-Louis, ☎692-1627)* propose les spécialités traditionnelles du Québec. On peut y goûter le jambon au sirop d'érable, les fèves au lard et la tarte aux bleuets (voir aussi la maison Jacquet, p 84).

Le **Café d'Europe** *($$$-$$$$; 27 rue Sainte-Angèle, ☎692-3835)* présente un décor sobre et un peu vieillot. L'exiguïté des lieux et l'achalandage de certains jours peuvent rendre l'endroit assez bruyant. Le service s'avère courtois et personnalisé. Fine cuisine française et italienne, traditionnelle dans sa présentation, raffinée dans ses sauces et généreuse dans ses portions. Service de flambées impeccable et sauces onctueuses au goût relevé qui rendent le tout inoubliable pour les papilles.

Un accueil sympathique et une cuisine exquise aux saveurs de l'Europe vous attendent au restaurant **La Crémaillère** *($$$-$$$$; fermé sam-dim midi; 21 rue Saint-Stanislas, angle rue Saint-Jean, ☎692-2216)*. Ici, mille et une petites attentions rendent votre repas inoubliable. Le décor, fort chaleureux, ajoute au charme de l'endroit.

Le Gambrinus *($$$-$$$$; 15 rue du Fort, ☎692-5144)* est un beau restaurant au décor intéressant, dont la réputation n'est plus à faire auprès de la population de Québec. Vous serez accueilli dans un décor de fenêtres à carreaux à demi habillées de rideaux de dentelle. L'ensemble de la salle est garni de lierre, tandis que de magnifiques assiettes décoratives agrémentent les murs. Ambiance on ne peut plus agréable dans un décor invitant et chaud. Les soirs d'été, on a le plaisir d'entendre un joyeux troubadour qui rend l'atmosphère encore plus invitante. Une terrasse donne directement sur le Château Frontenac. Cuisine française et grande variété de poissons et de fruits de mer.

Le restaurant de **Guido Le Gourmet** *($$$-$$$$; fermé sam midi; 73 rue Sainte-Anne, ☎692-3856)* vous entraîne dans le monde de la fine gastronomie. Son menu de cuisine française et italienne vous propose cailles, veau, saumon et autres délices de la terre et de la mer. Son décor est chic. Sur les tables, de belles grandes assiettes vous promettent mer et monde. Brunchs les dimanches.

Le **Saint-Amour** *($$$-$$$$; fermé sam-dim midi; 48 rue Sainte-Ursule, ☎694-0667)* est, depuis quelques années déjà, l'un des meilleurs restaurants de Québec. Le chef et copropriétaire Jean-Luc Boulay élabore une succulente cuisine créative qui ravit autant la vue que le goût. Dans la chocolaterie, à l'étage, on confectionne des desserts absolument divins. Une vraie expérience gastronomique! De plus, l'endroit est beau, confortable et chaleureux. Il est égayé par une verrière, ouverte à longueur d'année, et décorée de plantes et de fleurs de toutes sortes. Les beaux jours d'été, on en retire le toit pour en faire une terrasse ensoleillée. Service de valet.

Le **Champlain** *($$$$; 1 rue des Carrières, ☎692-3861)* est le restaurant du Château Frontenac. Son décor est, il va de soi, des plus luxueux et sied bien au faste de l'endroit. Sa fine cuisine française est, elle aussi, fidèle à la renommée du château. Son chef, Jean Soular, qui a déjà publié ses recettes, tente toutefois d'ajouter une touche originale à cette cuisine classique. Service impeccable par serveurs en livrée.

La **Grande Table** *($$$$; fermé le midi; 1200 rue Saint-Jean, ☎694-0618)* de la maison Serge-Bruyère a une solide réputation qui s'étend bien au-delà des murs qui ceinturent la vieille ville. Installée au dernier étage d'une maison historique qui s'élève entre les rues Couillard et Garneau, elle sert une cuisine française gastronomique qui réjouit l'œil autant que le palais. L'agréable décor se pare de tableaux de peintres québécois. Service de valet.

**CIRCUIT B : DU PETIT-CHAMPLAIN
AU VIEUX-PORT**

Le **Buffet de l'Antiquaire** *($; 95 rue Saint-Paul, ☎692-2661)* est un sympathique casse-croûte qui sert une cuisine familiale. Comme son nom le souligne, il est situé au cœur du quartier des antiquaires et peut donc vous offrir une petite halte si vous

RESTAURANTS

courez les trésors! Il est un des premiers restaurants de la ville à ouvrir ses portes le matin, soit dès 6h.

Le **Café Loft** *($; 49 rue Dalhousie, ☎692-4864)* ressemble effectivement à un petit loft avec ses portes de garage qu'on ouvre en été. Situé à un jet de pierre du Musée de la civilisation, il vous permet de vous reposer de votre visite en sirotant un café et en avalant une bouchée tout en contemplant l'animation du Vieux-Port.

Le **Cochon Dingue** *($-$$; 46 boul. Champlain, ☎692-2013)* est un bistro-café fort sympathique. S'étalant entre le boulevard Champlain et la rue du Petit Champlain, il présente un décor agréable et rigolo avec ses miroirs et son plancher carrelé. Il propose une cuisine bistro, telles ses formules «steaks-frites» et «moules-frites». Ses desserts vous rendront... dingue!

C'est dans une douce ambiance que l'on se retrouve une fois rendu à l'intérieur du **Péché Véniel** *($-$$; 233 rue Saint-Paul, ☎692-5642)*. Au petit déjeuner, le midi ou le soir, le menu affiche des mets simples mais toujours excellents. Pour ne nommer que quelques spécialités, on y suggère les sandwichs à la viande fumée (*smoked meat*) sur baguette, les moules poulettes, les steaks frites et la populaire tourtière du Lac-Saint-Jean. Table d'hôte et menu du jour disponibles.

L'Ardoise *($$; 71 rue Saint-Paul, ☎694-0213)* se présente comme un chic petit bistro de la rue des antiquaires et des galeries d'art. Endroit idéal pour une petite pause entre deux visites. Bien que le service tende à une certaine prétention, on s'y sent rapidement à l'aise. Les murs de pierres et les boiseries d'acajou s'y marient harmonieusement. On y prépare, entre autres plats, le boudin grillé aux pommes, le foie de veau à l'anglaise, l'entrecôte et une variété de poissons. Des petits déjeuners y sont également servis.

Le restaurant **Asia** *($$; 89 rue Sault-au-Matelot, ☎692-3799)* sert une excellente cuisine thaïlandaise et vietnamienne. Les végétariens pourront en outre y déguster des plats qui les régaleront. Parmi les spécialités, notons les grillades et les plats au *wok*, légers, frais et naturels.

Le **Bistro sous le Fort** *($$; fermé lun-mar soir; 48 rue Sous-le-Fort, ☎694-0852)* offre une décoration austère et est fréquenté par une clientèle essentiellement composée de touristes. Il propose cependant une délicieuse cuisine québécoise à prix abordable.

La **Trattoria Sant-Angelo** *($$; 10 rue Cul-de-Sac, ☎692-4862)* permet de découvrir l'Italie au cœur du quartier du Petit-Champlain. Le décor est un peu froid, mais est réchauffé par le four à bois qui trône dans la salle. La petite terrasse vous fera d'autant plus apprécier votre dîner par une belle soirée d'été étoilée. Clientèle touristique en saison et variée le reste de l'année. Au menu (comme le dit la publicité : «Pasta-Pizza-Amore»), grande variété de pâtes, pizzas cuites au four à bois et passion!

Dans cette grande brasserie à la parisienne qu'est le **Café du Monde** *($$-$$$; 57 rue Dalhousie, ☎692-4455)*, on prépare des plats typiques de ce genre d'établissement tels que le magret de canard et le tartare. Les serveurs, habillés d'un long tablier, sont attentionnés.

Le **Lapin Sauté** *($$-$$$; 52 rue du Petit-Champlain, ☎692-5325)* est installé dans une demeure plus que bicentenaire du quartier du Petit-Champlain. À l'intérieur, un décor très simple de murs en crépi blanc avec quelques fioritures de couleur dans le haut. Petite terrasse voisine de la Maison de la Chanson, au pied du cap Diamant. On y sert, vous l'aurez deviné, du lapin apprêté de toutes les façons.

Le **Môss** *($$-$$$; 255 rue Saint-Paul, ☎692-0265)* est un bistro belge. Son décor est assez froid, avec tables noires, murs de briques, comptoir en inox et éclairage halogène. Mais ses «moules-frites», grillades et desserts au chocolat belge sont savoureux.

Le **Poisson d'Avril** *($$-$$$; 115 quai Saint-André, ☎692-1010)* est maintenant installé dans ses nouveaux locaux du Vieux-Port. L'endroit est en fait une vieille maison qui exhibe pierres et poutres de bois pour le plaisir de tous. Le décor est rehaussé d'un éclairage judicieux et du tissu à motifs de coquillages des chaises. Au menu figurent des pâtes, des grillades et des fruits de mer bien apprêtés. Essayez les moules.

La magnifique Gare du Palais abrite deux restaurants. L'**Aviatic Club** *($$-$$$; 450 de la Gare-du-Palais, ☎522-3555)* vous convie au voyage grâce à son décor sorti de l'Angleterre du milieu du siècle, avec fauteuils de rotin, rideaux rouge vin et palmiers, et à son menu cosmopolite. **Le Pavillon** *($$-$$$; 450 de la Gare-du-Palais, ☎522-0133)*, quant à lui, sert une bonne cuisine italienne, présentée avec originalité, dans un décor moderne avec plafond très haut. Dans les deux cas, le service et la clientèle font montre d'une certaine prétention, mais l'ambiance animée reste agréable.

Le décor des **Voûtes du Cavour** *($$$; 38 rue Saint-Pierre, ☎694-0465)* est superbe. Cet établissement loge dans la maison Charest, qui date de 1757. Une ambiance chaleureuse y règne en tout temps. Cuisine française, italienne et fruits de mer sont au menu. Tous les soirs d'été, un musicien vous accompagne pour cette expérience. Un foyer rehausse la chaleur des lieux.

Deux bons restaurants sont accrochés dans le pittoresque escalier Casse-Cou, qui mène au Petit-Champlain. Tout en haut, sur deux étages, **Chez Rabelais** *($$$; fermé le midi; 2 rue du Petit-Champlain, ☎694-9460)* propose un menu de cuisine française avec beaucoup de fruits de mer. Un peu plus bas se trouve le **Marie-Clarisse** *($$$; 12 rue du Petit-Champlain, ☎692-0857)*. Ici, tout est bleu comme la mer, sauf les murs de pierres. Et pour cause, puisqu'on s'y spécialise dans les poissons et fruits de mer! Ces mets apprêtés de divine façon vous sont servis dans une belle salle à la décoration très réussie. Le froid venu, on réchauffe les «convives-passagers» avec un bon feu de foyer.

Planté au milieu de la côte de la Montagne, **Le Vendôme** *($$$; 36 côte de la Montagne, ☎692-0557)* est un des plus vieux restaurants de Québec. On y mange des classiques de la cuisine française tels que chateaubriand, coq au vin et canard à l'orange dans un décor intimiste.

L'Échaudé *($$$-$$$$; fermé sam midi et dim soir; 73 rue Sault-au-Matelot, ☎692-1299)* est un attrayant restaurant où l'on a opté pour un cadre Art déco avec plancher carrelé et mur recouvert de miroir. Ambiance détendue. Fine cuisine composée au jour le jour au gré des arrivages du marché, et délicieuse à souhait.

 Le chef et copropriétaire du **Laurie Raphaël** *($$$-$$$$; 117 rue Dalhousie, ☎692-4555)*, Daniel Vézina, a obtenu en 1997 le prix du meilleur chef-cuisinier du Québec. Il a aussi, la même année, publié un livre de recettes alléchantes. Pour composer ses délices, le chef s'inspire de toutes les cuisines du monde et apprête ris de veau, pétoncles, viande d'autruche et autres d'une manière originale. Donc pas besoin de vous préciser qu'au Laurie Raphaël on mange bien! Emménagé depuis mai 1996 dans de nouveaux locaux spacieux avec mur extérieur formant un demi-cercle entièrement vitré, il offre un décor chic, agrémenté de rideaux blanc crème, de couleurs sable et terre, ainsi que de quelques objets en fer forgé.

CIRCUIT C : LA GRANDE ALLÉE ET L'AVENUE CARTIER

Unique en son genre dans le quartier, le **Al Wadi** *($; 615 A Grande Allée E., ☎649-8345)* prépare des spécialités libanaises toutes aussi savoureuses les unes que les autres. Le jeune propriétaire dynamique se fera un plaisir de vous faire découvrir cette cuisine pour laquelle il a une passion. Le *shish taouk*, le *shawarma* et le *kafta kabab* ne sont qu'un avant-goût de ce qu'on y sert. En été, ouvert jusqu'à 4h du matin.

Vous avez envie d'un *bagel*? Sur la jolie petite rue Crémazie, la fabrique de *bagels* **Bügel** *($; 164 rue Crémazie O., ☎523-7666)* vous en propose de toutes sortes. Sur place, dans une ambiance chaleureuse qui sent bon le feu de bois, on peut en grignoter garnis de salami, de fromage à la crème ou de «végépâté», ou bien on peut y faire des provisions à rapporter à la maison!

 Le **Café Krieghoff** *($; 1089 av. Cartier, ☎522-3711)*, du nom du peintre d'origine hollandaise dont l'ancienne demeure s'élève au bout de l'avenue Cartier, loge dans une vieille maison de cette même artère. On y propose une cuisine légère (quiches, salades, etc.) de qualité ainsi qu'un bon menu du jour. N'oubliez pas d'accompagner le tout de leur excellent *espresso*. Son atmosphère conviviale et détendue évoque les cafés

RESTAURANTS

d'Europe du Nord. En été, on y trouve deux terrasses souvent bondées.

Le mini-resto **Les Finesses de Charlot** *($; 1125 av. Cartier,* ☎*524-5636)* prépare de bons sous-marins de toutes sortes, devant vous et à votre goût. Un sous-marin se glisse si bien dans un panier à pique-nique : les plaines sont à seulement 10 min de marche! S'il pleut, vous pourrez toujours le manger sur place. En été, l'endroit se double d'un bar laitier.

Le **Java Java** *($; 1114 av. Cartier,* ☎*522-5282)* présente une ambiance plus qu'agréable dans un décor original et subtil. C'est une excellente adresse pour savourer une cuisine légère, lorsque l'on a une petite faim, ou pour voir du beau monde!

Le **Ly-Hai** *($; 1191 av. Cartier,* ☎*522-2031)* se spécialise dans la cuisine vietnamienne, dans un décor somme toute assez simple. Il s'agit d'un restaurant offrant un très bon rapport qualité/prix.

Le **Cochon Dingue** *($-$$; 46 boul. René-Lévesque O.,* ☎*523-2013)* (voir p 228) du boulevard René-Lévesque possède une jolie terrasse arrière, chauffée quand la température l'exige.

Le décor futuriste du **Cosmos Café** *($-$$; 575 Grande Allée E.,* ☎*692-1316)* vous promet d'agréables moments dans une ambiance branchée. On y sert des hamburgers, sandwichs et salades aux saveurs cosmopolites.

Les visiteurs espérant côtoyer les membres de l'Assemblée nationale peuvent aller déjeuner au restaurant de l'Hôtel du Parlement, **Le Parlementaire** *($-$$; fermé sam-dim; angle av. Honoré-Mercier et Grande Allée,* ☎*643-6640)*. Le menu propose des mets québécois et européens. L'endroit est souvent bondé, surtout le midi, mais on y mange bien. Ouvert seulement pour le petit déjeuner et le déjeuner.

La Piazzetta *($-$$; 1191 av. Cartier,* ☎*649-8896)*, voir p 237.

Pizzédélic *($-$$; 1145 av. Cartier,* ☎*525-5981)*, la boîte à pizzas, vous reçoit dans un décor haut en couleur et avec un personnel chaleureux pour déguster des pizzas «nouvelle version» apprêtées de mille et une façons. Possibilité de choisir l'amalgame de vos ingrédients préférés. Clientèle jeune et animée.

Dans un beau local de l'avenue Cartier, **Le Figaro** *($$; 1019 av. Cartier, ☎525-3535)*, un agréable bistro, propose une bonne cuisine...bistro! Le décor est beau, et le service, courtois. En été, on vient sur sa terrasse, qui donne sur le trottoir, pour voir et être vu. Brunchs les fins de semaine.

Presque au coin de l'avenue Cartier, sur le boulevard René-Lévesque, vient d'ouvrir un joli restaurant jaune et rouge... le **Jaune Tomate** *($$; 120 boul. René-Lévesque O., ☎523-8777)*! On y déguste une bonne cuisine italienne dans un décor champêtre. Les aubergines *parmigiana*, entre autres plats, sont tout à fait réussies.

Le **Lotus Cartier** *($$; 29 boul. René-Lévesque O., ☎649-9991)* propose une cuisine du Sud-Est asiatique tout à fait savoureuse et servie dans une ambiance douce et calme. Les soupes, entres autres mets, sont délicieuses.

La terrasse du restaurant **Aux Vieux Canons** *($$-$$$; 650 Grande Allée E., ☎529-9461)* est très animée pendant toute la saison estivale. Allez-y pour savourer une bonne cuisine française au vin ou un succulent plat flambé par de vrais connaisseurs. Le tout se déroulera dans une ambiance propice à la fête grâce aux chanteurs, musiciens et danseurs interprétant des chansons et jouant de la musique tzigane.

Au Musée du Québec, on trouve le sympathique **Café-Restaurant du Musée** *($$-$$$; 1 av. Wolfe-Montcalm, ☎644-6780)*. Géré par une école d'hôtellerie voisine, le restaurant se fait un devoir de toujours offrir des mets bien apprêtés et un service hors pair. De grandes baies vitrées permettent de contempler les plaines d'Abraham et le fleuve; l'été venu, on a la même vue depuis sa terrasse.

La Maison du Steak *($$-$$$; 624 Grande Allée E., ☎529-3020)* est une grilladerie dont la popularité est sans égale. Une nourriture de qualité y est proposée dans une ambiance très joyeuse. En plus de la spécialité, on y sert également de la cuisine française. Terrasse.

🏯 **Le Métropolitain** *($$-$$$; fermé sam-dim midi; 1188 av. Cartier,* ☎*649-1096)* est le restaurant de sushis de Québec. Ces petits délices japonais sauront vous régaler. Ils sont préparés par des mains expertes, sous vos yeux, derrière un comptoir vitré. Vous pourrez aussi y goûter d'autres spécialités orientales, entre autres des poissons et fruits de mer. Auparavant logé dans un sous-sol à l'entrée duquel trônait une large enseigne semblable à celle qui orne certaines bouches du métro de Paris, le bar à sushis occupe maintenant un deuxième étage, gagnant ainsi en luminosité.

Le **Momento** *($$-$$$; 1144 av. Cartier,* ☎*647-1313)* présente un décor moderne aux teintes chaleureuses et embelli par une fresque tirée d'une toile de Botticelli. Vous l'aurez deviné, on y sert une cuisine italienne raffinée et originale qui vous réserve d'agréables surprises. Basilic, origan, tomates séchées, câpres, olives... les sauces sont riches, sans excès, et savoureuses. Le saumon mariné est juste à point, ainsi fond-il dans la bouche.

🏯 **Mon manège à toi** *($$-$$$; 102 boul. René-Lévesque O., angle av. Cartier,* ☎*649-0478)* est un troquet belge qui propose une cuisine exquise inspirée du plat pays et de la France. Les mets sont excellents, et le service est efficace et chaleureux. Le décor, mi-bistro, mi-bourgeois, crée une atmosphère raffinée. Il s'agit d'une bonne adresse!

Au Paris Brest *($$-$$$; fermé sam-dim midi; 590 Grande Allée E., angle de La Chevrotière,* ☎*529-2243)*, la cuisine française est à l'honneur. Préparés avec soin, les plats sauront ravir les palais les plus fins. En été, le restaurant ouvre sa mignonne petite terrasse donnant sur la Grande Allée.

Le Portugais *($$-$$$; 1155 de La Chevrotière,* ☎*529-1675)*, situé à proximité de la Grande Allée, baigne dans une ambiance qui rappelle certains coins de la vieille Europe. La musique et le décor évoqueront pour certains les petits restaurants de Lisbonne. Pour la découverte de spécialités régionales et nationales du Portugal.

Situé à l'étage d'un bâtiment, au bout d'un large escalier, le **Quartier chinois** *($$-$$$; 110 boul. René-Lévesque O.,* ☎*522-8888)* présente un décor tout à fait de circonstance! De jolis paravents et bibelots venus de Chine confèrent à l'endroit une douce atmosphère. La cuisine chinoise, plus précisément de Canton et du Szechuan, est délicieuse : les légumes croquants, les sauces relevées et les viandes grillées à point. Vous pouvez même y profiter d'une table installée plus bas que le niveau du plancher, ce qui vous donne l'illusion de dîner assis sur le sol tout en restant, surtout pour les Occidentaux peu habitués à cette pratique, confortablement installé.

On retrouve à **La Scalla** *($$-$$$; 31 boul. René-Lévesque O.,* ☎*529-8457)* une ambiance intime qui invite aux confidences. À deux pas de l'avenue Cartier, on vous y reçoit chaleureusement et avec courtoisie. Excellente pizza et grillades sur feu de bois.

Le Rivoli *($$-$$$; 601 Grande Allée E.,* ☎*529-3071)* est une trattoria italienne qui a beaucoup de cachet, avec ses murs de pierres et ses boiseries rosées. Une terrasse permet de profiter du soleil pendant la belle saison. On y sert de la pizza de mille et une façons, du veau et des pâtes.

Le Bonaparte *($$$; 680 Grande Allée E.,* ☎*647-4747)* se veut une excellente adresse lorsqu'il s'agit de gastronomie française. Pour ajouter à l'excitation des papilles, pourquoi ne pas participer à l'une de ces soirées «meurtre et mystère», où intrigues et suspense sont de la partie? Terrasse donnant sur l'artère préférée des jeunes BCBG, soit Grande Allée.

Au **Garam Massala** *($$$; 1114 av. Cartier,* ☎*522-4979)*, vous pourrez déguster caris, tandouris et autres plats épicés de la cuisine de l'Inde. Malheureusement situé dans un sous-sol, il présente toutefois un décor agréable. Une jolie musique indienne ajoute à l'ambiance.

Le chic restaurant qu'est **Le Louis-Hébert** *($$$; 668 Grande Allée E.,* ☎*525-7812)* offre un décor soigné et un confort feutré. On y sert une cuisine française et des fruits de mer exquis. À l'arrière se trouve une verrière garnie de verdure. Un service courtois et attentionné vous y attend.

Juché sur un des plus grands hôtels de Québec, le restaurant rotatif **L'Astral** *($$$-$$$$; Hôtel Loews Le Concorde voir p 202, 1225 rue Place-Montcalm,* ☎*647-2222)* propose, en plus d'une cuisine française raffinée, une vue imprenable sur le fleuve, les plaines d'Abraham, les Laurentides et la ville. Le tour complet s'effectue en une heure. Son brunch copieux du dimanche vaut le déplacement.

Sur le boulevard René-Lévesque, à environ 1,5 km à l'ouest de l'avenue Cartier, on trouve **La Closerie** *($$$-$$$$; 966 boul. René-Lévesque O., ☎687-9975)*, un restaurant de fine cuisine française. Son chef, dont la réputation est bien établie, crée ses plats à partir d'ingrédients frais et de première qualité. De l'extérieur, cette maison de ville ne présage pas ce que son intérieur réserve, soit un beau décor intimiste qui promet d'agréables moments.

Le décor vieillot du **Graffiti** *($$$-$$$$; fermé sam midi; 1191 av. Cartier, ☎529-4949)*, composé de poutres de bois naturel et de murs de briques, parvient à créer une ambiance très chaleureuse. Ce restaurant sert une cuisine française et québécoise de qualité supérieure.

CIRCUIT D : SAINT-JEAN-BAPTISTE

Le **Café Bobon** *($; 475 rue Saint-Jean, ☎648-6338)* est un endroit au style rétro des années cinquante. Les murs de briques rehaussent la chaleur de cet endroit fort sympathique. Nourriture légère et petits déjeuners copieux sont proposés toute la journée.

Le **Café Sainte-Julie** *($; 865 rue des Zouaves, ☎647-9368)* est l'un des plus vieux casse-croûte de la Haute-Ville! Vous pourrez vous y rassasier d'une bonne cuisine familiale à petit prix dans une ambiance décontractée.

Installé dans un demi-sous-sol au décor rétro, **Chez Victor** *($; 145 rue Saint-Jean, ☎529-7702)* propose des salades et des hamburgers. Mais pas n'importe quels hamburgers! Gros et appétissants, ils sont garnis d'ingrédients frais, et le menu en propose plusieurs variétés, tel le délicieux végétarien. Les frites maison sont parfaites! Le service se révèle cordial.

Le **Dazibo Café** *($; fermé lun; 526 rue Saint-Jean, ☎525-2405)* est tout petit mais grandement sympathique! Barbouillé de couleurs chaudes, il propose des spécialités irlandaises dans une atmosphère familiale et amicale. Les *briks*, ces petits rouleaux de pâte croustillante garnis au goût, sont rois et maîtres du menu.

Le **Thang Long** *($; apportez votre vin; 869 côte d'Abraham,* ☎*524-0572)*, accroché à la côte d'Abraham, est tout petit, mais on y trouve une cuisine venue du Vietnam, de Thaïlande, de Chine et même du Japon! Le décor de ce restaurant de quartier est simple et sans prétention; et la cuisine, vraiment à la hauteur. Le service y est empressé. Essayez une de ses soupes-repas; en plus d'être peu coûteuses, elles sont réconfortantes!

C'est l'enfance de l'art d'être original avec une idée comme celle du **Bonnet d'Âne** *($-$$; 298 rue Saint-Jean,* ☎*647-3031)*! Le thème de la petite école colore le menu, aussi diversifié que les matières scolaires qui donnent leur nom aux plats. Hamburgers, pizzas et petits plats servis dans de belles grandes assiettes régaleront grands et petits. Le décor se prête aussi au jeu avec ses multiples objets évocateurs et ses belles boiseries chaleureuses. On y trouve une jolie terrasse en été.

La formule buffet du restaurant **Le Commensal** *($-$$; 860 rue Saint-Jean,* ☎*647-3733)* a su, au fil des années, gagner la confiance du public. Ici, on se spécialise dans la gastronomie végétarienne, et les plats se vendent au poids. Chose étrange, les plantes qu'on y retrouve ne sont pas naturelles. Mais le décor moderne et soigné de cet espace aéré en fait un endroit agréable.

🍴 **Le Hobbit** *($-$$; 700 rue Saint-Jean,* ☎*647-2677)* est installé depuis des années dans une vieille maison du faubourg Saint-Jean-Baptiste. Ses murs de pierres, son plancher carrelé et ses grandes fenêtres qui s'ouvrent sur l'animation de la rue Saint-Jean attirent toujours autant les gens. L'endroit se divise en deux salles : la première partie, de style café, où l'on peut s'éterniser en sirotant un *espresso* et manger une bouchée; la deuxième étant la salle à manger, où l'on propose un délicieux menu qui varie chaque jour et qui satisfait toujours. Y sont régulièrement exposées des œuvres d'artistes locaux.

L'aménagement moderne de **La Piazzetta** *($-$$; 707 rue Saint-Jean,* ☎*529-7489)* laisse peu de place à l'intimité. Mais une clientèle nombreuse et animée vient y déguster de délicieuses pizzas à l'européenne, servies avec une foule de garnitures variées. Plusieurs succursales de La Piazzetta sont maintenant ouvertes partout au Québec; celle-ci, installée dans une vieille maison de la rue Saint-Jean, est la première de la lignée.

À l'étage d'une maison de la rue Saint-Jean, derrière une large fenêtre garnie de plantes vertes, on aperçoit le restaurant **La Campagne** *($$; apportez votre vin; 555 rue Saint-Jean, ☎525-5247)*. On s'y presse pour ses spécialités vietnamiennes bien apprêtées, et de très bon goût.

Pour une cuisine exotique aux arômes envoûtants et aux goûts savoureux, essayez **Les Épices du Széchouan** *($$; 215 rue Saint-Jean, ☎648-6440)*. Installé dans une vieille maison du faubourg Saint-Jean-Baptiste, ce resto présente un joli décor relevé de mille et un bibelots venus de Chine. Une table, avec banquette, est agréablement disposée dans un encorbellement. La maison est un peu à l'écart de la rue : il ne faut pas la manquer!

La **Pointe des Amériques** *($$; 964 rue Saint-Jean, ☎694-1199)* est installé au cœur de l'animation de la place d'Youville. Ce vaste établissement au décor esthétique et raffiné vous sert en spécialité de la pizza haut de gamme. Délicieuse ambiance.

Le Carthage *($$-$$$; 399 rue Saint-Jean, ☎529-0576)* est un superbe restaurant au décor typiquement maghrébin. Le plafond est travaillé et garni de dorures. Les boiseries, couleur acajou, sont partout présentes, de même que de nombreux objets de décoration tunisiens. Une belle expérience gastronomique vous y attend. Assis au ras du sol sur un coussin, sur un tabouret ou tout simplement à une table, vous serez ravi par les spécialités tunisiennes, tels les couscous aux légumes, aux merguez ou au poulet. Des spectacles de danse du ventre animent parfois la salle et invitent à la célébration.

Le restaurant **La Grolla** *($$-$$$; 815 côte d'Abraham, ☎529-8107)* vous plonge tout droit dans l'atmosphère chaleureuse d'un chalet suisse. Les poutres de bois, les petites fleurs séchées et même le traditionnel coucou suisse sont de la partie. Auprès d'un bon feu de bois, régalez-vous de raclette, de fondue, de röstis ou de crêpes de sarrasin. Le service est assuré par des dames expertes dans l'art de vous mettre à l'aise. Leur cidre est doux et délicieux, mais, bien que cela ne soit pas précisé sur le menu, il est non alcoolisé.

Dans un beau décor chaud, le petit restaurant **La Playa** *($$-$$$; 780 rue Saint-Jean, ☎522-3989)* propose un menu de cuisine californienne et d'autres cuisines méridionales. Les pâtes sont à l'honneur, relevées de sauces savoureuses telle celle au poulet tandouri. On y prépare aussi une table d'hôte où figurent viandes et poissons apprêtés de délicieuse façon. En été, La Playa ouvre sa mignonne terrasse arrière, chauffée quand la saison s'allonge avec ses soirées fraîches.

Le **Ciccio Café** *($$$; 875 rue de Claire-Fontaine, ☎525-6161)* est situé près du Grand Théâtre de Québec, sur une rue peu passante. L'ambiance est détendue, et le beau décor est agrémenté d'un mur de pierres. Cuisine française évolutive, pizzas raffinées et excellentes pâtes figurent au menu.

Dans l'antre du magnifique Capitole de Québec (voir p 126), **Il Teatro** *($$$; 972 rue Saint-Jean, ☎694-9996)* sert une fine cuisine italienne. Dans une belle salle au fond de laquelle s'étale un long bar et autour de laquelle miroitent de grandes fenêtres, cette délicieuse cuisine vous sera servie avec courtoisie. En été, on aménage une terrasse protégée du va-et-vient de la place d'Youville.

CIRCUIT E : LE CHEMIN SAINTE-FOY

Le **Mille-Feuilles** *($$; 1405 chemin Sainte-Foy, ☎681-4520)* est un restaurant végétarien. On y mange de bons petits plats nourrissants et savoureux apprêtés avec soin. Situé sur une portion du chemin Sainte-Foy où se trouvent quelques boutiques et restaurants, il présente un décor peut-être un peu froid, mais l'ambiance est détendue. On y tient une toute petite librairie de livres sur la santé.

La salle à manger du Château Bonne-Entente (voir p 204), **Le Pailleur** *($$-$$$; 3400 chemin Sainte-Foy, ☎653-5221)*, vient tout juste d'être rénovée pour offrir encore plus de confort à ses convives. Son décor est chic, et les grandes fenêtres de sa façade, qui donnent sur le terrain et la piscine de l'établissement, laissent entrer une belle lumière. On y sert une fine cuisine québécoise composée de lapin, canard, cerf, saumon... tous bien apprêtés. Les fins de semaine, à l'heure du brunch, on s'active autour de son large buffet.

CIRCUIT F : SAINT-ROCH

Dans une ancienne banque du quartier Saint-Roch, devant l'église et son clocher penché, le **Café du clocher penché** *($; 203 rue Saint-Joseph E., ☎640-0597)* propose de bons petits plats préparés avec une touche d'originalité. Si vous y allez pour le petit déjeuner la fin de semaine, essayez les «voleurs de bicyclette»! Situé sur un coin de rue, il bénéficie de plusieurs fenêtres qui rachètent un peu la froideur des hauts plafonds.

Dans les attrayants **Salons d'Edgar** *($; 263 rue Saint-Vallier E., ☎523-7811)*, qui font aussi office de bar (voir p 253), on sert une cuisine simple et fortifiante. Hot-dogs européens, bœuf bourguignon, etc. sont savoureux et présentés avec une touche d'originalité, comme ces bleuets coiffant la salade verte. L'ambiance feutrée crée un décor un peu théâtral, propice à la détente et aux rencontres.

 Il arrive parfois que l'on soit content d'être tombé dans une impasse. C'est le cas lorsque l'on vient à **L'Impasse des deux anges** *($-$$; 275 rue Saint-Vallier E., ☎647-6452)*. Ce petit café-restaurant aux couleurs chaudes propose, à la carte ou en table d'hôte, de petits plats toujours bons. Son décor est agréable, et l'atmosphère, détendue. Vous le reconnaîtrez par sa devanture ornée de bas-reliefs.

CIRCUIT G : LIMOILOU

Ce que l'on dit du restaurant **Le Maizerets** *($$; 2006 chemin de la Canardière, ☎661-3764)*, c'est qu'il sert «la plus fameuse pizza à l'ouest de Rome...». Eh bien, on n'a pas tort! Pour une pizza cuite au four à bois avec une pâte mince épicée vraiment délicieuse. Terrasse.

CIRCUIT I : DE SILLERY À CAP-ROUGE

Sillery

On va au **Brynd** *($; 1360 av. Maguire, ☎527-3844)* pour manger un *smoked meat*. Il y en a pour satisfaire tous les goûts et tous les appétits. Son menu propose aussi d'autres plats à ceux qui, tant pis pour eux, ne voudraient pas mordre dans sa spécialité. La viande est fumée et tranchée sous vos yeux comme dans les vraies *delicatessens*!

À Sillery, au milieu de l'abrupte côte de l'Église, faites une halte au **Buffet du Passant** *($; 1698 côte de l'Église, ☎681-6583)*. Pourquoi vous demanderez-vous, puisqu'il s'agit d'un casse-croûte traditionnel avec ses patates frites et ses hamburgers? Eh bien, parce qu'il cache un petit trésor particulier et peu connu : à l'arrière, depuis la rue des Voiliers, on a une vue superbe sur le fleuve et ses deux rives. On y a installé quelques tables à pique-nique où vous pourrez luncher les yeux grands ouverts!

Le Cochon Dingue *($-$$; 1326 av. Maguire, ☎684-2013)*, voir p 228.

Le **Paparazzi** *($$-$$$; 1365 av. Maguire, ☎683-8111)* sert une cuisine venue d'Italie. La salade de chèvre chaud, épinards et noix de Grenoble caramélisés est, entre autres plats, un vrai délice. Les jolies tables, aux carreaux de céramique, sont disposées sur différents paliers dans un décor moderne et agréable.

À Sillery, le resto-club **Montego** *($$$-$$$$; 1460 av. Maguire, ☎688-7991)* vous attend pour une «expérience ensoleillée», comme le dit si bien sa publicité. Le décor aux couleurs chaudes, les grandes assiettes colorées et la présentation des mets sauront charmer votre vue. La cuisine, quant à elle, réjouira vos papilles avec ses saveurs épicées, sucrées ou piquantes inspirées de la cuisine californienne et d'autres cuisines... ensoleillées!

RESTAURANTS

Sainte-Foy

La Tanière *($$$; 2115 rang Saint-Ange, ☎872-4386)* se spécialise, on l'aura deviné, dans le gibier. Bien que situé à Sainte-Foy, ce restaurant se trouve un peu à l'extérieur du circuit, dans les environs de l'aéroport. Paradoxalement logé dans un bungalow, il présente un décor rappelant la chasse avec ses trophées empaillés. On peut y déguster de délicieuses spécialités au goût relevé de la forêt québécoise.

 À **La Fenouillère** *($$$-$$$$; 3100 chemin Saint-Louis, ☎653-3886)*, le menu de cuisine française raffinée et créative vous promet de succulentes expériences. Qui plus est, le restaurant s'enorgueillit de posséder l'une des meilleures caves à vins de la région de Québec. Le tout dans un décor sobre et confortable.

La salle à manger du **Galopin** *($$$-$$$$; 3135 chemin Saint-Louis, ☎652-0991)* est située dans un hôtel de Sainte-Foy, près des ponts. Elle est vaste et confortable. On y déguste une fine cuisine préparée avec des produits de qualité et servie d'une manière agréable.

Le **Michelangelo** *($$$-$$$$; 3111 chemin Saint-Louis, ☎651-6262)* propose une fine cuisine italienne qui ravit le palais autant que l'odorat. Sa salle à manger Art déco, bien qu'achalandée, reste intime et chaleureuse. Le service attentionné et courtois rehausse les délices de la table.

✕ CIRCUIT J : EN ROUTE VERS LE NORD

Wendake

Au village huron-wendat Onhoüa Chetek8e (voir p 164), on trouve un agréable restaurant dont le nom signifie «le repas est prêt à servir». **Nek8arre** *($$; lun-ven 9h à 17h; 575 rue Stanislas-Kosca, ☎842-4308)* nous initie à la cuisine traditionnelle des Hurons-Wendat. De bons plats tels que la truite à l'argile, la brochette de caribou et le chevreuil aux champignons, accompagnés de maïs et de riz sauvage, figurent au menu. Les tables en bois ont été incrustées de petits textes expliquant les habitudes alimentaires des Amérindiens. Plusieurs objets disséminés çà et là viennent piquer notre curiosité, mais heureusement les serveuses sont un peu «ethnologues» et peuvent aussi apaiser notre soif de savoir. Le tout dans une douce ambiance. Il est possible d'éviter de payer le droit d'entrée à Onhoüa Chetek8e s'y l'on désire se rendre unique-ment au restaurant.

✕ CIRCUIT K : LA CÔTE-DE-BEAUPRÉ ET L'ÎLE D'ORLÉANS

Beauport

Deux Français à la retraite ont établi ici le casse-croûte **Marguerite la Frite** *($; 1290 boul. Sainte-Anne, route 138, en face de la Cimenterie Saint-Laurent,* ☎*661-5658)*, après quelques années d'une expérience semblable en Gaspésie. On y entend de vieilles chansons françaises sans interruption; la bonne humeur et l'humour savoureux de Marguerite font de cette étape un puissant rayon de soleil. Marguerite propose le menu de casse-croûte habituel, mais aussi certains plats plus élaborés.

 Planté en haut de la chute Montmorency, le **Manoir Montmorency** *($$$-$$$$; 2490 av. Royale,* ☎*663-3330)* (voir p 166) bénéficie d'un site superbe. Depuis la salle à manger entourée de baies vitrées, on a une vue absolument magnifique sur la chute ainsi que sur le fleuve et l'île d'Orléans, en face. Dans cette salle à manger agréablement décorée, on sert une fine cuisine d'inspiration française, préparée avec les meilleurs produits de la région. Une belle expérience pour la vue et pour le goût! Sur présentation de votre reçu d'addition ou en mentionnant votre réservation, vous éviterez de payer les frais de stationnement du parc de la Chute-Montmorency, où se dresse le manoir.

Château-Richer

L'**Auberge Baker** *($$-$$$; 8790 av. Royale, ☎824-4852 ou 824-4478)* (voir p 207) renferme deux salles à manger, l'une aux murs de pierres et avec foyer, et l'autre au décor cependant un peu froid. Au menu figure une bonne cuisine traditionnelle québécoise. Gibier, viande et volaille sont bien apprêtés et présentés avec soin.

Sainte-Anne-de-Beaupré

Le **Bistro Ste-Anne** *($$; Promenades Sainte-Anne, route 138, ☎827-5759)*, malheureusement installé dans un centre commercial, sert toutefois une bonne cuisine californienne. Son décor agréable et ses grandes fenêtres réussissent quelque peu à faire oublier son emplacement. Vous pourrez faire votre choix parmi des amuse-gueule originaux, comme le *guacamole* accompagné de brie fondu, des salades, de la pizza et des pâtes, ou vous laisser tenter par une table d'hôte aux pariicularités invitantes.

Beaupré (mont Sainte-Anne)

À deux minutes du mont Sainte-Anne, le restaurant **Chez Albert** *($$-$$$; 1805 boul. des Neiges, ☎826-2184)* offre une ambiance chaleureuse et propose des spécialités continentales et italiennes.

L'auberge **La Camarine** *($$$$; 10947 boul. Sainte-Anne, ☎827-5703)* (voir p 209) abrite également un excellent restaurant où l'on sert une nouvelle cuisine québécoise. La salle à manger est un lieu paisible au décor très simple. Votre attention sera éveillée par les petits plats originaux que l'on vous présentera. Au sous-sol de l'auberge se trouve un autre petit restaurant, le **Bistro**, ouvert en hiver, et servant le même menu que la salle à manger. Pourvu d'un foyer, cet endroit chaleureux est particulièrement apprécié après une journée de ski. En fin de soirée, on peut s'y rendre pour prendre un verre.

Île d'Orléans

Au cœur de l'été, **Le Petit Baluchon** *($; juin à sept; 1222 chemin Royal, Saint-Pierre, ☎828-0122)* est une solution intermédiaire aux restaurants. Se proclamant «Le spécialiste du piquenique», il propose de bons aliments pour garnir votre boîte à lunch.

Le café **Belle Rive** *($; 148 chemin Royal, Sainte-Pétronille, ☎828-9371)* se présente comme un sympathique petit restaurant au décor modeste. On y sert une cuisine de type familial. Les plats sont simples, mais apprêtés à partir d'aliments frais et de bonne qualité.

Au **Café de mon village** *($; mai à oct; 3963 chemin Royal, Sainte-Famille, ☎829-3656)*, on propose un bon menu du jour en plus des *bagels*, croissants et salades. Le décor est simple, et l'accueil, gentil. En été, la terrasse attenante offre une vue magnifique sur le fleuve.

Le **Moulin de Saint-Laurent** *($$$; mai à oct; 754 chemin Royal, Saint-Laurent, ☎829-3888)* propose une cuisine québécoise dans un agréable décor antique. Dans une vaste salle à manger qui accueille régulièrement les groupes de visiteurs, les chaises et les poutres de bois, les murs de pierres ainsi que les ustensiles de cuivre suspendus çà et là, concordent à mettre en valeur le vieil édifice. La nourriture est bien présentée et variée. Les beaux jours permettent de s'attabler à la terrasse, avec vue sur la chute qui coule juste à côté du moulin.

La table du **Vieux-Presbytère** *($$$; 1247 av. Mgr-d'Esgly, Saint-Pierre, ☎828-9723)* (voir p 210) se spécialise dans les viandes rares, comme celles du bison, du wapiti et de l'autruche. La raison? Son voisin immédiat en fait l'élevage! Vous pourriez ainsi en apercevoir dans les environs. Le restaurant apprête ces viandes et d'autres plats de délicieuse façon. La coquette salle à manger de ce bâtiment historique est accueillante et offre une belle vue sur le fleuve, particulièrement depuis la verrière.

La salle à manger du **Canard Huppé** *($$$-$$$$; 2198 chemin Royal, Saint-Laurent, ☎828-2292)* (voir p 210) sert une fine cuisine d'inspiration française. Apprêtés avec les produits frais qui abondent dans la région et les spécialités de l'île, comme le canard, la truite et les produits de l'érable, ses petits plats sauront ravir les plus exigeants. L'endroit est un peu sombre puisque la couleur vert forêt y prédomine, mais le décor se veut champêtre et est somme toute agréable.

🦢 La salle à manger de **La Goéliche** *($$$; 22 chemin du Quai, Sainte-Pétronille,* ☎*828-2248)* n'a malheureusement plus l'envergure qu'offrait l'ancien édifice (voir p 210). Elle demeure quand même agréable, et sa verrière continue à dévoiler l'une des plus belles vues sur la ville de Québec. Vous pourrez y déguster une fine cuisine française : cailles farcies, noisettes d'agneau, râble de lapin.

Au **Manoir Mauvide-Genest** *($$$-$$$$; mai à oct; 1451 chemin Royal, Saint-Jean,* ☎*829-2630)*, qui fait aussi office de musée (voir p 173), vous avez rendez-vous avec l'histoire et avec une fine cuisine gastronomique. La petite salle à manger est tout à fait agréable avec ses murs de pierres et son mobilier d'époque. On a plaisir à s'y attarder. Cependant, le restaurant est sujet à de réguliers changements de chef puisqu'il n'est ouvert que durant l'été, ce qui entraîne, d'année en année, des variations dans la qualité de la cuisine. À l'arrière se trouve un joli café-terrasse.

L'Âtre *($$$$; 4403 chemin Royal, Sainte-Famille,* ☎*829-2474)* est aménagé dans une maison datant du XVIIe siècle, transformée en restaurant en 1962, mais dont on a su conserver l'apparence d'autrefois. Cette maison possède toutes les caractéristiques de ce type d'architecture rustique, encore mal adapté au contexte climatique difficile : le carré de pierres est bas, et donc à demi enfoui sous la neige en hiver; les ouvertures sont timides, et les pignons sont recouverts de bardeaux de cèdre afin de protéger la maçonnerie. Le personnel, en costume d'époque, et la décoration, au charme d'antan, en font un endroit parfait pour s'imaginer la vie en ces années passées. On y propose une bonne cuisine traditionnelle québécoise, quoi-qu'un peu chère.

SORTIES

Québec, c'est connu, offre, en plus de son charme incontestable et unique en Amérique du Nord, une multitude de divertissements qui sauront satisfaire les attentes de chacun, que ce soit en matière d'activités culturelles, de festivals ou simplement de bars et discothèques.

Vous trouverez, dans plusieurs boutiques, restaurants et bars de Québec, trois journaux qui traitent de la vie culturelle et des activités qui ont lieu dans la ville. Le *Québec Scope* est publié tous les 15 jours. Il s'agit d'une petite revue bilingue qui fait un survol des principales activités culturelles qui ont lieu à Québec. L'hebdomadaire *Voir*, édition de Québec, contient, en plus de l'horaire des principales activités culturelles et autres, des articles sur plusieurs sujets d'actualité. *Le Clap* est le magazine du cinéma du même nom (voir p 257). On y trouve plusieurs critiques de films ainsi que des articles sur le monde du cinéma. Les trois sont distribués gratuitement. Demandez-les!

 BARS ET DISCOTHÈQUES

Tous les bars et discothèques de la ville sont envahis par des individus de tout horizon, et ce, à longueur d'année. Que ce soit les discothèques de la jeune et dynamique Grande Allée, les adresses courues de l'avenue Cartier ou quelques bars *underground* du faubourg Saint-Jean-Baptiste et du Vieux-Québec, il existe toute une brochette d'établissements pour vous satisfaire. Vous êtes donc invité à les découvrir.

Les bars et discothèques de Québec ne prélèvent généralement pas de droit d'entrée. Il peut arriver qu'il y ait des frais surtout lors d'événements spéciaux ou de spectacles. En hiver, on exige la plupart du temps que vous laissiez votre manteau au vestiaire moyennant un ou deux dollars.

Bien que la vie nocturne soit active à Québec, la vente d'alcool cesse au plus tard à 3h du matin. De plus, les établissements n'ayant qu'un permis de taverne ou de brasserie doivent fermer à minuit.

Les bars offrent à l'heure du «5 à 7» (généralement de 17h à 19h), ce que l'on appelle le «deux pour un» ou des «spéciaux». C'est-à-dire qu'entre ces heures on peut se procurer deux bières pour le prix d'une ou, selon le cas, une boisson à prix réduit. Parfois, certains endroits, comme les casse-croûte ou les salons à desserts, offrent des rabais semblables. Depuis quelque temps, une nouvelle loi au Québec interdit l'affichage de ce genre de promotion. Vous ne verrez donc aucune publicité sur cet avantage. Renseignez-vous sur place auprès de la personne qui assure le service.

Circuit A : Le Vieux-Québec

Pour danser sur les meilleurs *beats underground*, *live* ou programmés par un D.J., rendez-vous à **L'Arlequin** *(1070 rue Saint-Jean)*, à l'étage d'une maison de la rue Saint-Jean *intramuros*. Son décor et son ambiance à tout casser dérideront les plus engourdis.

Logé dans une ancienne chapelle dont on a conservé l'essentiel de l'architecture, **Le D'Auteuil** *(25 rue d'Auteuil)* présente des spectacles de tous genres musicaux.

Au pied de la côte de la rue d'Auteuil, **Le Chantauteil** *(1001 rue Saint-Jean)* est un sympathique bistro. Les clients y discutent pendant des heures, assis sur une banquette autour d'une bouteille de vin ou d'un verre de bière.

Le bar **Chez son père** *(24 rue Saint-Stanislas, angle Saint-Jean)* est un des rares endroits où l'on peut entendre de la musique québécoise. Un vent de nationalisme souffle sur cet endroit... Le décor n'a rien d'exceptionnel : une grande salle avec une petite scène. Régulièrement, les chansonniers s'y succèdent pour interpréter les succès des Piché, Beau Dommage, Rivard, Charlebois et compagnie. L'atmosphère est souvent à la fête, l'assistance prenant plaisir à participer et à manifester sa joie de vivre en tapant du pied ou en battant des mains.

Le D'Orsay *(65 rue de Buade)* est une brasserie où les gourmands se donnent rendez-vous. Tables laquées noires et chaises bancales recouvertes d'un tissu aux teintes pastel qui se conjuguent harmonieusement pour rehausser le décor. Ambiance de pub avec une clientèle un peu BCBG. En été, une vaste terrasse à l'arrière reçoit régulièrement un chansonnier.

Pour une ambiance nonchalante, il faut aller à **L'Ostradamus** *(29 rue Couillard)*. Tous les styles non conformistes s'y côtoient. D'ailleurs, c'est précisément cette atmosphère étrange qui fait l'intérêt de l'endroit. Une musique qui sort également de l'ordinaire permet de s'éclater sans réserve.

Le plus vieil hôtel de Québec abrite **L'Emprise** *(Hôtel Clarendon, 57 rue Sainte-Anne)*. Ce bar de style classique est l'endroit de prédilection pour les jazzophiles. Au centre de la salle se trouvent un magnifique piano à queue noir et un long bar en *L*. Calé dans ses fauteuils confortables, on peut régulièrement y écouter des spectacles intimistes.

Terrée sous Le d'Auteuil (voir plus haut), **La Fourmi Atomik** *(33 rue d'Auteuil)* est un des bars *underground* les plus connus de Québec. Chaque soirée a son thème musical, du *black beat* au *punk rock* en passant par l'«alterno» et le techno des années quatre-vingt jusqu'aux toutes dernières nouveautés. En été, sa terrasse extérieure ne dérougit pas.

Le Kashmir *(1018 rue Saint-Jean)*, à l'étage d'un bâtiment de la rue Saint-Jean, est un bar rock qui présente régulièrement des spectacles Sa piste de danse et ses *shows* attirent souvent beaucoup de monde.

SORTIES

Pour arriver à **La Maison marocaine** *(1169 rue Saint-Jean)*, on doit traverser une impasse sombre, perpendiculaire à la rue Saint-Jean. Dans cette boîte africaine, on a le plaisir de s'éclater sur des airs de reggae et de musique tropicale. À cause de l'étroitesse des lieux, surtout de la piste de danse, ceux qui auraient tendance à souffrir de claustrophobie et de la chaleur intense feraient mieux de s'abstenir.

En été, depuis les fenêtres ouvertes du **Petit Paris** *(48 côte de la Fabrique)*, on entend l'animation qui y règne : des chansonniers se produisent sur sa scène pour le grand bonheur d'une foule enthousiaste.

Le Saint-Alexandre *(1087 rue Saint-Jean)* est un pub typiquement anglais. Les murs vert écossais côtoient les murs de pierres qui, eux, se marient parfaitement bien avec les boiseries d'acajou et l'ameublement de même essence. Au fond de la salle se trouve un magnifique piano à queue noir, malheureusement trop peu souvent utilisé. Ici, on a le souci du détail et de l'authenticité. L'alignement impressionnant de bières importées derrière le bar frappe l'œil et nous fait traverser plusieurs frontières. On y sert, en effet, plus de 200 variétés de bières, entre autres une vingtaine à la pression dont les robinets ornent le long bar. Une cuisine légère de qualité y est servie.

Niché dans un demi-sous-sol, le **Sainte-Angèle** *(26 rue Sainte-Angèle)* exhibe un décor de pub anglais un peu élimé mais encore confortable. Une clientèle de tout âge se presse dans ce local exigu fréquenté par les gens de la ville. Devant son bar couleur acajou, les habitués discutent avec le barman. Vous y trouverez une bonne sélection de scotchs et de cocktails à bas prix.

Les chansonniers du bar **Les Yeux bleus** *(1117 1/2 rue Saint-Jean)* se succèdent tour à tour et confèrent à ces lieux une ambiance de fête. Rien de chic, rien d'exceptionnel, mais l'atmosphère y est. Genre d'endroit où l'on va en bande pour un, deux, trois ou plusieurs pots! La clientèle des 25-35 ans qui s'y rencontre est pleine d'entrain. Terrasse.

Circuit B : Du Petit-Champlain au Vieux-Port

Brasserie au style bistro et dernier rempart de la tradition brassicole, **L'Inox** *(37 quai Saint-André)* fait aussi office d'économusée de la bière (voir p 109). Le décor est original, et le bar central en inox frappe l'œil. La clientèle est plutôt jeune et variée. En plus d'y venir pour sa bière, on s'y rend pour ses hot-dogs, histoire de remplir un petit creux. Certaines activités spéciales ont lieu pendant l'année; informez-vous car il peut être intéressant d'assister à une séance de peinture en direct ou à un lancement de disque.

Le **Pape George** *(8 rue Cul-de-Sac)* est un sympathique bar à vins. Logé sous les voûtes d'une vieille maison du Petit-Champlain, il propose un large choix de vins à déguster et des accompagnements tels qu'assiette de fromages et charcuteries. L'atmosphère est chaleureuse, surtout lorsque réchauffée par un chansonnier.

La **Taverne Belley** *(249 rue Saint-Paul)*, en face du marché du Vieux-Port, présente quelques particularités propres aux tavernes telles que jeu de billard et petites tables rondes en métal. Le décor de ses deux salles est chaleureux et amusant avec ses murs de briques parsemés de toiles colorées. Un tout petit foyer diffuse une agréable chaleur l'hiver venu.

Le **Pub Thomas Dunn** *(369 rue Saint-Paul)* porte le nom de l'honorable Thomas Dunn, qui fut politicien pendant de longues années et administrateur de la province. Dans ce pub typiquement anglais, situé en face de la Gare du Palais, on retrouve un des meilleurs choix de bières à Québec. Le décor fait très propret, l'acajou et le vert écossais s'y côtoyant à merveille. La clientèle est très variée, allant des universitaires jusqu'aux travailleurs de tous les milieux. L'atmosphère est chaleureuse et détendue.

Le **Troubadour** *(29 rue Saint-Pierre)* niche sous des voûtes non loin de la place Royale. Avec son cadre entièrement de pierres et ses longues chandelles blanches enfoncées dans des bouteilles sur les tables en bois, on se croirait revenu au Moyen Âge. En hiver, on réchauffe l'endroit avec un bon feu de foyer.

SORTIES

Circuit C : La Grande Allée et l'avenue Cartier

C'est au **Ballroom** *(690 Grande Allée E.)* que les amateurs de billard se donnent rendez-vous. Dans cette immense salle de billard, on a su préserver un certain cachet. Grâce au décor et à la musique, les lieux sont invitants, contrairement à la plupart des salles de billard, qui présentent souvent un décor plutôt froid. La clientèle se situe dans la jeune trentaine et se veut assez dynamique. À l'occasion, on y présente des spectacles.

Mieux connu sous le nom du Dag, **Le Dagobert** *(600 Grande Allée E.)* est l'une des plus grandes boîtes en ville. Au dire des habitués, il s'agit là d'une des meilleures discothèques pour draguer. Logé dans une ancienne demeure sur trois étages, le Dag a effectivement beaucoup de gueule, tout comme sa clientèle! La piste de danse est grande à souhait, et une mezzanine en forme de fer à cheval permet aux «voyeurs» d'observer la faune qui se trémousse. Un écran géant surplombe les lieux et présente les clips de l'heure. En été, la terrasse est toujours bondée. À l'étage, des spectacles sont présentés.

La discothèque **Maurice** *(575 Grande Allée E.)* ne ressemble à rien d'autre en ville. Le décor est absolument original, à tel point qu'il est difficile de le qualifier. Le rouge est partout présent. Le mobilier aux lignes avant-gardistes se veut on ne peut plus étonnant. La très grande piste de danse, au centre, est bordée de petits comptoirs ici et là. Les portiers prennent un malin plaisir à trier la clientèle sur le volet. Cette dernière est bigarrée, bien belle et âgée de 20 à 35 ans. Ambiance inédite. Droit d'entrée exigé. À l'intérieur se trouve le *cigar room* **Chez Charlotte**, se voulant, à juste titre, un bar digestif!

Le petit **Jules et Jim** *(1060 av. Cartier)* est établi sur l'avenue Cartier depuis plusieurs années. Il offre une douce atmosphère avec ses banquettes et ses tables basses qui évoquent le Paris des années vingt.

Sur l'animée avenue Cartier se trouve **Le Merlin** *(1175 av. Cartier)*, qui fait danser une clientèle dans la trentaine. Au sous-sol, le pub anglais **Le Turf** sert des bières importées aux mêmes habitués BCBG. On peut manger au Merlin.

Outre son nom, au **Pub Sherlock Holmes** *(1170 rue d'Artigny)*, peu de chose nous rappelle vraiment qu'il s'agit d'un pub anglais. Décor sans prétention avec une musique plutôt commerciale sans toutefois tomber dans la *dance music*. Table de billard et jeux de fléchettes permettent à la clientèle estudiantine de se distraire un tantinet. L'atmosphère est plutôt relaxe et sans prétention.

Le **Vogue** *(1170 rue d'Artigny)*, comme son nom l'indique, est très en vogue parmi les 20-35 ans. Sur deux étages, dans un décor intéressant, il attire du bien beau monde. La *dance music* prime, et une petite piste de danse permet à cette faune grouillante de s'éclater. Une petite terrasse donne un point de vue sur le parc de la Francophonie et sur la Grande Allée.

Circuit D : Saint-Jean-Baptiste

Ça fait belle lurette que **L'Étrange** *(275 rue Saint-Jean, www.etrange.qc.ca)* est installé à l'étage d'une maison du faubourg Saint-Jean-Baptiste. Ces multiples prix spéciaux et son écran géant ne cessent d'attirer jeunes et moins jeunes. L'Étrange a récemment ajouté une corde à son arc en se munissant de deux micro-ordinateurs branchés au réseau Internet.

Au sympathique **Fou Bar** *(519 rue Saint-Jean)*, une clientèle d'habitués vient siroter un verre, discuter ou encore zyeuter les œuvres qui y sont régulièrement exposées.

Le **Sacrilège** *(447 rue Saint-Jean)* est un bar du quartier Saint-Jean-Baptiste qui offre en été une jolie terrasse arrière, à l'abri des bruits de la ville.

Circuit F : Saint-Roch

Vous ne savez trop si vous avez envie de manger une bouchée, de prendre un verre entre amis ou de jouer au billard? Rendez-vous aux **Salons d'Edgar** *(263 rue Saint-Vallier E.)*, où toutes ces possibilités s'offrent à vous. Son beau décor rehaussé de paravents et de grandes draperies blanches vous donnera un peu l'impression d'être sur la scène d'un théâtre. À l'arrière,

SORTIES

dans une salle tout en long au plafond haut, on trouve des fauteuils, des tables de billard, une table de jeu de palets et, comme dans tout salon qui se respecte, un foyer! La musique est bien choisie, et l'on y présente régulièrement des spectacles.

Vous êtes envahi par une irrépressible envie de naviguer? Pas de panique, Québec, époque oblige, a ses bars et cafés électroniques. **Le Scanner** *(291 rue Saint-Vallier E., www.total.net/~scanner1)*, au nom évocateur, met à votre disposition deux ordinateurs pour vous assouvir. Il s'agit d'un bar sur deux étages où l'on trouve, outre les jeux informatiques, des jeux sur table (soccer, billard) et des jeux de société. Lors des soirées à thème musical, il serait surprenant que vous restiez rivé à votre écran cathodique!

Circuit E : Le chemin Sainte-Foy

Sainte-Foy

Un petit peu du Mexique à Québec? Oui, c'est possible! Situé non loin de l'université, **Le Cactus** *(814 rue Myrand)* accueille les étudiants venus y prendre un verre ou y grignoter une spécialité épicée. Terrasse.

Le **Mundial** *(965 route de l'Église)* adopte une formule pour plaire à tous. Le rez-de-chaussée renferme un petit bar idéal pour bavarder ou pour écouter les spectacles qui y sont régulièrement présentés. À l'étage, pour ceux et celles qui ont des fourmis dans les jambes, se trouve une piste de danse animée, avec musique à la mode. Clientèle jeune.

Circuit G : Limoilou

Le **Bal du Lézard** *(1049 3e Avenue)* est un petit bar du quartier Limoilou au décor et à la musique *underground*. En été, le bal s'étend jusque sur une terrasse au plancher de bois donnant sur la rue. On y présente régulièrement des spectacles.

Bars et discothèques gays

L'Amour sorcier *(789 côte Sainte-Geneviève)* est un petit bar du faubourg Saint-Jean-Baptiste où l'ambiance est parfois des plus *hot*. En été, il dispose d'une jolie terrasse.

La discothèque gay **Le Ballon Rouge** *(811 rue Saint-Jean)* reçoit une clientèle exclusivement masculine. Elle s'étend judicieusement sur plusieurs salles, chacune offrant une ambiance différente.

Au **Drague** *(804 rue Saint-Augustin)*, cette grande taverne enfumée et bruyante, se presse une clientèle exclusivement masculine.

 ACTIVITÉS CULTURELLES

L'intensité de la vie culturelle à Québec varie d'une saison à l'autre et atteint son apogée pendant la période estivale. Néanmoins, à longueur d'année, on a le loisir de découvrir différentes facettes de la culture québécoise ou autre à travers les spectacles et les expositions qui y sont présentés. Ainsi, on peut découvrir des films de tout horizon, des spectacles d'ici et d'ailleurs, des expositions de tous les genres et des festivals touchant tous les types de public. Pour faire des choix parmi ces multiples possibilités, consultez les quotidiens de la région, les revues dont nous faisons mention au début du chapitre ou encore le site Web **Télégraphe de Québec** *(www.telegraphe. com)*.

Les prix pour assister à une représentation fluctuent d'un établissement à l'autre. Cependant, des rabais sont consentis aux étudiants dans plusieurs des salles.

En plein air

Pendant la saison chaude, on retrouve dans la ville plusieurs parcs où des spectacles sont présentés; que ce soit les jardins de l'Hôtel-de-Ville, le parc de la Francophonie (derrière le Parlement, voir p 118) ou la place d'Youville, tous bouillonnent d'animation, surtout pendant le Festival d'été international de Québec (voir p 259). L'**Agora du Vieux-Port** *(☎694-2294)*, à proximité du fleuve, et le **pavillon de musique Edwin-Bélanger** *(☎648-4071)*, aménagé au cœur des plaines d'Abraham, s'ajoutent à ces lieux effervescents.

Musique

L'**Orchestre symphonique de Québec**, le plus vieux au Canada, se produit régulièrement au Grand Théâtre de Québec *(269 boul. René-Lévesque O., ☎643-8131)*. C'est aussi là que l'on peut voir et entendre l'**Opéra de Québec**.

Théâtres

Le Périscope, 2, rue Crémazie E., ☎529-2183
Essentiellement des pièces de théâtre expérimental.

Théâtre de la Bordée, 1143, rue St-Jean, ☎694-9631
Petit théâtre intime qui a beaucoup de charme.

Théâtre du Trident, au Grand Théâtre de Québec, 269, boul. René-Lévesque O, ☎643-8131.

Les salles de spectacle

Auditorium Joseph-Laverge,
Bibliothèque Gabrielle-Roy
350, rue Saint-Joseph E.
☎691-7400
Spectacle en tous genres, salle intime.

Grand Théâtre de Québec
269, boul. René-Lévesque E.
☎643-8131
Voir p 120.

Maison de la Chanson
68-78, rue du Petit-Champlain
☎692-4744
Dans cet établissement, on assiste à d'excellents spectacles intimistes.

Palais Montcalm
995, place d'Youville
☎691-2399, billetterie ☎670-9011.
En plus des spectacles de musique, des expositions thématiques y sont présentées.

Salle Albert-Rousseau (cégep de Sainte-Foy)
2410, chemin Sainte-Foy, Sainte-Foy, ☎659-6710
Des spectacles variés y sont présentés.

Salle de l'Institut
42, rue Saint-Stanislas
☎691-6981, billetterie ☎691-7411

Le Capitole de Québec
972, rue Saint-Jean
☎694-4444
Ce théâtre avait été inauguré une première fois en 1903; en 1992, il a retrouvé son aspect d'époque. Il compte désormais parmi les plus belles salles de spectacle au Québec.

Les cinémas

Le Clap
Centre Innovation
2360, chemin Sainte-Foy, Sainte-Foy
☎650-2527
Primeurs et cinéma de répertoire. La revue *Le Clap* (voir p 247) contient sa programmation.

Cinéma Imax
5401, boul. des Galeries, Galeries de la Capitale
☎627-4629
Il s'agit là d'une grande trouvaille de la technologie canadienne. Des films plus vrais que nature y sont présentés sur écran géant.

SORTIES

Cinéma de Paris
Place d'Youville
☎694-0891
Vieux cinéma qui présente des films moins récents mais à petit prix.

Cinéma des Galeries de la Capitale
5401, boul. des Galeries
☎628-2455

Place Charest
500, rue Dupont
☎529-9745

 SPORTS PROFESSIONNELS

Au **Colisée** *(2205 av. du Colisée, ☎691-7211)* se jouent les matchs de l'équipe Les Rafales de la Ligue internationale de hockey, et l'on y présente parfois des spectacles.

Juste à côté se dresse l'**Hippodrome de Québec** *(250 boul. Wilfrid-Hamel, ☎524-5283)*.

 FÊTES ET FESTIVALS

Février

Le **Carnaval de Québec** *(☎626-3716)* a lieu tous les ans durant les deux premières semaines de février. Il est l'occasion pour les habitants de Québec et les visiteurs de fêter les beautés de l'hiver. Il a sans doute également pour but d'égayer cette période de l'année, où l'hiver semble n'en plus finir. Ainsi, plusieurs activités sont organisées tout au long de ces semaines. Parmi les plus populaires, mentionnons le défilé de nuit, la traversée du fleuve en canot à glace et le concours de sculptures sur glace et sur neige. En cette saison, la température est très froide, aussi pour bien profiter de ces festivités faut-il être très chaudement vêtu.

Pendant le Carnaval de Québec, la ville est l'hôte de plusieurs manifestations sportives, entre autres le **Tournoi international de hockey pee-wee de Québec** *(☎524-3311)*.

Juin

À la Station Mont-Sainte-Anne (voir p 180) se déroule, à la fin juin, la **Coupe du monde de vélo de montagne** *(☎827-1122)*. On peut y admirer les aptitudes des meilleurs compétiteurs internationaux, hommes et femmes seniors.

Le **Concours hippique de Québec** *(☎522-6393)*, à la fin juin, est le préliminaire de la Coupe du monde. Il a lieu dans le magnifique parc des Champs-de-Bataille.

À la fin du mois de juin, les **Nuits internationales de jazz et de blues de Québec** *(☎523-3125)* animent certains bars et salles de spectacle de la ville.

Juillet et août

On a l'occasion de découvrir la jeune relève du spectacle et de l'animation dans le Vieux-Québec pendant l'**Estival Juniart** *(☎691-6284)*. Cet événement a lieu à la fin du mois de juillet.

Le **Festival d'été de Québec** *(☎692-4540)* se tient généralement pendant 10 jours au début juillet. La ville s'égaie alors de musique et de chansons, de danse et d'animation, tous offerts par des artistes venus des quatre coins du monde. Les arts de la scène et de la rue enfièvrent un public ravi. Tout est au rendez-vous pour faire de cette activité le plus important événement culturel de Québec. Les spectacles en plein air sont particulièrement appréciés.La plupart des spectacles en salle sont payants, ceux qui sont présentés en plein air étant gratuits.

Au début du mois d'août, Québec se souvient des débuts de la colonie à l'occasion des **Fêtes de la Nouvelle-France** *(☎827-1122)*. Personnages en costume d'époque, reconstitu-

SORTIES

tion d'un marché sur la place Royale et activités nombreuses marquent ces quelques jours de fête.

Aux environs de la fin du mois de juillet et du début du mois d'août, les mercredis et samedis soirs, le parc de la Chute-Montmorency s'anime avec les **Grands feux Loto-Québec** *(☎523-3389 ou 800-923-3389)*. Les feux d'artifice éclatent au-dessus de la chute en un spectacle féerique, tandis que, sur le fleuve, se rassemble une flottille d'embarcations de toutes sortes venues les admirer.

Place du parlement accueille l'exposition **Plein art** *(fin juil; tlj 10h à 22h; ☎694-0260)*, où sont présentés une foule d'objets d'art et d'artisanat dont on peut faire l'acquisition. L'exposition se tient dans les derniers jours de juillet et jusqu'à la première fin de semaine d'août.

À la fin du mois d'août, chaque année depuis 50 ans, **Expo-Québec** *(parc de l'Exposition, ☎691-7110)* revient divertir les gens de la région. Devant le Colisée, cette énorme foire agricole doublée d'un parc d'attractions est très courue durant la dizaine de jours de sa tenue.

Septembre

Pour les cinéphiles, à l'aube de l'automne (fin août, début septembre), on présente le **Festival international du film de Québec** *(☎694-9920)*. Le calendrier de ce festival permet de visionner les meilleurs œuvres d'ici et d'ailleurs.

Octobre

Au mois d'octobre, des bars et des théâtres de la ville accueillent les spectacles de musique et les soirées de contes et légendes du **Festival international des arts traditionnels** *(☎647-1598)*. Certaines institutions, comme le Musée de la civilisation et la bibliothèque Gabrielle-Roy, présentent aussi des volets de ce festival qui réserve une place aux métiers d'art.

Le **Festival de l'Oie des neiges de Saint-Joachim** *(cap Tourmente, ☎827-4808 ou 827-3402)* est l'occasion rêvée pour observer l'impressionnante concentration d'oies des neiges (des dizaines de milliers) qui viennent faire une halte dans les marais ou les champs du cap Tourmente (voir p 180) avant d'entreprendre un long périple vers le sud.

SORTIES

MAGASINAGE

Que vous soyez à la recherche de créations québécoises ou d'articles d'importation, vous trouverez dans les boutiques de la ville une foule de produits qui sauront satisfaire toutes vos exigences.

Plusieurs centres commerciaux se trouvent dans la région de Québec. Mentionnons, parmi tant d'autres, les **Galeries de la Capitale**, sur le boulevard des Galeries, **Place Québec**, sur l'avenue Dufferin (circuit D), le **Mail Centre-Ville**, sur la rue de la Couronne (circuit F), les **Promenades Sainte-Anne**, au 10909 boulevard Sainte-Anne (circuit K), qui alignent une série de magasins d'usines, ainsi qu'un ensemble de quatre centres commerciaux, à savoir **Place Laurier**, **Place Ste-Foy**, **Place de la Cité** et **Place Belle-Cour**, sur le boulevard Laurier, à Sainte-Foy.

La rue commerçante de Sillery, l'**avenue Maguire**, est agréable à parcourir, et l'on peut y faire d'intéressantes découvertes.

À Sainte-Foy, le faubourg Laudance, conçu comme une petite ville à l'européenne, regroupe, le long de la **rue du Campanile**, des immeubles d'habitation en brique dotés de commerces au rez-de-chaussée, un parc urbain de même que des halles au design soigné réparties de part et d'autre d'un long et étroit passage couvert, dont la présence est signalée par un campanile agrémenté d'une horloge.

Voici quelques suggestions de boutiques qui vous réservent de belles trouvailles.

 ## ART ET ARTISANAT

Cachée dans la petite rue Garneau, la boutique **Abaca** *(38 rue Garneau, ☎694-9761)* regorge de beaux objets venus d'Afrique et d'Asie.

Aux Multiples Collections *(69 rue Sainte-Anne, ☎692-1230; 43 rue de Buade)*, on se spécialise dans l'art inuit. De belles sculptures en serpentine représentent des scènes de la vie du Grand Nord, ainsi que d'autres objets d'artisanat, garnissent ces deux jolies boutiques.

Les **Ateliers La Pomme** *(47 rue Sous-le-Fort, ☎692-2875)*, où l'on confectionne des articles et des vêtements de cuir, est l'un des plus anciens ateliers du Petit-Champlain. Les divers cuirs employés et leurs différentes couleurs rehaussent l'originalité et la qualité des vêtements : du manteau à la jupe en passant par les chapeaux et les mitaines.

À l'intérieur du Musée de la civilisation, on trouve une petite boutique pleine à craquer de beaux objets d'artisanat venus de tous les pays. Il y a vraiment de belles trouvailles à faire ici, et ce, dans toutes les gammes de prix. **Boutique du Musée de la civilisation** *(16 rue de la Barricade, ☎643-2158)*.

À la galerie d'art amérindienne **Cinq Nations** *(20 rue Cul-de-Sac; 25½ rue du Petit-Champlain, ☎692-5476)*, vous pourrez admirer et vous procurer des objets d'artisanat amérindiens, entre autres de superbes bijoux.

Sur l'île d'Orléans, vous trouverez quelques boutiques d'artisanat ainsi que des antiquaires et des ateliers d'ébénisterie. On trouve entre autres, à l'arrière de l'église de Saint-Pierre, la **Corporation des artisans de l'île** *(☎828-2519)*.

Sur l'île d'Orléans, la boutique de la **Forge à Pique-Assaut** *(2200 chemin Royal, Saint-Laurent, ☎828-9300)*, un tout petit économusée qui permet de se familiariser avec le métier des forgerons, présente divers objets en fer forgé, du chandelier au meuble en passant par le bibelot. On y trouve aussi d'autres produits artisanaux.

La **Galerie-Boutique Métiers d'art** *(29 rue Notre-Dame,* ☎*694-0267)* regroupe toute une gamme d'objets fabriqués par des artisans québécois. Logée dans un beau local donnant sur la place Royale, la galerie regorge de beaux objets aussi divers que des vêtements, des céramiques et des bijoux.

La Corriveau *(24 côte de la Fabrique,* ☎*694-0062)* est une grande boutique de produits artisanaux. Sur trois étages, vous trouverez de tout pour rapporter un souvenir de Québec.

Lazuli *(774 rue Saint-Jean,* ☎*525-6528)*, une belle boutique, propose de l'artisanat venu de partout à travers le monde. Objets en argent, en bois, en céramique... d'une finesse et d'une qualité rares pour qui saura les apprécier.

Les Trois Colombes *(46 rue Saint-Louis,* ☎*694-1114)* de la rue Saint-Louis proposent de l'artisanat ainsi que des vêtements de qualité. Entre autres pièces, de beaux manteaux de laine faits à la main.

Jolie boutique du Petit-Champlain, **L'Oiseau du Paradis** *(80 rue du Petit-Champlain,* ☎*692-2679)* propose toutes sortes d'objets fabriqués en papier ainsi que du papier fait main dans des ateliers québécois.

Derrière ses grandes vitrines, **Pot-en-ciel** *(27 rue du Petit-Champlain,* ☎*692-1743)* expose divers bibelots de toutes les couleurs, surtout de céramique.

La boutique **Sachem** *(17 rue Desjardins,* ☎*692-3056)* loge dans la maison historique Antoine-Vanfelson (voir p 87). Ses deux pièces sont remplies d'objets d'art et d'artisanat amérindien. On y vend des cartes de vœux, des cartes postales et de jolis t-shirts.

À **La Soierie Huo** *(rue du Petit-champlain,* ☎*692-5920)*, en plus de vous procurer un beau foulard de soie aux motifs aussi variés que colorés, vous aurez sans doute la chance de voir Dominique Huot les confectionner pinceau à la main.

MAGASINAGE

La boutique **Verrerie La Mailloche** *(escalier Casse-Cou, ☎694-0445)* (voir p 100) propose les objets en verre soufflé fabriqués dans l'atelier. Bouteilles, vases, verres et plats de toutes les formes et de toutes les couleurs.

Atelier et boutique, la **Verrerie Réjean Burns** *(159 rue Saint-Paul, ☎694-0013)* propose de superbes créations en vitrail. Lampes et vitraux valent le coup d'œil.

Aux **Vêteries** *(31½ rue du Petit-Champlain, ☎694-1215)*, vous trouverez des vêtements de qualité tissés dans un atelier de la région. Les couleurs et les coupes sont classiques mais originales.

 ANTIQUITÉS

Si vous êtes amateur d'antiquités, vous ne devez pas manquer la jolie rue Saint-Paul. Elle est en effet reconnue pour abriter plusieurs antiquaires et brocanteurs qui vous promettent de belles trouvailles.

Ailleurs, on trouve les **Machins Chouettes** *(835 rue Turnbull, ☎525-9898)*, au joli nom tout désigné, et **Les Choux gras** *(1240 boul. Charest O., ☎687-5799)*, une grande surface d'antiquités.

 GALERIES D'ART

Québec, ville adulée par les artistes, compte plusieurs galeries d'art présentant des œuvres de toutes les époques et de toutes les écoles. Notez qu'une demi-douzaine de galeries d'art parsèment aussi l'île d'Orléans, une bonne quantité se trouvant dans le village de Saint-Jean. Voici quelques adresses à Québec :

Beauchamp & Beauchamp
10, rue Sault-au-Matelot
☎694-2244

Galerie Estampe Plus
49, rue Saint-Pierre
☎694-1303

Galerie d'art Constance Cliche
43, rue de Buade, Promenades du Vieux-Québec
☎692-0743

Galerie d'art Linda Verge
1049, avenue des Érables
☎525-8393

Galerie d'art Madeleine Lacerte
1, côte Dinan
☎692-1566

Galerie d'art Royale
53, rue Saint-Pierre
☎692-2244

Le Chien D'Or
8, rue du Fort
☎694-9949

Le Portal
139, rue Saint-Pierre
☎692-0354

 VÊTEMENTS

Vêtements pour femme

Atelier La Pomme, Les Vêteries, voir plus haut.

La Cache *(1150 rue Saint-Jean,* ☎*692-0398)* est une chaîne
canadienne de vêtements de qualité, confectionnés dans de
beaux tissus aux teintes riches et aux motifs originaux, inspirés
par la nature et la culture de l'Inde, où ils sont fabriqués à la
main. On y trouve aussi de jolis objets pour la maison ainsi que
de la literie dans les mêmes agréables tissus.

Le petit sous-sol de **Chez Boomer** *(970 av. Cartier,* ☎*523-7047)*
est rempli de vêtements jeunes, confortables et de qualité, ainsi
que d'accessoires.

MAGASINAGE

L'Exile *(714 rue Saint-Jean)* est une agréable boutique proposant des vêtements de qualité sélectionnés avec soin.

Si vous entrez chez **O'Clan** *(52 boul. Champlain,* ☎*692-1214)* par le boulevard Champlain, vous trouverez des vêtements de qualité et du tout dernier cri. À l'étage : des vêtements pour homme!

Les magasins **Simons** *(20 côte de la Fabrique,* ☎*692-3630; Place Sainte-Foy; Galeries de la Capitale)*, ouverts depuis 1840, font presque partie du folklore québécois. À Noël, les sapins sont souvent jonchés, à la base, des boîtes-cadeaux vertes qui leur sont si caractéristiques! Aux trois adresses, vous trouverez de quoi habiller hommes, femmes et enfants des pieds à la tête dans plusieurs styles différents. On y vend aussi des accessoires et de la literie.

L'Echo-Logik *(829 côte d'Abraham,* ☎*648-8288)* est une boutique, la première à Québec, de vêtements 100 % chanvre. On y trouve aussi des pièces de cuir faites par des artisans. Juste à côté, **La chienne à Jacques** *(831 côte d'Abraham)* est une friperie digne du nom et pleine de trésors!

Une petite section du boulevard René-Lévesque, entre les rues Turnbull et Salaberry, longe quelques boutiques de **couturiers québécois** qui proposent de belles créations exclusives pour dames.

Les grandes chaînes populaires présentant des vêtements à la mode ont pignon sur la rue Saint-Jean *intra-muros* : Bedo, Gap, Jacob, Le Château, Roots, San Francisco.

Vêtements pour homme

Chez Boomer, voir plus haut.

François Côté Collection *(35 rue de Buade,* ☎*692-6016)* propose des créations originales pour messieurs.

Louis Laflamme *(1192 rue Saint-Jean,* ☎*692-3774)* présente sur deux étages des créations chics pour homme.

Si vous entrez chez **O'Clan** *(67½ rue du Petit-Champlain,
☎692-1214)* par la rue du Petit-Champlain, vous trouverez des
vêtements de qualité pour homme, et qui ont de la gueule. Un
étage plus bas, on vend des vêtements pour femme!

Simons, voir plus haut.

Les grandes chaînes populaires proposant des vêtements à la
mode ont pignon sur la rue Saint-Jean *intra-muros* : America,
Bedo, Gap, Le Château, Roots.

FOURRURES

Cette boutique avec ses murs et ses planchers blancs n'a pas
grand-chose d'un **Poste de traite** *(76 rue Saint-Louis,
☎692-2955)*, mais vous y trouverez des fourrures tannées et
coupées pour vous habiller de la tête aux pieds.

Dans le Mail Centre-Ville, un magasin à rayons propose
plusieurs modèles de manteaux de fourrure ainsi que des
manteaux pour chaque saison : **Laliberté JB** *(595 rue Saint-
Joseph E., ☎525-4841)*.

SOULIERS ET CHAPEAUX

Des succursales des grands chaînes canadiennes de magasins
de chaussures se retrouvent sur la rue Saint-Jean *intra-muros* :
Aldo, Pegabo et Nero Bianco.

Pour des chapeaux de toutes sortes, consultez de vraies
chapelières : **Atelier Rachelle Beaulieu** *(583 rue Saint-Jean,
☎529-9249)* et **Bibi et compagnie** *(40 rue Garneau,
☎694-0045)*.

BIJOUX

Des bijoux de toutes sortes et des objets fabriqués par des
artisans du monde entier, le tout à prix abordable. C'est ce que
vous proposent les mignonnes petites boutiques **Après-Demain**
(813 av. Cartier, ☎640-3345; 597 rue Saint-Jean).

MAGASINAGE

Lazulli, voir plus bas.

La petite boutique **Origines** *(54 côte de la Fabrique,* ☎*694-9257)* renferme principalement des bijoux. Simples ou plus élaborés, ils sont tous originaux et de bon goût.

Pour des créations originales de joailliers expérimentés, rendez-vous chez **Louis Perrier** *(48 rue du Petit-Champlain,* ☎*692-4633)* ou chez **Pierres Vives** *(23½ rue du Petit-Champlain,* ☎*692-5566)*.

 LIVRES ET DISQUES

Librairies

Québec compte plusieurs librairies. Que vous soyez à la recherche d'œuvres d'auteurs québécois ou étrangers, vous y trouverez certainement de quoi satisfaire votre soif de lecture. Notez que le faubourg Saint-Jean-Baptiste foisonne de bonnes librairies de livres usagés. Aux adresses que voici, vous trouverez aussi de bons conseils :

La Bouquinerie de Cartier
1120, av. Cartier
☎525-6767
Romans, livres pratiques.

Librairie Générale Française
10, côte de la Fabrique
☎692-2442
Littérature, essais.

Maison anglaise
Place de la Cité, Sainte-Foy
☎654-9523
Littérature en langue anglaise.

Librairie du Musée du Québec
Parc des Champs-de-Bataille
☎643-0529
Beaux livres, livres sur l'art.

Librairie du Nouveau-Monde
103, rue Saint-Pierre
☎694-9475
Éditions québécoises.

Librairie universitaire du Québec métropolitain
Pavillon Maurice-Pollack, campus de l'Université Laval,
☎656-2665
Grande sélection de littérature et d'essais québécois et
étrangers.

Pantoute
1100, rue Saint-Jean
☎697-9748
Littérature, essais, bandes dessinées.

Ulysse
4, boul. René-Lévesque E.
☎529-5349
Place de la Cité, Sainte-Foy
☎654-9779
Tout pour le voyage : guides, cartes routières et articles de
voyage.

Disquaires

Voici deux bonnes adresses où vous procurer disques et
cassettes d'à peu près tous les styles de musique et où vous
faire suggérer les dernières nouveautés.

Sillons Le Disquaire
1149, av. Cartier
☎524-8352

Archambault Musique
1095, rue Saint-Jean
☎694-2088

MAGASINAGE

PAPETERIES

La **Papeterie du Faubourg** *(545 rue Saint-Jean,* ☎*525-5377)* propose papiers, cartes de vœux... ainsi qu'un service de photocopie et de fax.

Les Petits papiers *(1170 av. Cartier,* ☎*524-3860)*, ce sont des cartes de vœux, des cahiers, du papier d'emballage, du papier à lettres, etc.

ARTICLES DE PLEIN AIR

L'Aventurier *(710 rue Bouvier,* ☎*624-9088)* est situé un peu loin de la Haute-Ville, mais vous y trouverez des spécialistes du plein air qui sauront vous conseiller, surtout si vous avez un faible pour les sports nautiques. On y vend des kayaks, des vêtements, des bottes de marche, des tentes, etc.

Azimut *(1194 av. Cartier,* ☎*648-9500)* propose des sacs à dos, des sacs de couchage, des tentes, des bottes de marche... tous de qualité. De tout pour affronter les grands espaces québécois!

La **Course à pied** *(25A rue Marie-de-L'Incarnation,* ☎*688-7788)* est le magasin tout désigné pour vous chausser si vous désirez bouger en toute tranquillité, peu importe l'activité que vous pratiquez. On y trouve aussi des vêtements et accessoires.

Le magasin **Latulippe** *(637 rue Saint-Vallier O.,* ☎*529-0024)* est fréquenté aussi bien par les travailleurs qui doivent être bien équipés que par les amateurs de grand air. Toutes sortes d'articles à bon prix.

Nature et Associés *(Place Sainte-Foy,* ☎*653-7788)* est un beau magasin qui vend toutes sortes d'articles, de jeux et de matériel pédagogique reliés au plein air. Des télescopes aux minéraux en passant par les filets à papillons, les cassettes de chants d'oiseaux et les guides de randonnée pédestre : on y trouve de tout pour apprendre et s'amuser dans la nature. Des ateliers animés par des spécialistes y sont aussi offerts.

DÉCORATION

L'Armoire de Caroline *(445 rue Saint-Jean)* est meublée de jolis objets, de quelques vêtements et de fleurs séchées.

Dans un décor vieillot, la boutique l'**Art de Vivre** *(1178 av. Cartier, ☎640-3303)* propose de petites choses pour rehausser l'intérieur de votre logis.

La Cache, voir plus haut.

La Dentellière *(56 boul. Champlain, ☎692-2807)* : de la dentelle, de la dentelle et encore de la dentelle. Pour les romantiques et pour les autres qui ne sauront y résister!

La boutique **Eldorado** *(1000 rue Saint-Jean, ☎692-5735)* propose toutes sortes d'objets de décoration et d'idées cadeaux.

Pour des objets de décoration originaux, arrêtez-vous au **Quartier Général** *(1180 av. Cartier, ☎529-6083)*. Il se double d'une boutique de vêtements pour femme **Paris Cartier**.

Simons, voir plus haut.

 ALIMENTATION

Chez Nourcy *(1035 av. Cartier, ☎523-4772; 1622 chemin Saint-Louis, Sillery)* est une épicerie fine qui a pignon sur rue à Sillery et à Québec depuis belle lurette. Son pain, ses gâteaux, ses fromages, ses sorbets... sauront vous mettre l'eau à la bouche. On y trouve aussi de petits plats libanais et un comptoir à salades.

Le **CRAC** et la **Carotte joyeuse** *(690 rue Saint-Jean, ☎647-6881)* sont deux boutiques jumelées où vous attend toute une gamme d'aliments naturels, entre autres de beaux fruits et légumes biologiques.

La petite **Délicatesse tonkinoise** *(732 rue Saint-Jean, ☎523-6211)* vous propose des produits venus d'Asie pour vous mijoter des mets exotiques ou encore de bons petits plats pour emporter.

L'**Épicerie européenne** *(560 rue Saint-Jean, ☎529-4847)* vend des produits fins venus d'Europe et surtout d'Italie, tout comme les propriétaires d'ailleurs! En italien ou en français, ils sauront vous prodiguer aimablement des conseils judicieux. Si vous appréciez les fromages bleus, il faut goûter leur Stilton au porto!

L'**Épicerie méditerranéenne** *(64 boul. René-Lévesque E.;, ☎529-9235)* est une chic épicerie fine, avec son granit, son plancher carrelé et ses long comptoirs vitrés qui mettent en valeur toutes sortes de mets alléchants venus des pays de la Méditerranée. On trouve aussi leurs produits dans une grande boutique du quartier Saint-Roch *(85 rue Saint-Vallier E.)*, à l'arrière de laquelle est préparée la fournée du jour.

Quel plaisir de faire son épicerie chez **J.-A. Moisan** *(699 rue Saint-Jean, ☎522-8268)* (voir p 130)! Cette vieille épicerie propose toutes sortes de produits frais, des fruits et légumes aux fruits de mer en passant par les épices, le pain et les fromages fins.

Pour des fruits et légumes frais en été, rendez-vous au **marché du Vieux-Port** à Québec (voir p 111), ou au **marché de la Place**, à Sainte-Foy *(rue de la Place, près de la route de l'Église et du boulevard Hochelage)*. Les cultivateurs de la région viennent chaque jour de la belle saison y proposer leurs savoureux produits frais. À Sainte-Foy, les dimanches, le marché se double d'un marché aux puces qui plaira aux coureurs d'aubaines.

Pour des pâtes fraîches et des sauces savoureuses : **Pâtes à Tout** *(42 boul. René-Lévesque E., ☎529-8999)*.

La **Poissonnerie Jean-Pierre** *(951 av. Cartier, ☎525-5067)*, autrefois tenue par un vieux connaisseur natif des Îles-de-la-Madeleine, regorge encore de poissons et fruits de mer de toutes sortes et des plus frais.

PÂTISSERIES ET CONFISERIES

Chez Nourcy, **J-A. Moisan**, l'**Épicerie méditerranéenne**, voir plus haut.

Pendant la belle saison, les Québécois sont friands de crèmes glacées, de yogourts glacés et de sorbets. On n'a qu'à déambuler un brin sur l'avenue Cartier pour s'en apercevoir. Cette courte artère compte en effet une demi-douzaine de **bars laitiers** qui proposent des cornets alléchants!

C'est si bon les bonbons! Pour vous en procurer de toutes sortes : **Madame Gigi Confiserie** *(84 rue du Petit-Champlain)* ou **Les confiseries Pinoche** *(1048 av. Cartier)*.

La rue Saint-Jean abrite une caverne d'Alibaba pour les amateurs de chocolat. **Érico** *(634 rue Saint-Jean, ☎524-2122)* est une petite fabrique qui concocte des délices à partir des meilleurs produits : du cacao bien sûr, mais aussi de la vanille, du caramel, des noisettes, etc. En été, Érico sait aussi nous régaler avec des crèmes glacées et des sorbets maison. Si vous n'avez pas le bec sucré, prenez quand même le temps de vous arrêter devant sa vitrine : ses arrangements sont toujours originaux et rigolos, tout en chocolat!

La pâtisserie **Au Palais d'Or** *(60 rue Garneau, ☎692-2488)* propose de vraies pâtisseries pur beurre et pure crème. Un véritable régal!

Le Panetier *(764 rue Saint-Jean, ☎522-3022)* prépare du bon pain, de vrais croissants juste à point et de bons gâteaux.

TABAC ET JOURNAUX

Pour des cigares, ciragettes et *cigarillos* de toutes sortes, rendez-vous à l'angle de la rue Crémazie et de l'avenue Cartier chez **Tabac Tremblay** *(955 av. Cartier, ☎529-3910)* ou, en face de la cathédrale, chez **J.E. Giguère** *(59 rue de Buade, ☎692-2296)*. Vous y trouverez aussi les journaux locaux.

MAGASINAGE

Pour des magazines et des journaux du monde entier : **Maison de la Presse internationale** *(1050 rue Saint-Jean)* et **Au coin du monde** *(1150 av. Cartier)*.

 DIVERS

Si vous voyagez avec Fido ou avec Mistigri, vous serez content de connaître les adresses suivantes : **Animalerie Saint-Jean-Baptiste** *(716 rue Saint-Jean,* ☎*529-0801)* et **Animalerie Boutique Tropicale** *(1028 av. Cartier,* ☎*522-6744)*.

Bien sûr, il est aujourd'hui assez rare d'avoir besoin de magasiner une épée ou une cotte de mailles. Mais si vous êtes un fervent amateur d'histoire médiévale ou tout simplement curieux, vous aurez beaucoup de plaisir à visiter la boutique **Excalibor** *(1055 rue Saint-Jean,* ☎*692-5959)*.

Si vos vacances ne suffisent pas à évacuer le stress accumulé, faites un saut à la boutique nichée à l'intérieur du centre de relaxation et de massothérapie **L'Attitude** *(71 rue Crémazie O.,* ☎*522-0106)*. Vous y trouverez une foule d'objets voués à la détente, des huiles essentielles aux chandelles en passant par les disques et les livres. Vous pourrez aussi en profiter pour recevoir un massage bienfaisant!

À Château-Richer, un économusée, le **Musée de l'abeille** *(8862 boul. Sainte-Anne,* ☎*824-4411)*, propose une intéressante intrusion dans le monde de ces ouvrières infatigables. Attenante au musée, une petite boutique vend une foule d'objets se rattachant au monde des abeilles, depuis les produits de beauté à base de miel jusqu'à l'hydromel en passant par le matériel scolaire à l'effigie de l'insecte jaune et noir. Vous y trouverez, ça va de soi, toutes sortes de miel que vous pourrez goûter et vous procurer en différentes quantités.

INDEX

INDEX

INDEX

INDEX

Restaurants (suite)

INDEX

INDEX

Notes de voyage

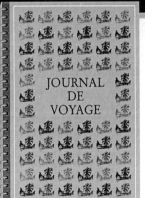

Notes de voyage

_____

_____

_____

_____

_____

_____

_____

_____

_____

_____

_____

_____

_____

_____

_____

_____

_____

_____

_____

_____

_____

_____

_____

_____

Notes de voyage

_____

_____

_____

_____

_____

_____

_____

_____

_____

_____

_____

_____

_____

_____

_____

_____

_____

_____

_____

_____

_____

_____

_____

_____

_____

Notes de voyage

_____
_____
_____
_____
_____
_____
_____
_____
_____
_____
_____
_____
_____
_____
_____
_____
_____
_____
_____
_____
_____
_____
_____
_____

Notes de voyage

_____

_____

_____

_____

_____

_____

_____

_____

_____

_____

_____

_____

_____

_____

_____

_____

_____

_____

_____

_____

_____

_____

_____

_____

BON DE COMMANDE

■ GUIDE DE VOYAGE ULYSSE

☐ Abitibi-Témiscamingue
et Grand Nord 22,95 $
☐ Acapulco 14,95 $
☐ Arizona et
Grand Canyon 24,95 $
☐ Bahamas 24,95 $
☐ Boston 17,95 $
☐ Calgary 16,95 $
☐ Californie 29,95 $
☐ Canada 29,95 $
☐ Charlevoix Saguenay –
Lac-Saint-Jean 22,95 $
☐ Chicago 19,95 $
☐ Chili 27,95 $
☐ Costa Rica 27,95 $
☐ Côte-Nord – Duplessis –
Manicouagan 22,95 $
☐ Cuba 24,95 $
☐ Disney World 19,95 $
☐ El Salvador 22,95 $
☐ Équateur –
Îles Galápagos 24,95 $
☐ Floride 29,95 $
☐ Gaspésie – Bas-Saint-Laurent –
Îles-de-la-Madeleine 22,95 $
☐ Gîtes du Passant
au Québec 12,95 $
☐ Guadeloupe 24,95 $
☐ Guatemala – Belize 24,95 $
☐ Honduras 24,95 $
☐ Jamaïque 24,95 $
☐ La Nouvelle-Orléans 17,95 $
☐ Lisbonne 18,95 $
☐ Louisiane 29,95 $
☐ Martinique 24,95 $
☐ Montréal 19,95 $
☐ New York 19,95 $
☐ Nicaragua 24,95 $
☐ Nouvelle-Angleterre 29,95 $
☐ Ontario 24,95 $
☐ Ottawa 16,95 $
☐ Ouest canadien 29,95 $
☐ Panamá 24,95 $
☐ Plages du Maine 12,95 $
☐ Portugal 24,95 $

☐ Provence –
Côte-d'Azur 29,95 $
☐ Provinces Atlantiques
du Canada 24,95 $
☐ Le Québec 29,95 $
☐ Québec Gourmand 16,95 $
☐ Le Québec et l'Ontario
de VIA 9,95 $
☐ République
dominicaine 24,95 $
☐ San Francisco 17,95 $
☐ Toronto 18,95 $
☐ Vancouver 17,95 $
☐ Venezuela 29,95 $
☐ Ville de Québec 19,95 $
☐ Washington D.C. 18,95 $

■ ULYSSE PLEIN SUD

☐ Acapulco 14,95 $
☐ Cancún – Cozumel 17,95 $
☐ Cape Cod –
Nantucket 17,95 $
☐ Carthagène
(Colombie) 12,95 $
☐ Puerto Vallarta 14,95 $
☐ Saint-Martin –
Saint-Barthélemy 16,95 $

■ ESPACES VERTS ULYSSE

☐ Cyclotourisme
en France 22,95 $
☐ Motoneige au Québec 19,95 $
☐ Randonnée pédestre
Montréal et environs 19,95 $
☐ Randonnée pédestre Nord-
est des États-Unis 19,95 $
☐ Randonnée pédestre
au Québec 22,95 $
☐ Ski de fond
au Québec 19,95 $

■ **GUIDE DE CONVERSATION**

☐ Anglais pour mieux voyager
  en Amérique   9,95 $
☐ Espagnol pour mieux voyager
  en Amérique Latine   9,95 $

■ **•zone petit budget**

☐ .zone Amérique
  centrale   14,95 $
☐ .zone le Québec   14,95 $

■ **JOURNAUX DE VOYAGE
  ULYSSE**

☐ Journal de voyage Ulysse
  (spirale) bleu – vert –
  rouge ou jaune   11,95 $
☐ Journal de voyage Ulysse
  (format de poche) bleu –
  vert – rouge – jaune
  ou sextant   9,95 $

QUANTITÉ		PRIX	TOTAL
NOM		Total partiel	
ADRESSE:_____		Poste-Canada*	4.00 $
_____		Total partiel	
_____		T.P.S. 7%	
_____		TOTAL	

Paiement : ☐ Comptant ☐ Visa ☐ MasterCard
Numéro de carte :_____
Signature :_____

ULYSSE L'ÉDITEUR DU VOYAGE
4176, rue Saint-Denis, Montréal (Québec)
☎ (514) 843-9447, fax (514) 843-9448
Pour l'Europe, s'adresser aux distributeurs, voir liste p 2.
* Pour l'étranger, compter 15 $ de frais d'envoi.

Imprimé au Canada

 **Imprimeries
Transcontinental inc.**
DIVISION MÉTROLITHO